U0746932

社工伴学

学校社会工作实务探索 第一辑

赵怀娟　王　杰◎主编

SHEGONG BANXUE

XUEXIAO SHEHUI GONGZUO SHIWU TANSUO DIYIJI

安徽师范大学出版社

·芜湖·

图书在版编目（CIP）数据

社工伴学：学校社会工作实务探索.第一辑 / 赵怀娟，王杰主编 .— 芜湖：安徽师范大学出版社，2019.9

ISBN 978-7-5676-4341-3

Ⅰ.①社… Ⅱ.①赵… ②王… Ⅲ.①学校－社会工作－研究 Ⅳ.①G40-052

中国版本图书馆 CIP 数据核字（2019）第 207301 号

社工伴学：学校社会工作实务探索（第一辑）　　　　赵怀娟　　王杰◎主编

责任编辑：孔令清

装帧设计：张　玲　汤彬彬

出版发行：安徽师范大学出版社
　　　　　芜湖市九华南路189号安徽师范大学花津校区

网　　址：http://www.ahnupress.com/

发 行 部：0553-3883578　5910327　5910310（传真）

印　　刷：虎彩印艺股份有限公司

版　　次：2019年9月第1版

印　　次：2019年9月第1次印刷

规　　格：700 mm×1000 mm　1/16

印　　张：19

字　　数：281千字

书　　号：ISBN 978-7-5676-4341-3

定　　价：58.80元

如发现印装质量问题，影响阅读，请与发行部联系调换。

序　言

　　学校社会工作，顾名思义就是在学校实施的社会工作服务。学校社会工作诞生于19世纪末20世纪初的美国，后影响其他国家和地区，是社会工作一个重要的实务领域。学校社会工作的主要场所是学校，当然，不限于此，有时候为了解决问题，社会工作者们还需要访问家庭和社区。故此，学校社会工作也可以被理解为教育场域中的社会工作。

　　不论是中小学还是大学，学校都是学生集中之所，师生互动之地。"学风玉律无形树"，学生在学校里学习知识、培养品格、锻炼能力，适应集体生活，进而逐渐成长为社会人。然而，并不是所有学生的社会化过程都是一帆风顺的，有些学生可能会出现学习困难问题，有些学生可能会遇到人际交往困惑，还有些学生可能不适应集体生活环境，等等。

　　为了解决学生们遇到的问题，学校管理部门建构了一套学生工作体制。这一体制的运行依靠专兼职学生工作者队伍，以班集体建设、德育工作、心理辅导等为主要抓手，具有浓厚的思想政治教育色彩。长期以来，这种学生工作模式就是从"问题视角"解析现象，聚焦于个体，通过学生自身的醒悟和改变，化解其在学习生活中遇到的矛盾或危机。

　　这种工作模式无疑能够解决一些问题，但很难回应学生们多样化的需求。特别是主张师道尊严的师生关系往往会压抑学生们的表达性需求，使得学生工作者错失预防之良机，因而不得不进行事后补救。此外，教育场域是多元的，学校、家庭、社区的联系不能割裂。因此，应当以"人在环境中"的视角去分析和解决问题，并重视利用学生的优势与潜能，而这正是专业社会工作所主张和践行的。

　　社会工作以助人脱离困境为专业使命，并注重在助人过程中增进服务对象的自助能力。它强调人与环境的调谐，将人的改变与环境的改善作为解决问题的手段。因此，将社会工作引入学校，有助于创新学生工作的体制与机制，促进学生与教育场域的良性互动。在我国，学校社会工作发轫于20世纪20年代，重建于20世纪90年代。近些年，在上海、深圳、广州等地，有越来越多的社会工作者进入学校，成为老师的助手和学生的伙伴。

2014年以来，为了提高安徽师范大学历史与社会学院社会工作专业老师的职业能力，引导学生开展实务活动，我们与芜湖市澛港中学共建了"雏鹰学校社会工作基地"。这个项目的主要内容是以中学生为服务对象，协助班主任和任课教师解决学生学习中遇到的突出问题。在实务活动中，社会工作师生秉持平等、接纳、个别化等工作原则，以"陪伴者"的角色助力学生的成长。在三年的持续服务中，社工师生们设计和实施了学习困难干预、人际关系改善、家校互动等主题活动，取得了良好的效果。通过项目实施，我们既服务了中学生、宣传了社会工作，也锻炼了大学生、培养了专业教师。

在澛港中学开展项目的同时，我们还针对社会工作专业大一新生开展了成长相伴小组活动。该活动主要是以社会工作专业大二、大三学生为工作者，指导大一新生处理角色转变、集体生活适应、学习方式调整等问题，受到了新生的欢迎。我校学生管理部门受这种服务模式的启发，出台了导生制度，并特别在文件中提出实施导生制要"以学校社会工作为方法"。我们的工作也得到了中国社会工作教育协会的肯定，并被确定为全国"学校与青少年社会工作实务研究基地"。

通过组织实务活动，社会工作专业的几位教师逐渐建立了学校社会工作教学团队。他们经常一起指导学生，研讨问题，互帮互学，共同进步。2018年年初，该团队提出要梳理实务经验、固化研究成果的想法，学院表示大力支持。2018年7月，澛港中学首批接受社会工作服务的学生就要完成初中学业，及时回顾和总结"社工伴学"项目是非常有意义和必要的。学院希望通过总结活动，能更好地执行后续项目，提高该团队的教学和研究能力。

作为实践探索的产物，这本书呈现了过去三年我们在中学和大学开展的"社工伴学"活动的基本情况。应当说，它还稚嫩，与社会工作发达地区的较为成熟的服务项目相比，它在活动设计、组织实施、效果评估方面还存在着一些不足。但是，它作为实务领域的一项行动研究是有积极意义的。"纸上得来终觉浅"，在做中学、在做中悟，正是社会工作专业化的内在要求。我们诚挚地欢迎社会工作理论与实务界的专业人士提出批评意见，以使我们更好地开展后续服务。最后，祝愿本土社会工作实践越来越深入、学校社会工作实务越来越精彩！

徐　彬①
2019年8月

① 徐彬(1971—　)，男，安徽师范大学历史与社会学院院长，教授，博士生导师，中国社会组织促进会专家委员会委员。

目　录

背景篇

"社工伴学"项目整体概况

一、项目缘起

"社工伴学"项目系列活动是近年来我在学院支持下所做的学校社会工作实务的初步探索。2010年以来，我承担了社会工作专业本科生学校社会工作课程的教学任务（2015年春季的教学任务是刘玲老师承担的）。2010年到2013年的四年教学实践中，因为没有学校社会工作的实务经验，所以我们采用课堂教学的方式，即是用理论知识传授和优秀案例介绍相结合的方法来开展教学。2014年以来，为增加学校社会工作课程教学的实务特色，体现课程专业特点，我借学校和学院大力倡导实践教学的东风，陆续在澛港中学（2014年3月始）和安徽师范大学历史与社会学院（2015年3月始）两个平台上分别进行了课程实践性质的中学学校社会工作和高校学校社会工作实务探索。在这两个平台探索和宣传过程中，"社工伴学"这个既利于合作伙伴理解和接受又能体现专业特色的词语逐渐形成。它代表着我对学校社会工作的方法、价值和功能的粗浅思考。

迈开探索第一步的过程，我仍记忆犹新。2013年年底，在学院安排来年春季学期课程时，一想到自己还要继续承担学校社会工作课程的教学任务，我就对一直采用原先实务特点不强的教学方式不甘心，想带学生一起做实务探索、用探索经历来服务教学、促进学生参与的想法就越来越强烈。教学中使用别人做的案例，无论是多么优秀的案例，总有两个问题得不到很好的解决。一个是对案例的感性认识不足。使用过程中

总感觉隔着一层东西，或者说感觉理解得不够深入。教师和学生都没有足够真切的感性认识来加深对案例的真正理解，这不利于对案例进行深入、专业的讨论。二是不能真正带动学生参与教学。因为缺少真实生动的体验，同学们参与教学过程的积极性不高，案例教学的成效不明显。随着时间的推移，我越来越强烈地认识到，为了把这门课程上得生动有趣一些、更好地推动学生参与教学，带领学生一起做实务、用师生共同经历的案例服务教学需要是必选之路。

想到就要行动。第一步要从哪里找学校、找什么类型的学校开始探索呢？按照学校社会工作发展的历史逻辑和国内实践经验，我决定从中学开始做起。后来，从距离安徽师范大学的远近、学校特色和学校领导的办学理念等几个方面综合考虑，我把地处高校园区、师大旁边的芜湖市澛港中学作为首选学校。这是一所城乡接合部初级中学，足球教育是学校的特色之一，学生入学成绩在全市范围内总体上不算高，流动儿童和留守儿童较多，符合学校社会工作常规关注的对象要求。2013年11月中旬，经学院副书记陈孔祥老师的介绍，我到澛港中学与李进标校长进行了面谈。现在还记得那是一个暖冬的上午，我在澛港中学校长室与李校长相谈甚欢。李校长在教育战线上工作了几十年，对中学的教学、管理很有见地。在了解了我们的工作思路后，他很支持我们高校师生发挥中学师生还不太熟悉的社会工作专业特长到中学开展活动，并建议先从帮扶"学困生"入手开展工作。他认为学校、班主任和任课老师在帮助"学困生"成长上有共同的需求，因此愿意开放初一和初二两个年级八个班与我们合作，共同探索促进中学生全面发展的新路子。李校长还安排黄义宝副校长和政教处张龙发主任与我对接具体工作。我向学院领导汇报工作后，院领导也大力支持这个有利于本科生人才培养的探索工作。经双方协商，安徽师范大学历史与社会学院和芜湖市澛港中学合作共建"雏鹰学校社会工作基地"的事情落地。2014年1月，学院领导刘道胜副院长、谢超峰副书记和我一起到澛港中学参加了基地揭牌仪式。芜湖市第一家高校与中学共建的学校社会工作基地正式设立，这为后期工作开展提供了很好的平台。

探索的第二步是源于对学校社会工作本土化的思考。从学校社会工

作的起源和当前国内的教学实践看，学校社会工作的主要服务对象是小学生和中学生，国内多数地区进行学校社会工作探索时也会不自觉地遵循这个路径。但是当我们用学校社会工作的视角看高校学生管理工作和学生发展状况时，就会发现高校学生思想政治教育及学生管理服务工作中有广阔的社会工作介入空间。比如，在高校学生党建、新生大学适应、职业规划、心理健康教育、大学生自杀、网络沉迷等议题上，社会工作专业完全可以像思想政治教育、心理学等专业一样，成为服务大学生需求的一种专业方法，学校社会工作者也应该可以作为服务高校学生发展团队中的一支力量，只是当前缺少制度和政策空间。想到自己曾经做过辅导员，现在又承担了本科生的学校社会工作课程，而身边的大学生生活学习发展中又有一些需要回应的问题，那为何不把学校社会工作的实践拓展到高校来呢？

为此，我决定从新生大学适应这个主题做起，开始探索高校学校社会工作。有了初步设想后，我就与学院分管学生工作的谢超峰副书记沟通了想法，他很支持用社会工作的专业方法为学生发展和学生工作服务。于是从2015年9月开始，每个有学校社会工作课程的学期我都带领社会工作专业大三年级的学生，利用学校社会工作课程实践的机会在大一新生中开展大学新生成长适应小组实践。2016年10月，我们邀请到中国社会工作教育协会副会长田国秀教授来学院讲学和进行学校与青少年社会工作实务研究基地挂牌。参加挂牌仪式的校学生处台启权处长对我们这种教师指导下的高年级学生带低年级新生适应大学生活的做法很感兴趣，并给予很高评价。他认为这是一种新的学生工作方法，当即鼓励我们继续探索，及时总结，为学校推行本科生导生制提供参考。2017年，在学生处的安排下，我与学生处杨一飞副处长多次对接，参加了学生处组织的本科生导生制文件的讨论和起草工作，并和赵怀娟教授一起对本科生导生制方案的设计提出了参考意见。2018年5月，安徽师范大学本科生导生制文件下发，学校正式推行本科生导生制。我为社会工作专业在优化我校学生发展环境中的价值感到十分开心。

二、活动内容与成效

自2014年以来，借助学校社会工作课程的机会，学校社会工作相关探索活动可以分为服务中学生和服务大学生两个部分。在服务中学生方面，借助"雏鹰学校社会工作基地"平台所做的事情又可以分两个阶段。第一个阶段是从2014年3月至2015年6月，2011级本科生对初一、初二年级八个班级开展小组活动。活动的主要对象是学困生，目标是利用小组工作方法提升学困生的学习成效。第二个阶段是从2015年9月至2018年6月，用三年时间从一年级开始完整跟踪服务了一个班。合作班级是周平老师任班主任的致远班（902班）。其间，我利用前期的探索经历申报了中国社会工作教育协会学校与青少年社会工作委员会资助的项目"中学生学习习惯不良问题的家校互动干预实务研究"。这个项目的研究周期是从2015年12月至2017年2月，项目结项后，班主任周平老师及参加项目的学生、家长反馈说我们的活动很有效果，希望能继续开展下去。于是我便自筹经费继续把活动开展下去，对参加项目活动的同学一直跟踪服务到中学毕业。同时，在调动中学生参与的基础上，服务小组还参与了致远班班级文化建设，如协助学生为班级设计了班徽、班旗并拍摄了班级专题片。在三年级时，我们又增加了"社工小信箱"活动，以便更好地回应学生的需求。在服务大学生方面，从2015年9月至2018年1月，我指导社会工作专业2012级、2013级、2014级和2015级四个年级的部分同学，利用他们在大三年级上学校社会工作课程的机会，以大一新生为对象开展了20多个以新生成长适应为主题的小组活动。小组主题包括：宿舍关系、师生关系、学习方法、情绪调节、职业规划等。目前，这个活动还在继续。

主要成效。在服务中学生和大学生成长上，80多位中学生和100多位大学生接受了我们的服务。在这些青年学生成长过程中的青春期节点上，我们在学习方法、学习习惯、亲子关系、师生关系、宿舍关系、大学生涯规划、冲突管理等多个主题上陪伴他们成长。从他们的总结、信件、聊天记录中，我们很欣慰地看出他们喜人的改变和成长。在本科人才培养方面，五年内，我指导四届本科生参与了中学和大学两个平台上的实务锻炼。最终以实务活动为基础，一位同学完成了一项创新创业项目，两位同学申报本科毕业论文培育计划，六位同学完成了毕业论文。在教学相长方面，探索经历丰富了我的教学素材，加深了我对学校社会工作实务的理解，提高了我的教学水平。结合丰富的探索实践经验，我发表了一篇论文，主要是讲使用案例教学方法开展教学取得了良好的教学效果，同时我还参与了两次学校青年教师教学基本功大赛，分别获得二等奖和三等奖。2017年，基于自己在指导高年级学生陪伴大一新生大学适应方面的经验，我参与了我校本科生导生制文件的设计与讨论，利用自己的专业知识为优化大学生的成长环境出了一份力。2019年3月，"社工伴学"探索经验获第七届林护杰出社会工作实习项目奖，这给了团队莫大的肯定和鼓励。

三、实务反思

"社工伴学"系列活动最初是以课程实践和专业实习的形式开展的，之所以能坚持下来，主要得益于以下几个因素的推动：一是学校、学院对教师创新意识的鼓励与支持。学校学院一直大力倡导教师结合课程特点积极进行教学改革探索，鼓励教师利用新的教学理念和方法丰富教学形式，提高教学质量。我在开展实务教学的过程中就一直得到学院的鼓励与支持。当因开展工作需要邀请相关领导一起到相关单位走访、座谈时，当邀请领导到课堂上听同学们进行实务汇报时，他们总是一口答应，协调时间尽量参加。徐彬院长、刘道副院长、赵怀娟副院长还督促我们把这些实务探索尽快固化下来，作为以后不断改进和提升的基础。二是学校社会工作课程实践的需要。我和同学们都迫切需要一个真切的实务机会来把学校社会工作这门课程教好、学好。在参与式教学理念的启发下，我与学生们一起按照课程需求和同学们的特点设计和落实了学校社会工作课程的实务环节，并在实践中实现了从实务中学习和教学相长的目标。三是服务对象的变化和成长带给我们的激励。几年来，我们一直暗下决心一定要坚持下来，用爱心和专业技能陪伴服务对象的成长。在探索的过程，我们也遇到了活动时间不能保证、工作员人手不足以及不能给学生提供合适的补助等困难，但是当看到我们服务的中学生和大一新生的变化和成长，我们由衷地感到欣慰，因为我们对教育事业的热爱、对用专业知识陪伴青少年成长一定会有成效的初心，一刻未曾改变。

不足与改进。一是这些探索主要还是以课程实践和专业实习的形式开展的，各小组在设计上还不够规范严谨。这些活动总体上看还是本着锻炼学生、教学相长的角度来开展的，在专业性上还有待提高。二是从活动形式上看主要是小组工作，没有完整的个案工作。主要原因是没有相应的政策和制度平台，我们主要是在学院鼓励下靠师生们的专业和热情来开展的，在经费支持和介入空间上还存在不少困难。三是面对青年学生的成长需求，师生们的专业知识和专业技能还需要进一步提高。青年学生成长中的诸多问题，比如大学生网瘾问题、自杀问题、大学生职业规划问题等，还需要有更专业的知识和技能来回应。这些不足也是我们这个团队后续探索中不断努力的方向。

（撰稿：王杰）

学校社会工作相关政策法规

　　学校社会工作是社会工作的重要分支领域，主要服务提供者来自社会工作服务机构、教育部门或相关组织，服务对象为在校的师生，服务内容是为在校师生提供预防性、治疗性和发展性活动。虽然目前尚没有与学校社会工作直接相关的政策法规出台，但在司法、教育、民政等领域颁布了一些与学校社会工作服务提供者、服务对象和服务内容间接相关的政策法规条例，为学校社会工作从舶来理论走入我国现实本土情境提供了重要的合法性依据和实践形式指引。澛港中学"社工伴学"项目是由社会工作服务机构向在校初中生提供的发展性服务，因此本部分主要摘录国家层面和安徽省在司法、教育、民政等领域中指导社会组织针对未成年人和青少年开展关爱性和发展性服务的政策条例，以展示具体实务活动案例的本土制度基础和政策依据。

一、《中华人民共和国未成年人保护法》节选

　　【颁布时间】1991 年 9 月 4 日
　　【颁布单位】全国人民代表大会常务委员会
　　【发文号】中华人民共和国主席令第 50 号
　　【最新修订】2012 年 10 月 26 日
　　第六条　保护未成年人，是国家机关、武装力量、政党、社会团体、企业事业组织、城乡基层群众性自治组织、未成年人的监护人和其他成年公民的共同责任。

　　对侵犯未成年人合法权益的行为，任何组织和个人都有权予以劝

阻、制止或者向有关部门提出检举或者控告。

国家、社会、学校和家庭应当教育和帮助未成年人维护自己的合法权益,增强自我保护的意识和能力,增强社会责任感。

第八条　共产主义青年团、妇女联合会、工会、青年联合会、学生联合会、少年先锋队以及其他有关社会团体,协助各级人民政府做好未成年人保护工作,维护未成年人的合法权益。

第十二条　父母或者其他监护人应当学习家庭教育知识,正确履行监护职责,抚养教育未成年人。

有关国家机关和社会组织应当为未成年人的父母或者其他监护人提供家庭教育指导。

第二十七条　全社会应当树立尊重、保护、教育未成年人的良好风尚,关心、爱护未成年人。

国家鼓励社会团体、企业事业组织以及其他组织和个人,开展多种形式的有利于未成年人健康成长的社会活动。

二、《中华人民共和国义务教育法》节选

【颁布时间】1986年4月12日

【颁布单位】全国人民代表大会

【发文号】中华人民共和国主席令第38号

【最新修订】2018年12月29日

第五条　各级人民政府及其有关部门应当履行本法规定的各项职责,保障适龄儿童、少年接受义务教育的权利。

适龄儿童、少年的父母或者其他法定监护人应当依法保证其按时入学接受并完成义务教育。

依法实施义务教育的学校应当按照规定标准完成教育教学任务,保证教育教学质量。

社会组织和个人应当为适龄儿童、少年接受义务教育创造良好的环境。

三、《中华人民共和国教育法》节选

【颁布时间】1995 年 3 月 18 日
【颁布单位】全国人民代表大会常务委员会
【发文号】中华人民共和国主席令第 45 号
【最新修订】2015 年 12 月 27 日

第四十六条　国家机关、军队、企业事业组织、社会团体及其他社会组织和个人，应当依法为儿童、少年、青年学生的身心健康成长创造良好的社会环境。

第五十三条　国家鼓励社会团体、社会文化机构及其他社会组织和个人开展有益于受教育者身心健康的社会文化教育活动。

四、《关于深化教育体制机制改革的意见》节选

【颁布时间】2017 年 9 月 24 日
【颁布单位】中共中央办公厅、国务院办公厅

加强学校教育、家庭教育、社会教育的有机结合，构建各级党政机关、社会团体、企事业单位及街道、社区、镇村、家庭共同育人的格局。

五、《关于加强青少年事务社会工作专业人才队伍建设的意见》节选

【颁布时间】2014 年 1 月 10 日
【颁布单位】共青团中央、中央综治委预防青少年违法犯罪专项组、中央综治办、民政部、财政部、人力资源社会保障部
【发文号】中青联发〔2014〕1 号

三、青少年事务社会工作专业人才的主要服务领域

1.服务青少年成长发展领域。思想引导：为青少年提供思想道德教

育辅导，引导青少年积极践行社会主义核心价值体系，形成正确的世界观、人生观、价值观。习惯养成：为青少年提供正确的行为指导和良好的习惯训练，帮助青少年形成正确的生活、学习和行为习惯。职业指导：帮助青年培养正确的就业意识，提供就业信息服务，组织开展就业技能培训。婚恋服务：引导青年树立正确的婚恋观，帮助解决思想上、情绪上的困扰，为有需要的青年组织开展婚恋交友活动。社交指导：培养青少年良好的交往动机和交往品质，提高青少年的合作意识和能力、沟通交往技巧和能力，对社会交往有障碍的青少年进行社会关系调适，帮助其融入社会。

2.维护青少年合法权益领域。困难帮扶：对贫困家庭青少年、残疾青少年，帮助他们获得政府救济和保障以及社会资助和帮扶，同时培养自强自助的生活态度。权益保护：为青少年提供个案维权服务，耐心解答青少年的求助咨询，及时跟进并协调解决家庭虐待、人身伤害、吸食毒品、沉迷网络等侵害未成年人合法权益的案（事）件。法律服务：为青少年提供法制宣传教育和法律咨询服务，帮助青少年增强学法尊法守法用法意识，提高自我保护意识和能力，必要时帮助联系法律援助部门给予援助。心理疏导：缓解或消除青少年的心理问题，帮助青少年提高情绪自我管控能力，促进健康人格的形成，特别关注农村留守儿童、服刑人员未成年子女、流浪乞讨未成年人等特殊群体的心理关爱问题。

3.预防青少年违法犯罪领域。正面联系：通过个案、小组和社区工作等社会工作方法，加强对闲散青少年的接触联系，提供有针对性的引导和帮扶；加强对流动青少年群体的服务管理，进驻大型商企、市场、城中村等流动人员高度密集区域开展工作。临界预防：关注普通青少年向有不良行为青少年转化的边界，重视偷拿财物、逃学、抽烟喝酒、夜不归宿等早期典型行为，及时采取有针对性预防工作；防止青少年与家庭和学校关系紧张、联系断裂，避免青少年受外界不良行为影响产生不正常的社会化倾向。行为矫治：对有不良行为或有严重不良行为青少年，通过进驻社区、学校、戒毒所、拘留所、看守所等工作项目，加强制度规则意识教育和法制底线教育，纠正和改变不良行为习惯。社会观护：协助公安、法院、检察院等单位开展取保候审观护帮教、附条件不起诉监督考察、合适成年人参与未成年人刑事诉讼、社会调查等工作，帮助掌握未成年犯罪嫌疑人的基本情况，减少涉罪未成年人再犯罪。

六、《安徽省"十二五"社会工作专业人才队伍建设规划》节选

【颁布时间】2012年7月31日

【颁布单位】中共安徽省委组织部、安徽省民政厅

【发文号】民办字〔2012〕160号

——社工岗位充分开发。到2015年，重点在城乡社区，社会（儿童）福利院、聋儿康复中心、救助管理站等城乡社会福利机构，学校，医院，以及工会、共青团、妇女儿童机构等社会服务领域分期分批分类增设、转换和明确1万个社会工作专业岗位。确定社会工作专业岗位的类别、数量、从业资格、职责，研究岗位开发和配置问题，实现社会效益最大化。

综上所述，司法领域的《中华人民共和国未成年人保护法》明确了相关社会团体、组织协助政府、指导家庭或积极参与到未成年人保护的责任和义务。教育领域的《中华人民共和国义务教育法》《中华人民共和国教育法》和《关于深化教育体制机制改革的意见》要求和鼓励相关社会团体、组织以协助者和教育者的身份加入青少年群体的教育事业中。民政领域的《关于加强青少年事务社会工作人才队伍建设的意见》和《安徽省"十二五"社会工作人才队伍建设规划》则进一步详细描绘了社会工作者在青少年事务中的主要服务领域，并明确指出学校是社会工作者服务于青少年群体的重要服务场所。上述政策和法规为学校社会工作落地于本土情境提供了政策支持，为学校社会工作本土化勾画了工作内容、工作对象和工作形式等方面的发展蓝图，具有非凡的开创性和纲领性。

当然，在我国专业社会工作处于西学东渐的初期阶段，社会整体认受度较低的情况下，这些政策相对于学校社会工作的发展需要来说还是颇为滞后的，具体表现为总体数量不足，缺乏直接和明确的学校社会工作指导性政策文件。此时，学校社会工作者一方面要做积极的行动者，

开展临床实务，积累本土经验，提高社会工作的社会认受度；另一方面要做反思的研究者，总结模式，发展理论，提升学校社会工作影响力，倡导和推动政策和法规更多地回应和倾斜于社会工作和学校社会工作的发展诉求。

（编录：刘玲）

学校社会工作实务探索 第一辑

社 工 伴 学

相关社会工作服务行业标准

一、《社会工作方法　个案工作》①节选

(一)范围

本标准给出了个案工作伦理与原则、理论与模式、技巧、过程和记录要求。

本标准适用于社会工作服务。

(二)规范性引用文件

下列文件对于本文件的应用是必不可少的。凡是注日期的引用文件，仅注日期的版本适用于本文件。凡是不注日期的引用文件，其最新版本（包括所有的修改单）适用于本文件。

(三)术语和定义

下列术语和定义适用于本文件。

---

① 民政部2017年12月29日颁布,编号MZ/T094-2017。本标准起草单位:中国社会工作学会、中社社会工作发展基金会、中国青年政治学院、首都经济贸易大学、北京社会管理职业学院、华东理工大学、南京理工大学、惠州学院、上海自强社会工作服务总社、深圳市南山区南风社会工作服务社、甘肃惠群社会工作服务中心、善爱社工(武汉)信息服务有限公司、重庆市民政局。本标准主要起草人:许莉娅、赵学慧、李林子、朱眉华、张曙、冯浩、赵环、赵蓬奇、何珊珊、傅鹂鸣、周巍、张姝、邓明国、左佩兰、赖新元、郭名倞、王颖。

1.个案工作（case work）

以有需要的个人或家庭为服务对象，运用个别化的工作方式，增强其解决困难和适应社会的能力，促进其与环境和谐发展的一种专业社会工作方法。

2.个案管理（case management）

以面临多重问题或需要的个人或家庭为服务对象，由社会工作者统筹协调服务过程，促进跨专业合作，满足服务对象复杂需求的整合性服务模式。

（四）伦理与原则

1.伦理

应遵守社会主义核心价值观和《社会工作者职业道德指引》。

2.原则

（1）维护服务对象利益优先原则。

应以服务对象为中心，从服务对象的特点和利益出发提供服务，最大限度保障服务对象利益。

（2）个别化原则。

应尊重服务对象的差异性，重视服务对象的独特性，了解服务对象个性化的需要，差别化、针对性地开展服务。

（3）接纳原则。

应了解和理解服务对象的想法、感受与行为，不应因服务对象的年龄、性别、民族、宗教、态度、行为、生理及心理状况等歧视或拒绝服务。

（4）非评判原则。

应与服务对象讨论其想法、感受与行为，而不应随意评价、指责和批判服务对象。

（5）服务对象自决原则。

应相信服务对象有成长和改变的能力，应鼓励和支持服务对象在具备自决条件并充分知情的情况下作出选择和决定。

（6）保密原则。

应对服务对象信息保守秘密，未经允许，不应透漏服务对象信息；需要提供信息时，应告知服务对象，并与相关组织共同采取相应措施。

（五）理论与模式

1.理论

（1）相关理论主要包括但不限于：

——精神分析理论；

——认知行为理论；

——生态系统理论；

——人本主义理论；

——社会建构理论；

——女性主义理论。

（2）社会工作者应掌握上述相关理论并在理论的指导下开展服务。

2.模式

（1）相关模式主要包括但不限于：

——心理社会治疗模式；

——认知行为治疗模式；

——任务中心模式；

——危机干预模式；

——家庭治疗模式；

——叙事治疗模式。

（2）社会工作者应掌握上述相关模式并选择合适的模式开展服务。

3.运用要求

（1）应熟知相关理论的发展脉络以及相关模式的假设、程序与技巧。

（2）使用理论与模式时应坚持本土的适用性和实践性。

（3）使用理论与模式时应充分考虑服务对象的需求和最大利益。

(六)技巧

1.会谈技巧

（1）支持性技巧：

——积极倾听

用心聆听服务对象传达的信息，细致观察服务对象的表情动作，及时思考整合信息，理解服务对象的感受并作出积极的回应。

——专注

借助友好的视线接触、开放的姿势以及专心的态度关注服务对象的表达。

——鼓励

通过口头语言和身体语言的方式肯定服务对象的积极表现，使服务对象继续表达自身的感受和看法，保持已有的良好行为。

——同感

设身处地体验服务对象的内心感受，理解准确并将其传达给服务对象，引导服务对象对自己的感受、想法作进一步思考。

（2）引领性技巧：

——提问

运用封闭式或开放式问题，引导服务对象作答，以收集信息、探索问题。

——澄清

引导服务对象对模糊不清的陈述和信息做更详细、更清楚、更准确的表达和解说。

——对焦

将话题、讨论范围、内容或者问题集中，指出重心和目标所在，再继续讨论。

——摘要

把服务对象的长段谈话内容或不同部分的话题进行整理、概括和归纳，并作简要摘述。

（3）影响性技巧：

——信息提供

向服务对象提供相关的新知识、新观念等，或纠正服务对象已知的错误信息。

——自我披露

有选择地向服务对象披露自己的亲身经验、处事方法和态度等，为服务对象提供参考。

——建议

对服务对象的情况、需要或问题了解和评估后，提出建设性意见。

——忠告

向服务对象指出其行为的危害性或必须采取的行动。

——对质

当发现服务对象出现言行不一致的情况时，直接发问或提出质疑。

2.访视技巧

（1）在访视前应熟记受访者的相关资料，事先约定探访的时间、时长及会面地点。

（2）应采用具体的约定方式，包括电话预约、信件预约、委托受访者较信任的亲友代约定或由受访者确定访视时间。

（3）访视时应着装整洁、得体，主动进行自我介绍，告知姓名、工作单位以及此行的目的。

（4）在访视中应多观察、多倾听，拍照、录音、录像要征得被探访者同意。

（5）在访视结束前应总结访视的内容，向受访者反馈其在访视中的良好表现，并倾听受访者对这次访视的感受、意见及对下次访视的期待。

（七）过程

1.接案

（1）在接案阶段应完成的主要工作包括：

——了解服务对象的来源和接受服务的意愿；

——邀请服务对象参与并澄清其期望；

——介绍机构的职责和服务范围；

——介绍社会工作者的职责和服务方式；

——初步探索服务对象的困境和需要；

——初步收集与服务对象有关的信息；

——与服务对象建立专业关系；

——根据服务对象的需要及社会工作者自身的能力，做出接案与否的决定或转介的安排；

——填写《个案工作接案记录表》。

（2）在接案阶段应注意：

——判断服务对象状况的紧急程度；

——避免将服务对象标签化；

——关注服务对象的资源与优势。

2.预估

（1）在预估阶段应完成的主要工作包括：

——收集服务对象个人的生理、心理及社会等方面的资料；

——收集服务对象社会环境的微观、中观、宏观系统等资料，主要是家庭及社区信息；

——收集服务对象对自己及处境的感受、观念和期待；

——以需求为导向，与服务对象讨论其需要、困境或问题；

——以资源为导向，识别服务对象及其所处环境中的资源、优势与障碍；

——以服务为导向，与服务对象讨论选择适当的服务目标与服务内容；

——填写《个案工作预估表》。

（2）在预估阶段应注意：

——在界定服务对象的需要和问题的同时评估服务对象个人及环境中的资源与优势；

——动态和持续地评估服务对象的需要、问题及资源；

——重视服务对象及其重要关系人的参与。

3.计划

（1）在计划阶段应完成的主要工作包括：

——制定服务的目的与目标；

——选择介入的服务模式；

——制定具体的介入策略、行动步骤和进度安排；

——明确社会工作者和服务对象各自的任务并签订《个案工作服务协议》。

——确定服务评估方法；

——填写《个案工作计划表》。

（2）在计划阶段应注意：

——服务对象参与，尊重服务对象意愿；

——服务对象需要、服务目标、介入模式及行动策略相互契合；

——服务计划详细、具体，具有可操作性。

4.介入

（1）直接介入。

直接介入包括：

——促使服务对象的认知、情绪、行为等发生正向改变；

——促使服务对象学会运用现有资源并积极发展可用资源；

——激发服务对象的主观能动性，进行能力建设；

——促使服务对象与环境相适应；

——填写《个案工作过程记录表》。

（2）间接介入。

间接介入包括：

——协调和链接服务对象所需要的各种资源；

——改变服务对象所处的环境；

——服务对象面临多重问题或障碍时，进行个案管理。

（3）介入要求。

在介入阶段应注意：

——促进与服务对象的互动；

——对开展的服务进行实时评估，并对服务计划进行适当调整；

——依据并善用政策资源开展服务。

5.评估

（1）在评估阶段中应完成的主要工作包括：

——对服务成效进行评估，包括评估服务对象的改变、目标的实现、服务对象满意度等；

——对服务过程进行评估，包括评估过程中运用的理论、模式、方法；进度的把握和调整；工作人员的表现；对专业的反思等；

——填写《个案工作评估表》。

（2）在评估阶段中应注意：

——向服务对象说明评估的目的和方法；

——兼顾过程评估与成效评估；

——兼顾质性方法与定量方法；

——评估宜有服务对象参与。

6.结案

（1）在结案阶段应完成的主要工作包括：

——确定合适的结案时机；

——回顾服务过程，增强服务对象独立解决问题的能力和信心；

——巩固服务对象及其所处环境已有的改善；

——结束工作关系，妥善处理离别情绪；

——填写《个案工作结案表》；

——对需要转介的服务对象做好转介安排。

（2）如下情况可结束或终止提供服务：

——已达成服务目标的；

——因服务对象不愿继续接受服务而必须终止专业关系的；

——存在不能实现目标的客观和实际原因的；

——社会工作者或服务对象身份发生变化的。

（3）在结案阶段应注意：

——提前告知服务对象结案的时间，让服务对象有心理准备；

——必要时提供跟进服务。

（八）记录

1.类型

记录主要包括过程式记录、摘要式记录和问题取向记录。

2.内容

（1）过程式记录应包括：

——个案工作会谈开始时的情况；

——服务对象与社会工作者彼此传递的具体事实及相关回应；

——服务对象及社会工作者在会谈过程中的感受以及会谈结束的情况。

（2）摘要式记录应包括：

——服务对象基本资料；

——服务对象来源和求助事由；

——服务对象家庭结构图；

——问题陈述，主要是服务对象或其家属对问题的看法和期待；

——服务对象的主观问题陈述，其他相关人士对问题事实的客观陈述。

（3）问题取向记录应包括：

——服务对象基本资料；

——问题叙述及相关人员对问题的预估情况；

——个案工作服务过程与结果的记录。

3.要求

（1）每个阶段均应有文字记录，可采用录音、录像等作为记录的辅助手段。

（2）应保证记录资料的真实性、完整性和全面性。

（3）应注意个案记录的保密范围、例外状况等原则性规定。

（4）记录应及时进行归档整理，妥善保存。

二、《社会工作方法　小组工作》①节选

(一)范围

本标准给出了小组工作的伦理与原则、理论与模式、技巧和过程要求。

本标准适用于社会工作服务。

(二)规范性引用文件

下列文件对于本文件的应用是必不可少的。凡是注日期的引用文件，仅注日期的版本适用于本文件。凡是不注日期的引用文件，其最新版本（包括所有的修改单）适用于本文件。

(三)术语和定义

下列术语和定义适用于本文件。

1.小组（group）

在社会工作者引领下，将两个及以上且具有共同需求或相近问题的服务对象组织在一起而开展互动性活动的群体。

2.小组工作（group work）

以具有共同需求或相近问题的群体为服务对象，通过小组活动过程及组员之间的互动和经验分享，帮助小组组员改善其社会功能的一种专业社会工作方法。

---

① 民政部2017年12月29日颁布，编号MZ/T095-2017。本标准起草单位:中国社会工作学会、中社社会工作发展基金会、中国青年政治学院、北京社会管理职业学院、黑龙江工程学院、山东大学、山东财经大学、山东青年政治学院、山东女子学院、华东理工大学、复旦大学、南京理工大学、西北大学、黑龙江希望社会工作服务中心、善爱社工(武汉)信息服务有限公司、重庆市民政局。本标准主要起草人:张洪英、刘云、黄红、范斌、赵芳、董云芳、王颖、赵蓬奇、邓明国、陈洪涛、周军、张剑、王宇红、薛新娅、赵记辉、左佩兰、赖新元。

3. 小组动力（group dynamics）

小组内外各种要素及其之间相互作用而形成的一种作用力。

4. 场域（field）

各种社会关系联结起来的社会场合或社会领域，其中包括社会行动者、团体机构、制度和规则等因素。

5. 首属小组（primary group）

亲密的、面对面的交往以及直接互动和合作的小组。主要包括家庭、邻里和儿童游戏玩伴等。首属小组对个人成长发展影响最深远，人的很多品质都是在此小组中获得并得以强化。

（四）伦理与原则

1. 伦理

应遵守社会主义核心价值观和《社会工作者职业道德指引》。

2. 原则

（1）民主原则。

应创造有利于小组组员参与和投入的小组氛围，鼓励和引导组员自由充分地参与小组决策和活动，据此培养组员的民主意识和能力。

（2）互助原则。

应促使组员彼此关注，加强互动，建立互助、合作的关系，共同实现小组目标。

（3）增能原则。

帮助组员建立自信，协助组员运用自己的能力来实现自助，改变自己的生活，并从个人层面的改变，促进群体和社会层面的变化。

（4）个别化原则。

在小组中，了解每一位小组组员的独特性和特别的需求，有针对性地设计干预方案，具体的目标要因人而异。

（5）差别化原则。

在小组设计中，应差别化地对待每个小组，相信每个小组都是独特的，在服务设计中，要根据每个小组的特定要求来设计需要的服务。

（五）理论与模式

1.理论

（1）小组动力理论。

在使用小组动力理论时应注意：

——了解小组工作过程是一个充满动力的过程，以及这个过程中的各种影响因素及其相互作用；

——注重创造民主的气氛，为小组带来积极的动力，带来工作效果；

——促进小组动力的产生，并通过积极的小组力量影响个体的改变。

（2）场域理论。

在使用场域理论时应注意：

——了解组员每一个行动均受到行动所发生的场域的影响；

——在小组工作中要重视此时此地，重视当时环境对成员行为的影响；

——要创造一个有利于小组成员成长的场域空间。

（3）符号互动理论。

在使用符合互动理论时应注意：

——深入地理解小组工作就是一个符号互动的场域，小组组员在这个场域中经过与他人之间的互动而实现社会化和人性化；

——促进小组组员在小组活动中的互动和真实的回馈，帮助小组组员感知他人对自己的反映和评价，形成更全面的自我意识、自我形象和自我评价；

——通过探讨个人的首属小组以及首属小组中的人际关系对个人目前的人际关系模式及非适应性行为的影响，帮助组员获得更深入的自我觉察。

（4）社会学习理论。

在使用社会学习理论时应注意：

——推动小组组员在活动中进行观察、模仿和学习，增加个人的适应行为；

——促进小组组员彼此分享经历和经验，以提供丰富的替代强化资源；

——强调在学习过程中认知的重要性，肯定小组组员的尊严和能动性。

（5）社会支持网络理论。

在使用社会支持网络理论时应注意：

——理解小组组员面对环境能否适应，最重要的是看其拥有资源的多少；

——动员和发展小组中的社会资源，推动小组组员之间彼此支持，从而建立组员和小组的社会支持网络；

——通过小组过程提高小组组员发掘社会资源、构建社会支持网络的能力。

2.模式

（1）社会目标模式。

——以培养小组组员的社会责任感，实现社会整合，推动社会变迁为主要目标；

——应激发小组组员的社会意识，增强民主参与的行动力；

——社会工作者应主要扮演影响者的角色。

（2）互惠模式。

——应关注小组组员、小组和社会环境之间的关系，通过他们的相互开放和相互影响，以增强个人和社会的功能；

——应促进小组组员间的互动，形成相互支持；

——社会工作者应主要扮演协调者和使能者的角色。

（3）治疗模式。

——应以解决个人问题作为小组工作的主要目标；

——应重视小组过程与个人治疗目标的一致；

——社会工作者应主要扮演治疗者和专家的角色。

（4）发展模式。

——应以促进小组组员和小组的共同成长为主要目标；

——应注重为小组组员提供成长发展的机会；

——社会工作者应主要扮演使能者的角色。

（六）技巧

1.开启

（1）通过口头语言及肢体语言等形式，帮助组员进入相互交流的情境中。

（2）主要适用于小组工作开始或小组动力不足时。

2.设调

（1）为小组设定的一种情绪氛围，设定小组的基调。

（2）主要适用于小组工作前期。

3.示范

（1）演示某些行为供组员模仿。

（2）应注意自身观念、行为对组员的影响。

4.澄清

（1）引导小组组员对模糊不清的陈述和信息做更详细、更清楚、更准确的表达和解说。

（2）主要适用于组员陈述内容不清楚或忽略某些议题时。

5.聚焦

（1）协助组员将话题、讨论范围、内容或者问题集中，指出重心和目标所在，再继续讨论。

（2）主要适用于话题游离、多元和分散的情况。

6.总结

（1）提纲挈领、简明扼要地整理、归纳、概括和阐明组员或小组讨论的要点。

（2）适用于段落结束、主题变换、组员发言过长、复杂和宽泛等情况。

7.催化

（1）推动组员之间进行明确而直接的互动，促使组员为小组发展承担更多的责任。

（2）主要适用于小组动力不足的情况。

8.联结

（1）协助组员将个人的经验与小组共同经验联结起来，或把组员未觉察到的一些有关联的片段资料加以串联，整合经验，促进小组组员的成长。

（2）应注意组员内在的相似性。

9.设限

（1）对小组讨论的时间、范围、形式等方面设定界限。

（2）当组员出现垄断小组讨论、脱离主题、不当语言等行为时应及时予以干预和阻止。

（七）过程

1.小组筹备期

（1）在小组筹备期应完成的主要工作包括：

——收集服务对象的相关资料；

——准确评估服务对象的需求；

——确定小组工作的总目标和具体目标；

——确定小组的性质和内容；

——确定小组类型、规模、时间和场所；

——撰写《小组工作计划书》和《小组工作单元（小节）计划书》；

——招募与筛选组员；

——准备小组工作过程中所需的人、财、物等资源。

（2）在小组筹备期应注意：

——小组目标明确、可操作、可测量和评估；

——选择符合小组性质的活动场所；

——设计符合组员特征的小组活动；

——小组工作各单元（节）间目标具有内在逻辑性；

——小组工作各单元（节）内目标、内容、活动具有内在逻辑性。

2.小组形成期

（1）在小组形成期应完成的主要工作包括：

——协助组员彼此认识；

——澄清小组目标和组员目标；

——建立安全、信任的关系；

——形成小组规范，签订小组契约；

——协助组员初步建立小组凝聚力和归属感；

——撰写《小组工作过程记录表》。

（2）小组形成期应注意：

——明确在小组中所处的中心位置；

——注重真诚、尊重和接纳；

——强调联结者和示范者的角色。

3.小组转折期

（1）在小组转折期应完成的主要工作包括：

——关注特殊组员；

——处理防卫、抗拒行为；

——协调和处理冲突；

——进一步促进小组动力的形成；

——撰写《小组工作过程记录表》。

（2）小组转折期应注意：

——鼓励组员真实地表达自己；

——注重公平、真诚、开放、非评判；

——强调协调者的角色。

4.小组成熟期

（1）在小组成熟期应完成的主要工作包括：

——协助组员维持小组的良好互动；

——协助组员从小组经验中认知重建；

——协助组员把领悟转化为行动，鼓励组员尝试新的行为；

——鼓励组员互助互惠，协助组员解决问题；

——引导组员促进目标的达成；

——撰写《小组工作过程记录表》。

（2）小组成熟期应注意：

——明确在小组中主要处于边缘位置；

——注重支持、鼓励、关怀；

——强调促进者、支持者、资源链接者的角色。

5.小组结束期

（1）在小组结束期应完成的主要工作包括：

——处理组员的离别情绪；

——协助组员巩固小组经验并运用于实际生活中；

——小组评估；

——处理遗留工作；

——安排跟进工作；

——撰写《小组工作过程记录表》；

——撰写《小组工作工作评估总结报告》。

（2）小组结束期应注意：

——明确回归小组中心的位置；

——注重肯定、鼓励、祝愿；

——强调评估者的角色。

三、《美国学校社会工作实践标准》①节选

（一）简介

一百多年来，学校社会工作者始终投身于为学校、家庭和社区提供重要的联结。学校社会工作专业致力于协调学校、家庭和社区，利用其观察他人及其环境的独特视角，以此帮助学生改善他们的学业成就和社会、情感及行为能力。学校社工寻求确保公平的教育机会，确保学生在精神上、身体上和情感上都在教室里，促使所有学生获得尊重和尊严。

① 由全美社会工作协会（NASW）制定并发布。此文本参考刘清斌的译文，见：http://www.sohu.com/a/222708414_699051.

学校社会工作是一个复杂而专业的实践领域，它往往受教育政策、研究和不断变化的实践模式的影响。为了正确反映专业的价值观和当下的实践趋势，并以此满足学校社会工作者、所服务的案主和当地教育机构不断变化的需求，NASW（国家社会工作者协会）定期对《NASW学校社会工作服务标准》进行修订。

（二）不断变化的教育环境

2002年《一个孩子也不能落下法案》和《中小学教育法案》的重新授权，要求学校社会工作服务，应建立一个更有力量、更负责任的教育体系，这种教育体系强调父母的参与、循证的教育策略和数据启示的决策。2004年《残疾人教育法》（IDEA），对所有残疾儿童法案（PL 94-142）的重新授权，也涉及学校社会工作服务。

这种重新授权通过允许学区对残疾儿童的筛查和识别程序进行大幅调整的预防措施，从而促使有效的干预措施和场所得到采用。IDEA允许学区使用一套程序来决定学生对科学的、以证据为本的干预措施的反应能力，以此作为特殊教育资格的标准。这种方法被称为"干预反应"（RTI），它已被应用于特殊和正规教育的学术和行为支持之中。这种方法可以替代差异模型——比较能力和成就的过程，以此来识别学生的学习困难。多层模型建议重新分配学校社会工作服务，以解决学校范围内和小规模群体的干预，并考虑对个别学生采取更密集的干预措施，这些干预措施完全基于他们对先前水平干预措施的反应程度。RtI框架指导学校人员在所有三个层次上监测学生的成就，并作出数据决定，以决定哪些学生需要更密集的干预。通过使用数据信息决策，学校可以更加有效地将资源与需求进行匹配。

教育研究集中在以下五个方面，并可能继续对学校社会工作实践产生直接的影响：

（1）强调早期预防的综合干预措施；

（2）早期筛查和干预；

（3）针对家庭、学校和社区环境中的多种风险因素进行干预的方法，包括家长、教师和管理者；

（4）寻求提升对学术成就有所贡献的个人和制度因素的方法；

（5）数据知情决策和干预保真度。这些政策、研究和实践主题都反映在这些标准中。

（三）指导原则

以下指导原则涉及多个领域的实践，并皆有反映在这些标准中。

1.教育、学校改革

由于经济压力要求削减教育支出，立法者、政策制定者和公众将继续要求改革和增加问责。重要的是，社会工作者应积极应对这些压力和整合资源。学校社会工作者应积极帮助学校系统，以此满足联邦、州和地方任务的期望，特别是那些旨在促进平等教育机会、社会公正和消除学习障碍的计划。学校社会工作实践与这些任务相一致，既通过培养安全的教育环境来促进学校的学术使命，同时也具有支持性的、公平的和响应性的政策，并强调早期干预和积极的行为干预。

2.社会公正

平等的教育机会仍然是一个难以实现的目标，因为在标准化的衡量指标、毕业率和在不同人群中就读大学的学生比例之间仍然存在差异。对于学校社工来说，与学生、家长、社区成员、行政人员、教师和其他学校的工作人员合作并促进合作是很重要的，它可以帮助社工确定如何及早介入，从而帮助那些处于困境之中的学生从教育系统中获益。生态视角是社会工作教育的标志，是确定解决这些资源差异的必要条件。

3.多层干预

多层模型包括了关于预防和干预的三个层次。

（1）证据为本的、学校范围内的预防计划和实践，它通过教授积极的行为，促进社会情感的发展，并确保学校的氛围有利于学习。第1层的项目和实践由学校的所有工作人员实施。正在进行的数据知情决策确保了一级干预措施是有效的。

（2）使用证据为本的、小群体和短期的干预，集中于改善早期的学业和社会情感参与，以减少问题行为。例如，这些干预措施可以针对冲突解决、社会技能、精神卫生需求以及短期危机情况，而不需要更密集

的三级干预。在数据显示缺乏对第1层干预措施的反应的基础上，学生们被提到在第2层提供额外的支持。这些策略应该有效地加以应用和有效地提高学生的学习能力和在学校取得成功的能力。

（3）使用证据为本的、个人和长期的干预措施。第三层的干预措施是针对那些有严重的学业、行为或社会情绪问题的学生，这些问题构成了一种慢性病，他们对数据驱动的一级或二级干预并没有反应。这一层的目标是减少对学生功能的负面影响。第3层干预措施包括密集的个别化策略，这些策略在较长一段时间内实施，并往往涉及社区机构。第三级干预的数据可能会表明案主或需要考虑接受特殊教育服务。

（四）标准目标

这些标准的制定是为了广泛界定学校社会工作者所应提供、学校管理者所应支持、学生和家庭所能期待的服务范围，这些标准旨在提高学校社会工作者对学校系统内的技能、知识、价值观、方法的认识，及需要在学校系统里更加有效工作的敏感度。在理想情况下，这些标准将在社会工作实践、研究、政策和教育领域，促进与学校社会工作服务相关的指导方针的明确化及目标的发展。

（1）建立预期的学校社会工作实践和服务；

（2）确保学校社会工作服务为NASW伦理规范所指引；

（3）确保最高质量的学校社会工作服务提供给学生和家庭；

（4）倡导通过支持性的服务和适当的决策包容，为案主提供最基本的权利，确保案主获得充满尊重、尊严和保密性的对待；

（5）为学校社会工作者的准备，为与学校社会工作服务相关的继续教育要素和项目的发展奠定基础；

（6）鼓励学校社会工作者参与公共政策的发展和改进，在地方、州和联邦的层次，支持学校的发展。

（五）标准

1.伦理和价值观

学校社会工作者应当坚持社会工作的专业伦理和价值观，应当使用

NASW伦理规范作为自身伦理决策的指引，同时还应了解学校社会工作实践，学生、父母和所服务社区需求的独特方面。

解释：学校社会工作者应展现其服务的核心价值，展现社会公平、尊严和个人价值、人际关系、诚信和能力的重要性。此外，学校社会工作者应遵守《国家专业伦理规范》中规定的专业伦理责任。

学校社会工作者应了解并遵守与地方、州和联邦授权者相关的知情同意、隐私和保密知识，并在未成年人和父母的法律和伦理权利范围内进行记录。当服务开始时，学生、家庭和其他专业人员应被告知保密的限度。雇主和学校管理者应被告知社会工作专业的伦理责任。如果在竞争的期望中出现冲突，学校社会工作者会将NASW道德规范作为他们决策的工具。

2.资质

学校社会工作者应当符合NASW和国家教育部门制定的专业实践规定，具备社会工作专业和当地教育体系所要求的基本知识。

解释：在社会工作教育委员会所认可的项目中，学校社会工作者都应具有社会工作的硕士学位。社会工作硕士学位是学校社会工作者职位推荐的基础准入门槛。作为社会工作专业体系内的一种独特的专业，学校社会工作需要专门化的知识和对教育系统的理解，而这些内容应该由社会工作的教育项目来提供。而当社会工作教育委员会所认可的项目并没有提供这些时，学校社工应积极寻求此类专业培训。学校社工的资质须经国家社会工作委员会许可，并经教育部批准。

学校社会工作者应具有专业知识和对当地、国家和国家各级公立学校教育的历史和现状有一定的理解，其中还包括对教育改革和立法的理解。学校社工也应了解以证据为本的教学方法，以促进所有学生积极的学习成果。

3.评估

学校社会工作者应以改善学生的社会、情感、行为和学业成就为目标，对个人、家庭和系统/组织（即教室、学校、社区、地区、州）进行评估。

解释：在系统评估、数据收集和解释的多个层面上，学校社工应运用多种方法（例如，访谈、直接观察、标准化工具、调查、焦点小组），以评估学生、家庭和学校人员的需求、特点和互动。学校社会工作者应对学生和组织进行可靠和有效的评估，从而进行干预措施的设计，以消除学生的学习障碍。评估应使用生态视角和功能方式，以加强对学习障碍的理解和促进学生福祉和学业进步的改善和干预。

4.干预

学校社会工作者在干预措施中应了解并使用以证据为本的实践方法。

解释：学校的社会工作者应保持现有的以学校为基础的干预研究，并在服务传递中使用以证据为本的实践。这些实践旨在增强包括学生、家庭、其他团队成员、学校人员和社区资源在内的积极的教育经验。

干预应基于对所关注事项的评估，它包括目标、评价方法和结果标准。干预应在多元框架内应用，解决与正在处理的问题最相关的生态系统（例如家庭、学校、社区）。

5.决策和实践评估

学校社会工作者应使用服务信息指引服务的传递，并定期评估他们的实践，以改进和拓展服务。

解释：学校社会工作者应当收集、分析、综合、传播与实践有关的信息，应进行持续评估，以确定所有干预措施的有效水平。评估社会工作实践的方法也应定期进行评估，以确保目标、活动和测量结果与当地教育机构的目标和社会工作伦理实践相一致。

6.保持记录

学校社会工作者应保存与学校社会工作服务规划、实施和评价相关的准确数据和记录。

解释：学校社会工作人员应及时、准确、保密地记录学校社会工作服务，展示其服务成果，并保证对当地教育机构和社区的责任。服务记录应根据联邦、州和地方法律进行维护。

7.服务管理

学校社会工作者应组织其工作，履行其职责，并明确在其所工作的学校或地区的教育任务中的角色和作用。

解释：学校社会工作者应当以有效和高效的方式对其服务工作进行

管理。学校社会工作者和主管之间应共同确定专业实践的优先次序。应根据学生的需要、学校社工的专业技能、项目需要、研究和其他资源的可得性建立优先次序。

学校社会工作者应使用服务传递的多元框架和技术，履行其角色和职责，以加强沟通、获取和组织信息、履行其责任和顺利完成工作分配。

8.专业发展

学校社会工作者应不断提高知识和技能，为学生及其家庭提供最及时、最有益、最适合其文化背景的服务。

解释：学校社会工作者应当遵守 NASW 继续专业教育的标准，遵守国家有关继续教育要求的专业规定。学校社会工作者应通过持续的督导和咨询，提高其专业水平和能力。学校社会工作者应参加有益于提高其知识和技能的专业发展活动。学校社工也应在可能的情况下，通过教育和督导学校社会工作实习生，促进专业的发展。

9.文化能力

学校社会工作者应确保在多元文化理解和能力的背景下，为学生及其家庭提供专业服务。

解释：学校社会工作者应在社会工作实践中表现出与 NASW 文化能力标准相一致的自我意识、知识和实践技能。学校社会工作者应继续发展其专业知识，了解他们所服务的案主群体和文化上适当的资源。这种理解应在一种尊重和重视差异的积极的学校氛围中通过某种方式得到应用。学校社会工作者应该运用证据为本的专业实践、技能和反映工作者在助人过程中对其所扮演的文化角色理解的技术。学校社会工作者应当认识到与当地教育机构内的文化问题有关的学术进步的障碍，同时在学校内建立和支持一个充满尊重的人口文化环境。

10.跨学科的领导和协作

学校社会工作者应在发展积极的校园氛围中担起领导作用，并与学校管理者、学校人员、家庭成员和社区专业人员共同合作，以提高服务的针对性和有效性。

解释：学校社会工作者应担任领导和顾问，促进积极的校园氛围，协助了解影响学生教育经历的家庭、学校和社区的因素。学校社会工作者应提供培训，并邀请致力于消除学生学习障碍的家长、学校人员、其他专业人员和社区成员参加。学校社会工作者还应在实施以学校为基础的和与学校相关的项目中发挥其领导功能或参与协作，从而促进学生的福祉和积极的学业成果。

11.倡导

学校社会工作者应进行倡导，以确保所有学生都能平等地获得教育和服务，从而促进他们的学业进步。

解释：学校社会工作者应当为学生及其家庭进行倡导。这种倡导包括帮助他们获得和有效使用正式、非正式的社区资源，推动家庭的自我倡导和增能。学校社会工作者，作为系统的改变媒介，应鉴别仍未被地方教育机构和社区解决的需要领域，并努力创造满足这些需要的服务。学校社会工作者应了解影响学校社会工作实践的法院判决、立法、规章制度、政策和程序，有效地为学生提供倡导。

（编录：仇凤仙）

实务篇

初三学生学习体系优化小组总案例

一、小组背景

2017年9月至2018年1月,安徽师范大学历史与社会学院和芜湖市澛港中学共建的雏鹰学校社会工作基地继续合作开展"社工伴学"系列活动。项目的总目标是陪伴初三学生积极备战中考,优化自身学习体系,力求各科目均衡发展。执行此项目的共有3个小组,实施服务方案的小组工作员是2015级社会工作专业12名本科生。小组活动每半个月开展1次,共组织了7次。小组工作的服务对象是902班的21位同学,其中女生11人、男生10人。小组为封闭型小组,学生主要以自愿报名的方式参与活动。

二、小组概况

至2017年9月,雏鹰学校社会工作基地开展的"社工伴学"系列活动已进入第三个年头。随着学生升入初三,他们开始面临初中升高中的新问题。通过对班主任、任课教师和部分同学的调查发现,此阶段学生面临的主要问题有教学方式不适应、学习方法不恰当、知识体系意识弱、学业压力大、人际关系困扰等。同时,通过调研还发现,值此特殊阶段,初中生的需求与家长和校方的期待有较多的重合之处,他们都希望本学期的"社工伴学"活动能在学习方法与学业成绩方面给予更多的帮助。

因而，"社工伴学"服务团队根据实事求是、与时俱进的原则，商定共同协助中学生建构完整的知识体系，运用社会工作的理念和方法帮助他（她）们适应初三年级的学习方式，缓解相应的学习压力。为此，在设计服务方案时，除去第一次和最后一次活动外，其余五次活动均是按照语文学习、时间管理、数学学习、英语学习、文综学习的主题组织开展的。因为工作员将自身定义为中学生学习和生活的陪伴者，故在开展小组活动时，服务方式侧重于引导学生交流学习方法，启发学生建构知识体系，促使学生反思学习状态。

三、服务方案设计

（一）活动目标

1.总目标

引导服务对象交流学习方法，促使其建构知识体系和反思学习状态；和服务对象一起总结学习经验，缔结小组情谊，努力实现服务对象各学习科目均衡发展和身心健康成长。

2.具体目标

（1）引导服务对象反思自己的不良学习习惯和学习状态；

（2）帮助服务对象更好地认识和了解自己，总结适合自己的学习方法；

（3）加强服务对象之间的团结合作，刺激小组凝聚力生成，形成互帮互助的小组氛围，发挥同辈群体对服务对象的支持作用；

（4）帮助服务对象树立信心，提升其学习兴趣与主动性，激发服务对象的抗逆力。

（二）理论基础

1.社会学习理论

社会学习理论强调观察学习在行为获得中的作用，认为人的多数行为是通过观察别人的行为和行为的结果而习得的，因此依靠观察和学习可以迅速掌握适当的行为模式。该理论重视榜样和自我调节的作用，认为一个人对自己应对各种情境能力的自信程度非常重要，它决定一个人是否愿意面临困难的情境、应对困难的程度以及个人应对困难情境的持久性。如果一个人对自己的能力有较高的预期，那么他在面临困难时往往会勇往直前，愿意付出较大的努力，坚持的时间较久；如果一个人对自己的能力不自信，那么他往往会产生焦虑、不安和逃避行为。该理论给予的启示是：第一，在小组活动中，要注重经验的分享，发挥同辈群体对组员的影响；第二，注重激发服务对象的自信心，增强其应对学习困境的抗逆力。

2.生态系统理论

生态系统理论称背景发展理论或人际生态理论。它认为个体嵌套于相互影响的一系列环境系统之中，这些系统与个体相互作用并影响个体发展。该理论强调人与环境的关系是互惠的，认为个人有能力与环境形成良好的调适关系。所以，如果要理解一个人，就应当将其置于环境系统之中。该理论给予的启示是：第一，家庭与学校是服务对象活动和交往的直接环境，与中学生之间的关系是双向的。若两者之间互动关系良好，就会对中学生产生有益的影响。因而，"社工伴学"活动应当注重发挥微观系统的积极作用，将家长、老师、中学生的同辈群体作为可以依靠的力量。第二，"社工伴学"团队是介入微观系统的第三方。如果能够善用小组活动，创造平等包容、相互尊重、真诚和谐的小组氛围，就有助于服务对象的成长。因此，社会工作者在开展服务时应当将学生放到家庭与学校的整体环境中，推进家校互动，进而助益学生的发展。

3.优势视角理论

优势视角关注人的内在力量和优势资源，而非其问题和病理。该理论把人们及其环境中的优势、资源作为社会工作助人过程中的焦点，认为个人所具备的能力及内部资源使其能够有效地应对生活中的挑战，强调要把注意力聚焦于服务对象如何生活、如何看待他们的世界，以及从他们的经验里找出积极意义。在运用优势视角思考服务对象的问题时，并不是要刻意忽略其痛苦或是不足之处，而是期待从另一种角度出发，协助服务对象以另一种态度去思考自己的问题，发现改变的机会。该理论给予的启示是：第一，"社工伴学"团队要相信组员可以改变，尊重组员自身的尊严和价值，相信组员有可以挖掘的资源和经验，并能善用这种资源和经验，实现个人的改变。第二，服务活动应着力于激发服务对象的潜能与抗逆力。基于优势视角理论，社会工作者提供的是陪伴，旨在培养服务对象自身的能力。

（三）活动安排

主题与时间	主要目标	内容概述
"我们初相遇" 2017年9月15日	相互认识与熟悉，订立契约，明确目标	让组员与工作员相互熟悉，说明活动计划和本次活动的目标，建立小组契约；引导组员交流学习现状，发现不足，明确自己努力的方向
"快乐学习，探求文学之美" 2017年9月29日	优化语文学科学习体系，提升组员语文学习兴趣	了解组员语文学习情况，分享语文学习方法，提升语文学习兴趣；帮助组员树立课程体系意识，分享实用应试技巧
"时间管理，把握轻重缓急" 2017年10月13日	帮助组员合理规划和利用时间，学会做时间的主人	使组员意识到时间的重要性，引导组员分享和反思自己的时间利用方式，帮助组员合理规划时间
"快乐学习，探求数学之美" 2017年11月3日	优化数学学科学习体系，提升组员数学学习兴趣	了解组员对数学学习的困惑，让其说出个人数学学习情况；交流数学学习方法，进一步提升数学学习兴趣
"英语学习角" 2017年11月17日	优化英语学科学习体系，提升组员英语学习兴趣	了解组员在英语学习方面的困惑，交流英语学习方法；总结应试技巧，提升组员学习英语兴趣
"学好文综，我能行" 2017年12月1日	帮助组员找出文综学习方法上可以优化的地方，架构文综知识学习体系	了解组员对于文综的认识和感受；和组员一起分析总结文综学习方法，找出可以优化的地方；引导组员总结文综答题技巧，提高组员文综学习兴趣
"我们不相忘" 2017年12月22日	处理离别情绪，在健康和谐的氛围中结束本学期活动	引导组员认识到自身变化，巩固收获；带领组员回顾六次活动，引导组员分享心理路程；询问组员对小组开展活动的意见和建议，处理离别情绪

（四）可能遇到的困难及对策

预计困难	应对方法
组员中途退出	若一个组员退出，工作员需要了解原因，寻求督导意见。若组员坚持退出，尊重组员的选择。若多个组员要求退出，需要引起高度重视，暂停活动，召开团队会议，评估工作流程和内容是否存在不足，讨论应对方案
组员有事缺席	向其他组员进行合理解释，打消其他组员的疑虑
气氛僵硬、冷场、不活跃	适当增加一些小游戏或应景音乐暖场，工作员灵活运用技巧营造活动氛围
组员谈话跑题	工作员及时感知并重新聚焦，使讨论回到小组活动的主题上来
次小组产生	工作员及时发现并提醒当事人，根据实际情况，调整组员坐序
组员之间发生矛盾	工作员及时发现并阻止，根据实际情况决定是当场缓解矛盾还是场外缓解矛盾
工作员未能同时兼顾组内所有组员	工作员应熟悉整个活动流程和内容，在小组中保持高度敏感，留意组员的言行并给予回应；助理工作员观察记录组员言行，促进活动改进

此外，在活动过程中，如果组员在不需要发表意见时表现得过于安静或者专注度有待提高时，工作员应当使用开放式的沟通方式，而非单一的环状沟通方式。工作员要鼓励组员相互倾听，相互配合。当组员对自己的学习习惯、学习方法的思考不够深入且回答的内容有一定趋同倾向时，工作员自身要思维敏捷，仔细聆听，擅于使用澄清、反映、总结等技巧，和组员一起丰富答案，并设置讨论的基调，引导小组组员共同深入思考。

（五）评估办法

1.督导检查

小组活动成效评估之一是督导评估。督导在小组活动过程中有行政性、教育性和支持性功能，其在活动中检查小组活动存档的资料、观察工作员的工作状态，同时结合澹港中学的反馈评价，从整体上对本学期的"社工伴学"活动进行评估。

2.工作员反思

每次活动结束后，工作员对自己在当次活动中的自我表现及组员表现进行评估，形成小组活动总结报告和个人反思记录，以促进工作员不断提高实务能力，改进服务过程。

3.服务对象评价

每次活动结束后，组员填写小组活动评估表，通过定量评估与定性评估相结合的方式评估每次活动的服务成效。评估表上的内容有"你对此次活动的满意度如何""你是否觉得此次活动很有意义"等评分题，也有"这次活动你有什么新收获""你认为这次活动有什么地方可以改进"等描述题。

四、服务实施情况

活动分七次进行，除特殊情况外，每半个月开展一次小组活动，每次小组活动1小时左右，地点在澝港中学活动室。

(一)我们初相遇

本次活动是本学期"社工伴学"的第一次活动，由工作员带领组员彼此相互熟悉。虽然是同班同学，但有些组员是第一次参加小组活动，而且工作员也有所变动，所以首先要进行自我介绍环节。活动中，工作员让组员在卡片上写下能够向他人介绍自己的三个关键词。"我把我说给你听"这一环节，让组员了解了彼此的性格特征，也让刚刚参加"社工伴学"的工作员初步了解了自己的服务对象。

接着，工作员向组员解释小组规则的重要性，并组织组员共同讨论和制定小组契约。经过深入讨论环节，大家一起制定出小组契约并得到全部组员的认可。在随后的活动分享环节，组员积极反思自己目前的学习方法与学习状态，使得工作员更加了解组员的现状、明确组员的需求。在交流总结环节，工作员也通过提问，引导组员总结自己的不足，从而诱发其改变的动力。

组员对本节小组活动的反馈较好，纷纷表示"自己认识到了新朋友、新老师""认识到了规范在日常生活中的意义,自己应当做一个遵守规则的人""看到了自己目前学习的不足""更加坚定考上重点高中的决心,虽然身处普通初中,但不想轻言放弃"。

(二)快乐学习,探求文学之美

此节活动重在了解组员们语文科目的学习情况,发现语文学习遇到的困扰,讨论如何优化语文科目的知识体系。活动中,工作员引导组员填写"语文学习情况书",并相互交流分享。组员反馈了不太喜欢语文老师的教学方式,反对罚抄书的做法,并订正试卷过少等问题。工作员一方面引导组员审视自己的学习状态,鼓励组员发挥学习主动性;另一方面,将组员提出的问题汇总、归纳,反馈给班主任周老师。工作员希望在教学方式上实现学生与老师的共同改变与相互适应。

接下来,工作员引导组员相互交流语文考试后的感受,"问什么答什么""时间不够""写字多,分不高"等问题反映出同学们的学科知识体系意识不强,不擅总结学习方法,以致学习效果不佳。随后,工作员让辅助工作员(语文成绩好且在活动前做了充足准备的组员)以一份练习试卷为例,分享答题技巧,得到了组员的认可和肯定。组员纷纷表示,"语文学习需要讲究方式方法""对语文考试更有信心了""对语文学习有了新认识"。在调动组员的学习兴趣后,工作员鼓励组员上课专心听讲,主动适应老师的教学方式。

总体来说,这节活动是工作员带领组员在深入的交流讨论与答疑解惑中,以一种新视角认知了语文学科。通过本节活动,组员认识到,语文科目的学习应当注重培养知识体系,克服碎片化问题。在模拟练习与经验总结中,组员更是从同龄人身上获得了很多启示。评估显示,组员反馈小组活动目标达成效果较好。

(三)时间管理,把握轻重缓急

此次活动是"社工伴学"系列的第三次活动,主题是"时间管理,把握轻重缓急"。主持的工作员曾参加过有关时间管理主题的小组训练,有较丰富的知识储备和技巧经验。尽管如此,开展活动前工作员还是做了大量的准备工作。在游戏环节，工作员通过"时间切割"游戏调动小组气氛，鼓励组员们表达自己关于时间管理的观点和自己实际生活中的时间管理情况，引导组员从时间的"仆人"转变为时间的"主人"。活动中，工作员引导组员相互分享与倾听，并帮助组员梳理总结，鼓励大家把本次活动的收获运用在生活中，提高学习效率。

活动中，有两位组员出现了违反小组契约的行为，他们在其他组员做分享时聊天，这一行为很快被小组其他成员察觉。对于这种情况，工作员能否妥当处理将直接影响到后面活动中组员对小组契约的遵守。这一情况也暗示，小组已经从发展初期过渡到发展中期，组员的自我意识和权力控制意识在逐渐增强。工作员对于该问题的处理方式是：运用片刻的沉默和关注，使组员意识到自己行为不妥。基于两位组员的行为，工作员先询问："你们两个刚刚脱离了我们的讨论，是不是我设计的内容让你们感到有压力？或者你们有想法想要表达？"最后，两位组员表示歉意，工作员在征得大家的同意后，按照小组契约，对他们予以了惩罚。

总体来说，本节活动开展得较为顺利。组员表示，"意识到了时间紧张，应该把时间利用好""复习和做事一样要有轻重缓急，要学会做规划""要做时间的'主人'而不是'仆人'，要管理好自己的时间"。

(四)快乐学习,探求数学之美

第四次小组活动的主题是"快乐学习，探求数学之美"。本次活动重在启发组员架构数学学习体系的意识，引导组员总结自己的学习方法，排解畏难情绪，提升数学学习兴趣。活动前半部分与"快乐学习，探求文学之美"在程序上有一定相似性，组员通过分享环节，交流数学学习经验。工作员引导组员要注重"复习初中三年的数学课本，形成对初中数学知识的整体感""通过做习题，巩固知识点"等。

在本次活动中，第二小组增设了新内容。其背景是：在902班的"社工小信箱"来信中，有三位女生反映自己正处于人际关系困扰中。通过来信可知，三位女生均是第二组的服务对象（来信匿名，无法单独约谈当事人）。工作员将这一情况反馈给督导老师，督导老师召集社工开会，决定在第四次小组活动中设置次主题"和谐人际关系"。

活动中，工作员首先以"优化数学学习体系"为第一主题，然后借游戏"盲人贴鼻子"，引入"和谐人际关系"次主题。在游戏分享环节，在工作员的引导下，小组成功总结出"不能依靠自己的感觉来评价他人，因为我们对他人的认识可能不全面，主观感觉和实际情况之间可能有一块'黑布'；面对冲突，要么掀开'黑布'和当事人好好沟通一下，要么对'黑布'后的真相保留一种尊重，像贴鼻子游戏一样，一笑而过"等活动经验。最后，工作员以过来人的身份寄语这些刚步入青春期的组员：把人放到环境中去认识，看到他/她的家庭、他的过去才能了解他/她的现在。活动结束后，有组员通过"社工小信箱"表达对工作员的感谢之情，这说明活动效果较好。

(五)英语学习角

该活动主题是讨论英语学习方法，启发组员架构英语学科体系的意识，规划英语学习方法。工作员先用"大风吹"游戏带领组员舒展筋骨，活跃小组氛围；接下来带领组员回顾上次活动内容，巩固小组契约；然后进入讨论环节，引导组员交流英语学习问题，探索英语学科体系，总结英语学习方法。同时，记录并总结出组员反馈的关于英语老师教学方式的改进意见，然后交给他们的班主任。活动中，工作员引导组员换位思考，反思自己的英语学习习惯，讨论如何学着适应老师的教学方式。活动结束前，工作员将团队整理的初中英语学习方法思路指导作为对表现良好的组员的奖励。

整体来说，组员对于本次活动表现出较高的满意度。大多数组员表示从优秀的同学身上学到了有用的英语学习方法，学着尝试理解英语老师。在询问组员关于活动改进的建议时，组员表示，"希望游戏更好玩一点""我们每天除了上课就是补课，生活真的好枯燥、好辛苦啊，我们想放松"。组员对于游戏的渴求引起了工作员的反思。工作员意识到对于"组员要求玩游戏"这一问题，自己早期存在着刻板印象，认为组员贪玩，没有真正探究这一要求背后的原因。因此，游戏的设置虽然能够推动活动开展，却不能令组员满意。活动结束后，工作员经过讨论，决定在后续活动中开展一些轻松有趣、更有意义的游戏，以回应组员们的需求。

(六)学好文综,我能行

汲取上次活动的教训，工作员在本次活动中设置了两个既能培养小组情谊又能放松娱乐的游戏——"穿行障碍物"和"众志成城"。活动结束时，组员们反应较好，活动也达到了建立组员间相互信任与合作的目的。

按照活动设计，工作员先回顾上次活动内容，再开始本次活动，引导组员分享文科综合的学习方法和心得。"用三句话表达对文综的认识"环节，组员们呈现了自己对文综的态度。一些同学反映，文综就是"读、背、写"，与其他学科相比，没有什么特别的学习方法，而且文综没有语数外重要。交流中，组员们分享了自己的学习经验，例如，"在理解的基础上记忆""睡觉前翻看政史课本""政治答题有'套路'"等。工作员启发并引导组员架构文科综合学习体系的意识，找出可以优化的方法。同第五次活动一样，工作员将团队提前整理的"初中政治与历史答题思路指导"发放给组员。组员纷纷表示，"知道了政治、历史在中考中的重要性""谢谢社工老师整理的答题方法""游戏很好玩也很有意义"。

(七)我们不相忘

此次活动为"社工伴学"小组活动的最后一节。活动目的是带领组员回顾本学期活动内容，巩固活动收获，增加组员自信，处理离别情绪。

开始之初，工作员带领大家观看了一个励志短视频《C罗——永不放弃》。该视频讲述的是球星C罗在数次挫折中不放弃最后成功逆袭的故事。组员们专注的神情告诉工作员，这个视频很吸引他们，很激励他们。接下来，在工作员的引导下，大家一起回顾了前面的六次活动。通过回顾，组员们强化了建立学科学习体系的意识，明确了改进学习效果的方法。组员们坦言，参加小组活动不仅掌握了学习方法，也和其他同

学缔结了深厚的友情。他们表示，这些收获将在备战中考时发挥很多作用。活动结束时，组员相互写寄语，传递关心与祝福。

工作员感觉现场气氛稍显沉重，便进行澄清，"我们只是结束了本学期'社工伴学'活动，下学期还会开展其他主题的小组活动，希望大家结合自身需求和实际情况报名加入。同时'社工小信箱'仍会作为我们保持联系的一个渠道，我们也可通过其他方式答疑解惑。"最后，工作员肯定组员的成长，巩固组员的获得，增强组员的自信，在妥善处理离别情绪的前提下，宣布本学期"社工伴学"活动圆满结束，然后大家一起收拾活动场地，相互道别。

五、服务效果评估

（一）从督导评估看服务成效

督导对于本学期"社工伴学"的活动策划、活动过程记录、活动总结报告以及工作员感悟等进行了检查评估。通过这些记录材料，督导直观了解到"社工伴学"活动的具体开展情况。活动开展期间，工作员参与活动较为投入，主动和督导沟通交流，积极参加团体督导，虚心向督导老师学习理论与实务经验。基于澛港中学师生所反馈的对于本学期小组活动的高度认可和积极评价，督导对于本学期的活动给予了认可和肯定。

（二）从工作员反思看服务成效

工作员每次活动结束后会及时总结当次活动，生成文字材料。从收回的总结性材料可以发现，工作员实现了和组员一样的成效。从第一次"担心自己做不好"到"谢谢我的组员们，我们一同成长"，工作员的每一次反思总结都是为了更好地开展下一次活动。小组在整个活动中的表现符合小组发展的一般规律，组员从最初的有所保留到逐渐信任到互帮互助以及偶有矛盾穿插，到最后缔结了情谊。在小组活动中，学习是双向的，工作员和组员一起探讨学习方法、牢筑学习体系意识，组员也帮助工作员在不断的改进中提高实务能力。工作员在反思中感受到自己能力不足并主动充电，以期更好地服务组员，最终实现这一期望。

（三）从服务对象评价看服务成效

组员对于本学期的"社工伴学"活动整体较为满意。对于活动时长、场地、内容、工作员的态度和技巧、活动是否改善了学习方法和习惯等12个评估子项目的评分大都在4分以上，各项均分为4.12分（满分为5分）。同时，在组员的描述性反馈中，我们可以看到活动在帮助组员探索学习方法、改善学习习惯、提升学习兴趣等方面发挥了一定作用，基本达到预设目标。

六、总结与反思

（一）活动总结

本学期"社工伴学"历时3个月，小组其开展了7次活动。活动主题"学习体系优化"得到了班主任、家长和初中生的认可，说明即将到来的中考是各方面临的共同任务，这也意味着这学期的服务更加务实、更加特殊。总的看来，本学期"社工伴学"活动取得了良好效果。

其一，除了常规的小组活动，这学期还有"社工小信箱"作为特色活动同步进行。"社工小信箱"作为组员与工作员组外交流的一个媒介，促进了工作员与组员的交流和了解。通过查看小信箱来信，工作员能够结合组员的需求调整活动内容，使方案设计更具针对性，这是一种服务形式上的创新。从效果看，初中生对于这种服务形式是持欢迎态度的。

其二，工作员团队一直保持着良好的团结合作。大家在活动前一起讨论和策划方案，在活动结束后一起撰写、整理活动材料，既有分工又相互协调。因为本学期活动主题比较特殊，偏向于知识学习，所以工作员每次活动前都会做相应的知识储备。这对工作员来说是一种挑战，但在某种程度上工作员成为组员的学习榜样，并保证了活动有质有序地开展。

其三，工作员团队与督导老师保持着密切联系。工作员能够及时将活动开展过程中出现的问题以及自身的困惑反映给督导，寻求督导指导。小组活动期间，督导老师为工作员团队做了多次团体督导，帮助工作员厘清工作思路，深化对课本知识的理解。通过督导，小组活动也更加规范，方案设计更加科学，进而助益工作员的成长。

其四，工作员对自身的定位清晰准确。本学期，工作员较多参与小组成员的学习，以帮助组员优化自身学习体系。在价值不敏感的情况下，工作员很容易变成权威，单向地向组员传授所谓"过来人"的经验。围绕这个问题，工作员团队进行了深入讨论，将自己定位为"陪伴者"和"引路人"，主张慎用"教育者"的角色。这种角色定位有助于挖掘组员自身的潜能，实现助人自助。

(二)实践反思

其一，工作员自身的实务经验不够、技能不足。很多时候，工作员能够直视这个问题而不逃避，承认自己的不足并寻求改变，但改变的程度常常是不确定的，这与本科生的知识储备较为有限是相关的。为此，在下一阶段的"社工伴学"活动中，工作员应当主动寻求专业教师的指导，观摩高年级学生开展的小组活动，积极补充专业知识和其他相关知识，以提高自身素质。

其二，尽管团队已经做了较为充分的前期准备，设计的活动方案也得到了澛港中学师生的认可，但随着小组活动的开展，工作员和组员都感觉到活动方案仍然有可优化的地方。对中学生而言，与课程学习有关的小组活动是不讨喜的，这需要工作员利用游戏和工作技巧进行调节，尽可能营造宽松愉悦的氛围，做到寓学于乐。为此，在下一阶段的活动中，工作员要以理论为支撑，以组员需求为方向，以实务情况为标杆，灵活回应实践中出现的问题，不断优化活动方案。

其三，工作员要进行积极的心理调适。中考是一道人生课题，工作员也难免会感受到来自家长和学校的压力，也发现自己不能解决学生面临的诸多问题。实务中，工作员有时会落入"陷阱"，将小组与自己捆绑起来，追求小组的完美发展。但当这一目标不能实现时，工作员就会感到挫败。这说明工作员不够成熟，还需要更多的锻炼。为此，建议工作员不仅要反思自己的实务技能，还要对自己与他人的关系、自己对工作的态度、自己对于活动本身及组员的期待经常进行反思，警惕自己在意识上的"过紧"或"过松"，拥有一颗平常心。

（撰稿：柏玉琴）

【教师点评】

"社工伴学"是高校社会工作专业与中学合作的产物。该项目具有延续性，主要针对处于不同学习阶段的中学生的需求设计服务内容。随着该班学生进入初三，中考压力增大，协助服务对象迎接中考就显得非常突出。为此，十余名社会工作专业本科生在任课老师的指导下，针对学生、家长和老师进行需求调查，进而确定了小组活动的主题——学习体系优化。在设计活动方案时，工作员围绕中考相关考试科目设置各节活动，具有较强的针对性。总的看来，小组活动方案设计较科学，具有整体性；服务实施既突出了教育型小组的特质，也兼顾了初中生的身心特点；工作员能够团结协作，力求灵活回应方案执行中出现的问题；工作员秉持"同行者"与"陪伴者"的立场，注重激发服务对象自身的主观能动性，非常值得肯定。但从小组留存的资料看，服务评估稍显粗糙，服务方案还有进一步优化的空间，例如可将家庭与学校的支持引入小组，发挥生态系统的积极作用，以强化组员的学习动力和效果。另外，这是该小组活动的总体情况，后面将呈现各节活动的开展情况，以便提供更丰富的信息。

社工伴学

初三学生学习体系优化小组分节展示①

第一节　我们初相遇②

一、基本信息

活动主题：我们初相遇。

预设目标：工作员与组员及组员之间相互熟悉；订立小组契约，促进小组活动的规范性；了解组员的需求，明确组员的目标。

活动时间：2017年9月15日16：20—17：10。

出席人数：9人。

活动地点：澛港中学活动室。

---

① "社工伴学"项目团队在澛港中学一个初三班级招募了三组初中生开展初三学生学习体系优化小组，命名为第一组、第二组和第三组。

② 本部分内容节选自第二组的总结报告。

二、活动过程

环节	现场情况和工作员反思、感受
1. 相互熟悉并认识新的组员,调节气氛	运用鼓励、引导、倾听等工作技巧,让组员用2—3个能代表自己的关键词向他人介绍自己,小组氛围较融洽。WLJ介绍自己讨厌说谎、欺骗、背叛。TSY认为自己脾气好、笑点低,长得漂亮。LYQ认为自己爱生气、爱记仇、喜欢明星。PHW说自己容易生气,兴趣爱好是"打MQL"。MQL说自己爱打乒乓球,性格活泼。LWH认为自己重情重义,但性格腼腆。SJY说自己没有骨气。工作员发现,在自我介绍的过程中,组员们有互帮互助的行为,就是当他人想不出来合适的词语时,会给予别人正面积极的形容词。女生可能因为和工作员较为熟悉,表达时并不羞涩,但缺少对自己的负面评价。现场情况反思:工作员应当给予组员更加积极的引导
2. 澄清本节活动的目标	工作员澄清本节活动目标,组员倾听较为认真
3. 建立组内契约,增强小组凝聚力	工作员使用鼓励表达、倾听、归纳要点、复述、适当限制的技巧,先介绍小组契约及其存在的意义,让组员理解自己将要做的事情。因为组员大多有小组活动的经历,所以本环节进行的较为顺利,而组员也逐一表达了自己的观点,集思广益地完成了以后将适用于本组的小组契约。现场情况反思:活动前期,材料准备不足,漏掉了重要的素描纸,无法一起完成小组契约的制作,固化大家对小组契约的印象。在征求大家意见后,达成一致观点:活动后由工作员代替组员完成小组契约制作,下一次小组活动再带上
4. 发现自己的不足,明确自己的目标	工作员先解释清楚活动内容,然后组员开始思考并在纸上写下自己的不足和目标,并附上自己的名字。工作员使用了澄清、回应等工作技巧。但工作员发现,大家在认真思考和书写时,MQL显得不够投入。当工作员拿到A4纸时,发现MQL写的内容是:"不足:上课不好好听课,不懂的知识点从来不敢问。目标:考上高中。"工作员还发现PHW、TSY写得也较为简单,但可以看出共性:大家对自己现阶段存在的不足都有一定认知,且目标都是考上"理想"高中,或稳定提高成绩。现场情况反思:可以给组员更多的时间,或者时间允许小组把这一主题拿出来仔细讨论,因为组员对自己的不足与目标认知大多是笼统的,是不可操作化的
5. 让组员对本学期的活动有个大致了解	工作员运用自我袒露、倾听、适当限制等工作技巧,介绍整个活动的大致情况,抛出下次活动主题。工作员向组员介绍接下来的互动中"社工伴学"项目会开展哪些活动,主旨是什么,让组员对活动有大致了解。整个环节中,组员倾听、参与活动做到既投入又专注。现场情况反思:不能过多强调初三阶段的学习生活状态,以免给组员造成太大压力,工作员需把调动组员学习主动性与施压相协调

三、本节总体分析

(一)目标达成情况

本节小组活动目标达成较好,组员和工作员之间有了新的认识和一定程度的了解,组员较好地理解了"社工伴学"项目的目标和接下来的活动内容等。实现目标的有利因素是组员基本上都接触过小组活动,且都是同一个班级的学生,小组凝聚力较好。因为前期和一些同学有接触,所以组员与工作员的关系较好,工作员首次融入小组较顺利,组员对工作员也很接受。不利因素是首次加入的3名男生在表达自我上有所顾虑,对工作员的熟悉度和信任度都还有待提高。

(二)动力情况分析

本次小组活动由一名工作员和一名辅助工作员带领7名组员共同开展。此小组为封闭型,同质性强,因为组员是同学关系,又相互熟悉。小组工作员起着引领者的作用,他们带领组员一起形成了具有约束作用的小组契约。本学期新加入了3名男生组员,分别是MQL、PHW、LWH。3名男生在本节活动中能够积极参与,配合工作员的引导,但因是初进小组,和工作员首次接触,故表现上仍然有所保留,比如在做自我介绍时,思考时间较长、介绍内容较少。但在组员自我介绍环节,一位组员完成对自己的介绍之后通常有其他人加以补充,比如大家一致认为LWH较为羞涩,而PHW认为自己的兴趣爱好是"打MQL",这暗示了小组成员间关系较为密切,彼此能够包容互助。LYQ、SJY、TSY、WLJ上学期已经参与活动,和工作员较为熟悉,LYQ能及时回应工作员的疑问,SJY在活动中能帮助工作员维持小组秩序。总体来说,小组互动良好,关系较为和谐,3男4女组员搭配合理,小组契约一起制定并能严格遵守;小组决策表现为全员参与,但新加入的3名男生在讨论过程中的主动性与女生相比有待加强;小组成员间能相互支持和包容,具有初中生该有的文化氛围,大家关心的话题一致为"学习""补课""考试""压力"等；小组整合程度与控制情况较好，工作员和组员目标明确且方向一致。总之，小组动力尚在建设中，且在向优良的方向发展。

（三）活动效果

本节活动取得了良好的活动效果。按照前期策划的预设目标，在本节活动中，工作员带领组员完成了小组契约的制定，收集了组员本学期的学习目标和自己对于学习体系建构不足的认识。3名新加入的组员对于工作员接受性较好，能够较顺利地融入小组活动中。其他4名女生组员（之前有激烈矛盾）之间的矛盾也逐渐消解，能够彼此接受、一起学习。组员在活动过程中能够仔细聆听工作员讲话，进入角色一起讨论，跟随小组的节奏进行活动。工作员前期认真策划并和其他小组工作员一起做了活动演练，在实际开展活动中能够有条不紊地进行，活动节奏把握较好，情绪投入度较高。总体来说，首次小组活动取得了较为良好的活动效果。

四、本节需要跟进事项

小组活动过程中，工作员发现MQL和PHW自我袒露度较低，给自己所定下的学习目标表述较简单，只是"考上高中"。活动结束后，LYQ向工作员倾诉"妈妈怀疑我早恋"，这个情况需要工作员跟进。活动中布置的任务是下一次活动检查错题本上的记录情况。另外，此次活动为新学期在澬港中学开展的第一次活动，有其特殊性：其一是7名组员中有4名组员已经和工作员相处了一个学期，他们之间较为熟悉和了解；其二是新加入的3名组员中，两名组员曾参加过小组活动，中间暂停一学期未参加，另一名是第一次参加学校社工活动。初中阶段是学习生涯中的一个特殊阶段，既然他们在初三学期选择参加学校社工活动，那么对每一个组员对于"社工伴学"项目的具体需求，工作员都应该给予重视与正确应对。

五、工作员感悟

去澔港中学开展新学期首次"社工伴学"项目小组活动前，我和学长先交流了一下，了解到这学期我还是第二组的主要工作员，且这一小组加入了3个新组员，而去年参加了一学期的ZXF退出了该小组。去年我也在第二组担任主要工作员，当时是新手，且一直存在"社工实际价值"的困惑，使得我在工作中不够投入。反思ZXF去年在组内的表现，我想她之所以退出，一是因为没有得到自己想要的改变，二是可能受到来自LYQ的"无心打击"。这使我觉得自己负有很大责任，一种作为工作员产生的挫败感。所以我要和这些组员们需要更多的时间相处，彼此了解。但在实际情况下，我和我的组员没有适量的时间相处，因为学生家长与校方对于我们社工的期许是"最少的时间占用、最大的效益回报"，所以工作员和组员两星期见一次面，很多事情无力有效跟进。这是我开展本学期第一次小组工作前对上学期工作的一点分析和思考，也是对ZXF退出小组的一个反思。

而本学期第一次小组活动的效果很好，工作员和组员间的相互熟悉和接纳很顺利，策划预期各项目标达成度较好，这与活动开展前和第一组工作员进行了事前演练有关，才使得我们在开展小组活动时对节奏的把握较好，工作员与组员的活动参与度和表现都非常令人满意。第一次小组活动结束后，我们也真心希望能更好地改进小组工作，切实帮助到这些孩子。

回想起刚返校还没着手学校社会工作时，LYQ就通过网络联系过我，希望我继续带她这一组，后来我也和学姐反映了这个问题，本着以服务对象需求为第一的原则，学姐继续把我留在了第二组。现在我发现LYQ对我产生了一种依赖，此后的相处时间里，如果我对于她的需求不能及时满足，对于她的情绪变动不能及时察觉，都有可能给她造成某种程度上的伤害。所以以后在与LYQ的沟通中，如何让她正视自己的价值，忽略我对她的影响，将"社工希望我怎样"转换成"我希望我自己怎样"，我还需要好好钻研与学习。因此，在以后的工作中，务必要弱化工作员本身对于组员的影响，并逐渐让组员学会挖掘自身的潜能。

　　初三对学生来说是一个非常特殊的阶段，学业上的压力衍生出的与周围环境的不和谐性将达到高峰。在这样的时间和环境背景下，无论是学生家长的支持还是学生自己的选择，他们加入"社工伴学"项目对我们的期待是什么？我们能为他们提供什么？此外新加入的三名男生中有两人曾经加入过该活动，后来中断了一学期，那么他们当初为什么退出？如今为什么又重新加入？这都不禁让我陷入沉思。回来翻看组员写的学习体系不足和学习目标时，工作员发现他们的语言表述大多简单，目标普遍为"考上高中"，捕捉到的深层含义是组员的迷茫与不自信。

　　社会工作讲求人与环境互动，也讲求优势视角。作为工作员要深思：怎样整合资源？怎样调动案主？怎样把小组的最终目标合适合理地融入每节活动中？怎样调整自己可能遇到的种种问题与挫败？我们要有一颗想要帮助他们的心和一种认真做事的态度，做到且行且思。

（撰稿：柏玉琴）

【教师点评】

　　本节是"社工伴学"系列活动之学习体系优化小组的第一次聚会。从工作记录和活动效果来看，工作员顺利完成了小组初次聚会的工作要求："破冰"，澄清小组目标，制定规范。因为该小组是历时数年的项目的组成部分之一，组员和工作员已经初步建立了信任关系，这有利于后续服务的展开。但未来工作的难点在于因组员为在校初三学生，课余时间十分有限，工作员也是在校大学生，无法长期驻留中学进行随时随地的观察与介入，组员和工作员互动的时间不充裕。如何在有限的时间更全面评估组员的需要，开展更有效的介入，对工作员是个不小的挑战。所以，工作员要努力思索解决之道，尽可能挖掘组员真实的需要，并链接资源以帮助他们，这份助人的理念和对专业价值观的坚持弥足珍贵。

第二节　快乐学习，探求文学之美①

一、基本信息

活动主题：快乐学习，探求文学之美。

预设目标：引导组员说出语文学习的困惑，书写语文学习的情况；组员分享交流，相互借鉴，获得更好的学习方法；针对不同问题给出相应可行的解决办法，提升组员语文学习的兴趣。

活动时间：2017年9月29日17：00—18：00。

出席人数：11人。

活动地点：渔港中学活动室。

二、活动过程

环节	现场情况和工作员反思、感受
1.回顾上节内容	工作员引导组员回顾上节活动内容，询问近期学习与生活情况；检查上次活动布置的家庭作业的完成情况；强调小组契约，组织组员和工作员签到。工作技巧：总结，对质，澄清，积极倾听，融合，自我流露。目标是了解组员近期的学习情况，帮助组员巩固组内契约。现场情况反思：两次活动之间间隔时间太长，工作员与组员的关系显得较疏离，但大家都做到了积极配合；部分组员认真完成了上次活动留下的家庭作业，也有组员没有很好地完成
2.引入主题	工作员澄清目标与主题，介绍新的工作员。工作技巧：总结，自我流露，积极倾听，澄清。目标是阐明本节活动的大致内容，让组员对接下来的活动有所了解，并让新的工作员与组员认识。现场情况反思：有的组员在活动中敢于真实说出自己的感受，有的组员依然较为沉默，不太敢谈论自己的真实感受，但是也在进步。向组员介绍新加入的工作员，让组员对新的工作员有一定程度的认识，便于以后活动的开展。由于新工作员的加入，组员会有一定程度的不自在感，也会出现一定程度的沉默

---

① 本部分内容节选自第三组的总结报告。

环节	现场情况和工作员反思、感受
3.说出语文学习困惑	活动进入主题,工作员与组员探讨学习中遇到的困惑;积极引导每个组员说出自己在学习语文时的困难,并及时给予回应。工作技巧:总结,引导,内容反映,感受反映,鼓励,支持,聚焦。目标是帮助组员找到自己学习中的困惑所在,使组员可以深入地认识自我,并从大家的困惑中寻找共鸣。现场情况反思:工作员积极引导组员反思,但组员容易将问题集中在语文老师身上,没有在自己身上寻找问题,没有对自己的学习习惯进行深入探讨。工作员能够很好地运用专业技巧,将小组的话题聚集在此次活动的主题之上。组员之间过于熟悉,容易将主题带偏,并且不能很好地遵守小组契约
4.书写语文学习情况	工作员引导组员写出自己的语文学习情况,如在学习中遇到的难点、自己学习语文的学习方法,以及应对考试的技巧,并进行经验分享和交流。工作技巧:引导。目标是引导组员深入思考自己在学习语文上遇到的一些难题,并书写出来。现场情况反思:工作员积极引导组员写出自己遇到的困难,并进行指导
5.组员相互交流	工作员引导组员对书写的情况相互传看,并在此基础上进行交流。先引导组员说出自己在语文学习中遇到的困难,再寻找原因,最后请成绩好的组员分享好的学习方法和经验。工作技巧:引导,积极倾听,鼓励支持,内容反映,感受反映,总结,自我流露。目标是让组员深入思考自己在语文学习上的不足之处,并与其他组员进行交流。现场情况反思:之前的环节中,有组员将自己语文学习中困难的焦点集中在语文老师身上,很少谈到自己的问题。在工作员的指导之下,该组员渐渐将问题回归到自己身上,开始寻找自己在学习上的不良习惯,加强了对自身问题的深入探讨。组员在活动中与工作员的关系更加密切,组员对活动的投入度也更高
6.宣布整个活动结束	工作员总结此次活动中大家提出的问题,由新加入的工作员给出合理的建议,并根据第一环节的评比,对组员上次活动的家庭作业进行奖励。工作员宣布活动结束,表达对组员的期待。工作技巧:引导,建议,鼓励,支持,自我流露。现场情况反思:新加入的工作员积极分享经验,组员非常满意家庭作业的奖励

三、本节总体分析

(一)目标达成情况

为了解组员的语文学习情况,工作员及助理检查了组员的错题集。

在工作员的引导下，组员依次分享了自己两周的学习情况，但只是两句话带过，分享的内容不够深入，个别组员也不太愿意分享。在交流环节，通过工作员的引导，组员基本分享了各自的语文学习情况，但只有个别同学提出了自己的建议。

（二）动力情况分析

小组组员表现良好，大多积极参与活动过程，能主动配合工作员的活动安排和引导。组员在活动结束后都表示收获良多，在小组活动中学习到的学习方法对今后的语文学习会有不同程度上的帮助。然而本节活动同样还存在着一些问题，如个别组员对活动参与积极性不高，特别是请组员主动分享时，他们比较安静腼腆，主动发言者较少，整个活动过程显得有些被动。而在组员比较感兴趣的环节中，部分组员又会形成次小组，表现过于活跃，讨论偏离原有主题。各个组员表现情况如下：MSL，与第一次活动相比，表现得更开放，愿意更多地分享自己，但是仍相对较为被动，作业完成较好。TYN，活动表现较好，愿意主动分享自己的学习经验，参与度较高，对小组比较认可，作业完成较好。LXQ，上一次活动因参加足球比赛而缺席，但在本节活动中表现较为积极主动，能很好地配合工作员，改变意愿较强，作业完成较好。YGX，性格比较活泼，参与活动时话比较多，但是参与度较高，愿意分享，作业完成较好。YKC，较上次表现较好，纪律性较好，愿意分享，虽偶有打断别人说话情况，但对小组的认可度较上次有所提高，作业完成较好。WYY，较上次无明显变化，性格活泼，参与度不高，分享较少，但是作业完成情况较好。SJC，较上次表现较好，在工作员提醒下愿意遵守小组契约，并且提醒其他组员，愿意分享，参与度较高。总体而言，尚处于初建的小组，其动力尚在建设中。

（三）活动效果

在"破冰"游戏中，最初有个别组员较腼腆，不太能放开自己，但在工作员和其他组员的鼓励和支持下，也很快融入游戏中来，最终组员和工作员一起完成游戏，形成了良好的活动氛围。在游戏结束后，组员表达了对活动的真实感受。

通过"破冰"游戏形成良好的活动氛围，让大家依次介绍自己，使工作员及助理和组员都能相互了解，建立初步的信任关系。工作员帮助组员检查错题本，了解组员的学习情况并提出针对性的建议，督促组员学习。组员写出语文学习时遇到的问题并相互交流，反省自身的语文学习情况，了解自身的不足，获取一些合适的学习方法。工作员和助理针对组员在学习上遇到的问题提出相应的建议，让组员收获更多的学习经验，提升他们学习语文的信心和兴趣。

四、本节需要跟进事项

个别组员表示本次小组活动对他们的影响不大，个别组员的家庭作业没有很好地完成，这些都可在以后的活动中做进一步跟进。新工作员表示对组员不太熟悉，暂时无法很好地了解他们的具体情况。小组后续对组员的跟进安排有：通过QQ等方式提醒组员及时完成学习计划的改进任务；与班主任和家长联系，了解组员在学校和家庭中的学习表现。

五、工作员感悟

考虑到其他3位新加入工作员不熟悉组员情况，第二次活动仍由我做主工作员。由于第二组活动场地因该校黑板报活动占用了，所以第二组部分组员被分到我们这一小组，这样我们组多了3名组员。在组员临时变动的情况下，场面稍微不受控制，但整体还好。在本节活动中，我的工作有以下优点和不足。优点是：能根据实际情况灵活调整策划方案，前提是以策划为基础；与组员做到了有效沟通，组员参与度较高，并对组员进行了经验传授。不足是：活动时间较长，有点延时；现场稍微不受控制，部分新加入组员活动太自由，工作员的处理方式也不符合小组活动的原则。

（撰稿：谢胖胖）

【教师点评】

　　本节活动的工作员是一位较有活动组织和社工实务经验的学生，能够根据现场情况灵活调整策划，补充缺失或不足，并自觉运用小组动力营造小组氛围，推进工作活动的完成。工作员提到部分组员在学习方法分享环节出现分享意愿不足、分享内容偏离主题等情况，对此工作员积极反思，运用聚焦、提示等技巧促成组员参与工作目标的完成。对此情况，工作员可以深入地思考组员分享意愿不足或分享内容偏离主题的原因。作为初中生的组员仍然处于主从分际关系的塑造阶段，依赖权威和叛逆性并存，这使得部分组员可能对学习活动并没有自我管理的习惯和能力，对学习方法没有更多的思考和总结，自然在小组分享环节无话可讲。在开展活动时，工作员不仅可以进行经验的分享和交流，还应进行自我管理、自主学习等能力方法的专业介入，向有需要的服务对象传授相关的方法和技巧，这样活动开展的更有针对性，效果更明显。

实务篇

第三节　时间管理，把握轻重缓急①

一、基本信息

活动主题：时间管理，把握轻重缓急。

预设目标：让组员认识时间，引导他们留意时间；让组员学会利用时间，合理规划学习生活。

活动时间：2017年10月13日16：20—17：10。

出席人数：9人。

活动地点：澸港中学活动室。

二、活动过程

环节	现场情况和工作员反思、感受
1.完善小组契约	初始，活动现场秩序有些混乱。后来，工作员将组员按性别分小组，活动开始有序进行。但在誊写小组契约时，组员间出现了分歧，一个组员情绪突然较激动。工作员从正面角度引导组员不要过多关注惩罚措施，应将关心的焦点放在契约上。组间产生分歧的原因是彼此之间没有达成一致意见，且个别组员未遵循讨论结果。工作技巧：倾听，归纳。现场情况反思：工作员要避免凡事以小组氛围和谐为中心的误区，要根据现场具体情况灵活更改应对措施。此外要加强组员间的沟通和彼此间的理解
2."你画我猜"游戏	组员热情参与，积极性高，氛围热烈，达到帮助组员放松心情的目的。现场情况反思：游戏是临时更改的，准备的有些匆忙，之后开展活动前各工作员应作好规划，提前准备活动所需材料
3.工作员对上次活动进行简要重温，并介绍此次活动的目的和流程	先简单总结上次小组活动，并发放相关语文学习材料，组员表现出高度兴趣，惊喜认真地浏览材料；后介绍此次活动的主题，组员认真倾听。工作技巧：总结。现场情况反思：学习材料可以更贴合教材内容

---

① 本部分内容节选自第二组的总结报告。

环节	现场情况和工作员反思、感受
4.假设情景:假设即将面临中考,你有最后一天的复习时间,如何安排才会更加高效?在纸上写下你的安排并相互交流分享	组员积极配合工作员的语言引导,闭上眼睛设想了中考前最后一天的情景,并在规定时间内在纸上写下最后一天的安排。大部分组员的安排是劳逸结合,但在学习科目和具体内容方面不是很具体。工作技巧:澄清,复述,总结。现场情况分析:组员的时间规划不尽合理。原因大致有:对中考的科目安排和科目内容了解不充分;未形成贴合自身特点的学习体系和学习习惯;针对现实需求的组织和管理能力尚欠缺。现场情况反思:工作员应提前集体商讨,如何引导小组成员意识到时间管理的必要性、重要性,提高有限时间内的学习效率,让学习效益最大化
5.工作员发图画纸,纸上事先画好圆,代表一个人一天的生活时间,指导组员将自己一天的作息安排报告出来,再依据自己的作息规划,将圆圈分为几等份。完成后,请组员做出各自的圆圈划分并交流展示	组员时间分配大致趋同,除睡觉休息外主要是学习,放松时间少,碎片时间未得到利用。工作员分享了"番茄工作法",建议用更科学合理的时间规划来应对学习任务,一个固定学习时长的结束可以换取5分钟的休息时间,学习时高度集中,休息时暂作放松,劳逸结合不易产生倦怠感,比久坐桌前长时间学习效率高。此外,工作员还建议组员不要放弃碎片时间,将学习的小目标填充其中并完成。组员认真倾听工作员的分享内容。工作技巧:归纳,澄清,总结。现场情况反思:组员学习体系尚存在调整优化空间,工作员要加以引导改变
6.组员展示错题本,工作员发放奖励	组员的错题本记录方式各异,但内容较丰富、有条理,态度认真积极。工作技巧:鼓励,回应。现场情况反思:未制定统一的错题本记录标准,虽然保证了组员的自主度,但可能引起内容杂乱,缺乏更系统的条理性;而统一的标准又无法确保足够契合个人学习特点,效率难以预期。如何有效管理错题本,有待工作员集体商榷

三、本节总体分析

(一)目标达成情况

本节小组活动目标达成效果较好,组员能清晰地认识本节小组活动的主题与目标,但仍需加强组员对时间的认识以及合理规划时间的意识。实现目标的有利因素是:工作员与组员间的关系融洽,组员能积极配合工作员参与小组活动;组员来自同一班级,在工作日的时间安排较为一致,组员与组员间能达成共识,有共同的目标;组员性格均开朗外向,有共同的小组规范,小组氛围较为活泼轻松。不利因素是:组内成员为3名女生4名男生，容易形成次小组，形成男生与女生之间的对立。

(二)动力情况分析

小组为封闭性小组，规模适中，在小组契约的约束下，活动进展较顺利。工作员作为协调者，在小组活动中要协调好小组内部关系。在完善契约的过程中，男生与女生之间产生了分歧，此时工作者要协调组员间的关系，引导组员正视冲突，化解矛盾，调和双方情绪。工作员作为观察者，在小组活动中要善于观察组员的沟通情况，以及组员的反应、情绪及适应程度等，及时作出回应，促进组员的良好互动。工作员作为支持者，在小组活动中给予组员充分的鼓励与支持，增加组员的信心和勇气。总的来说，本次小组活动过程较好，但工作员还需加强对组员的控制度以及对小组活动进程的把握度。

两名工作员各司其职，配合较好，默契度较高，保证了小组活动的顺利开展。在活动开展前，工作员对活动内容以及各个环节进行商讨，充分表达了自己意见，最终完善了活动规划书。工作员只有提高参与度，周密筹备，精心合作，共同努力，才能达成较好活动效果。组员的表现如下：WRY，较配合工作员参与活动，但有时会发呆，当工作员提醒后会积极参加小组活动；LY，当其他组员发言时，经常与旁边的同学说话，注意力时而集中时而不集中；LYN，较配合工作员参与活动，有时会与其他同学说话，注意力不集中，但当工作员提醒后会积极参加小组活动；SCY，在小组活动中较为主动积极，但在完善小组契约时与其他组员有冲突，在工作员调解后可以重新进入小组；CJ，比较安静，但在大家积极讨论时也会主动发言，较配合工作员；CYJ，主动配合工作员，开展活动时也较为积极主动；XA，参与活动比较积极，在小组中较为活泼。

(三)活动效果

此次活动虽然没有达到令人十分满意的效果，但通过对活动过程、小组氛围、组员状态等的评估，发现本活动还是取得了一定的效果。按照前期策划的预设目标，在活动过程中工作员带领组员完善了小组契约

（虽然在目标达成的过程中出现了冲突，但工作员已合力解决），了解了组员工作日的时间安排及对之后学习生活的时间规划。由于组员的性格过于活泼，工作员在组织活动时不能有效地控制场面，组员讨论的话题偏离主题，从而延长了活动的预设时间。大体上，活动环节都按照策划内容有条不紊地进行，只是每个活动环节的效果不一。

四、本节需要跟进事项

小组活动过程中发现，SCY学习压力较大，工作员需进一步跟进，减轻其学习压力。组员均反映，老师授课时间安排不合理，这需工作员后期与老师沟通。活动中布置的任务是下次活动检查组员的错题本并分发奖励，同时希望组员针对自己现存的时间安排问题进行改正。此外，工作员需进一步提高小组活动的时间把控度，对组员提出的需求更加重视。

五、工作员感悟

（1）活动主题丰富，但不够深入。目前开展的两次带有主题的活动分别是语文学习和时间管理，每次活动开展50分钟左右。通过这几十分钟的小组工作，想要全面充分地实现全部目标有一些理想化；并且每一个主题只对应一节活动，凭借独立的一节活动就试图扭转组员学习生涯中根深蒂固的问题或剔除学习体系里存在的不合理因素，显然不太现实。

（2）活动预期效果难以预测。工作员分享的与主题相关的经验和技巧，是否达到了优化和调整组员的学习计划和习惯的目的不得而知，组员有没有将分享的经验和技巧吸收、借鉴并应用到自身学习体系里也尚不清楚。而且，工作员缺少协助实施机制和具体的后期跟进评估。

综合看来，组员关系和谐，彼此相处融洽，活动氛围轻松活泼，但偶有发生组员间互不尊重或是个别组员过度积极、扰乱活动秩序的情况。订立小组契约时要附加两条违反契约的惩罚措施，惩罚措施以性别分组讨论得出。男生讨论女生的惩罚措施，女生讨论男生的惩罚措施。经过讨论，男生决定女生在违反契约时唱一首歌，不能跑调；女生决定男生在违反契约时跳名为《咋了爸爸》的舞蹈。誊写小组契约惩罚时，SCY指挥正在誊写的同学按照他的口头语言来写，结果针对女生的惩罚内容被篡改，和讨论的统一意见有差别。此时，工作员要避免凡事以小组氛围和谐为中心的误区，要根据现场情况，灵活更改应对措施。在组员违反小组纪律时，工作员不能因为顾虑到小组整体气氛而不去干预，而应该见机适时给予提醒和警告。

（撰稿：陈沁恬）

【教师点评】

　　本节活动的工作员是一位认真且善于反思的工作员。工作员开展以时间管理为主题的活动，通过介绍更有针对性、更有效地时间管理方法，达到帮助组员优化学习体系的总目标。但从工作记录和效果评估中可以发现一个需要深入思考的问题：小组经验应如何保持或内化？小组经验如果只是停留于小组情境中，无法延伸至现实情境，对服务对象的帮助则十分有限。但要保证小组经验应用于现实生活，就需要工作员大量的跟进，这正是本项目开展中工作员因时间所限无法保证的事。这里建议可以制定规范化的时间管理或记录表格，发给组员并要求他们每日填写，这样会比无结构的错题记录本更有约束力。另一个需要关注的问题是：社工服务对象关系的界限在哪里？社工服务对象的专业关系要求价值中立，势必要求社工限制服务对象不遵守小组规范的行为。但在我国人情社会的情境中，特别是缺乏经验的工作员对"良好"社工服务对象关系的追求，可能使社工认为要与服务对象做"朋友"甚至"好朋友"，从而介入与服务对象的关系，对服务对象的越轨行为放松限制。这是一个要求结合现实情境和专业知识进行反思的问题，工作员要做到适宜的处理，可能还需要更多的经验积累和专业训练。

第四节　快乐学习，探求数学之美①

一、基本信息

活动主题：快乐学习，探求数学之美。

预设目标：了解组员对数学学习的困惑，引导组员书写个人数学学习情况书，交流数学学习方法，进一步提升学习兴趣。

活动时间：2017 年 11 月 3 日 15：50—16：50。

出席人数：11 人。

活动地点：澪港中学活动室。

二、活动过程

环节	现场情况和工作员反思、感受
1.工作员带领组员回顾小组契约内容	在上次澪港中学小结会议中，各组工作员都有一定程度提到组员有不遵守小组契约的表现，所以本次活动工作员先带领组员对小组契约进行回顾。组员现场发言积极，对于小组契约内容记忆较深。工作员利用了倾听和引导的工作技巧，不仅加深了组员对契约内容的印象，也让小组内气氛活跃起来。所以，在以后的每次活动中都应当加入此环节，让组员认识到小组契约的重要性
2.工作员询问上一周的学习生活情况	工作员运用了倾听的工作技巧，引导组员对上一周的学习生活情况进行回顾，表达了工作员对于组员学习生活的关切和关心。组员积极地与工作员分享自己学习生活中遇到的问题或趣事，让工作员对于他们上一周的学习生活有了一定的了解
3.澄清本节活动的目标与主题	由工作员澄清本节小组活动的目标，组员倾听较为认真

実務篇

---

① 本部分内容节选自第二组的总结报告。

环节	现场情况和工作员反思、感受
4."明三暗三"数学小游戏	在听到以数学学科为活动主题后,组员表现得有些失望。工作员询问原因,组员表示感到数学学科内容无趣。所以工作员为了调节组内气氛设计了"明三暗三"数学小游戏,组员参与度较高,积极性被调动起来,小组气氛也较为活跃。其中MQL同学参与性由强到弱,中途有注意力不集中、小动作多等行为
5.引导组员说出各自对于数学学习的困惑	工作员使用了引导、倾听、复述、归纳要点等工作技巧,鼓励组员说出自己在数学学习中遇到的困难和问题
6.引导组员书写情况书,内容包括组员的数学学习习惯情况、个人难点、学习方法和应试技巧等	工作员先说明情况书包含的内容,然后组员开始思考并在A4纸上写下来,并附上自己的名字。工作员使用了澄清、回应等工作技巧。但工作员发现大家在认真思考和书写时,MQL显得不够投入。工作员给他A4纸时,MQL参与意愿不大,并不想在纸上书写。当工作员对他进行鼓励后,他才下笔,但是总体态度不认真。工作员反思,应该给组员更多的时间或时间条件允许时把这一主题拿出来仔细讨论和研究。因为每个组员对于数学学科的问题有很多,而且问题也都很有共性,所以这些问题值得大家一起关注
7.引导组员互换情况书,从别人的学习情况中更好地认识自己的学习情况,增强学习信心	工作员更多利用倾听、归纳等工作技巧进行工作,将组员的情况书分发互换,然后鼓励组员说出对他人数学问题的思考和如何学习他人的学习技巧
8.分享本节活动的感受	工作员在结束组员的讨论后,询问他们参加本节活动的感受和想法,为下一次活动做准备

三、本节总体分析

(一)目标达成情况

本节小组活动目标达成较好,组员较好地说出了自己对于数学学习的问题和困难,也了解了下一次小组活动的内容等。实现目标的有利因素是:组员是同一个班级的学生,小组凝聚力较好,因为他们已经参加了3次小组活动,与工作员也较为熟悉了,不会产生陌生感和抗拒感,排除了因为羞涩所带来的沉默。实现目标的不利因素是:小组内的两名男生在活动过程中过于活跃,且MQL同学参与意愿不高,注意力不集中,工作员后期应当更多地关注他。

学校社会工作实务探索 第一辑

社工伴学

（二）动力情况分析

通过之前的活动，工作员之间都有了较好的默契，并在活动开展前进行了一定的准备和预演。所以在活动开展时，两名工作员配合较好，默契度较高，保证了小组活动的顺利开展。组员总体表现良好，能够积极参与活动过程，主动配合工作员的引导。工作员引导组员说出自身学习数学的问题，并与其分享学习数学的方法，增加了组员面对中考的信心。组内成员关系较好，凝聚力较高，活动过程中能相互体谅帮助，形成了较好的情感支持系统。本节小组活动中，组员更加遵守小组契约，MQL和PHW未做出违反小组契约的行为，LWH比较内向，不愿意主动分享，但在工作员的引导下学会了分享。总之，三名男生在此次活动中表现较好。SJY和LYQ在小组里的参与度一直较高，能认真聆听工作员的解说，帮着维持活动秩序，对于工作员抛出的问题也能够投入思考，表现非常好。WLJ和TSY参与活动也比较积极主动，但迫切想要结束活动的心理表现较为明显。

小组活动是在一名工作员、一名辅助工作员和两名记录员的带领下开展的。小组为封闭型的同质性小组，规模适中。先前制定的小组契约作为小组规范，并得到良好的遵守。组员是同班同学，相互之间非常熟识，互动频繁，关系和谐，表现出明显的青少年文化，对初中生共同关心的话题如学习、补课、考试、压力等有很多共鸣。总的来说，本节活动效果较好，组员参与活动积极主动，严格遵守小组契约。

（三）活动效果

在关于数学学习的小游戏中，组员能够在工作员的组织下积极参与，并努力完成。游戏过程中组员基本上没有表现出负面情绪，配合工作员的解说，都很快投入到游戏中。游戏结束后，组员普遍表现出依依不舍，认为这个游戏非常有意义，希望以后可以多多开展。

活动中，先共同回顾上次活动内容，通过暖场小游戏调动本次活动气氛，再由组员反馈自己在学习数学方面的困扰，后由工作员加以引导和组员共同探讨学好数学的方法。整个活动过程中，组员发言积极，主动表达自己的观点。虽然有些环节有些枯燥，导致少许组员兴致不高，但工作员能够按计划开展活动，并积极主动地促进小组动力的形成，能够利用已有的良性小组动力来促进小组的产出。整体来说，此次活动取得了较为良好的活动效果。

四、本节需要跟进事项

小组活动过程中发现 MQL 和 PHW 过于活跃，MQL 自我袒露度仍然较低。小组后续对组员的跟进安排主要有：工作员通过 QQ 等方式提醒组员巩固并合理运用新获得的数学学习方法；工作员与班主任联系，了解组员在学习习惯方面的变化；工作员与家长联系，了解组员在数学学习方面的改进并提醒家长督促组员继续优化学习习惯。

五、工作员感悟

本节活动是有关数学学习的活动。由于组员前几次参与活动时的表现不是很好，工作员先让组员回顾了小组契约的内容并反思自己是否遵守了小组契约。后来，本次活动组员的表现比之前相对有所改善，但效果不是最好，值得组员以及工作员进行深刻反思。活动中，工作员了解了组员在学习数学方面的困惑，比如不理解公式、听不懂老师和同学的解答等，工作员对此作了回应，并分享探讨了合适的学习方法。小组活动的顺利开展需要工作员和组员双方的共同配合，所以双方都要进行深刻反思。工作员以后务必要认真做好活动前的准备，不断反思，不断积累自己的实务经验，努力做到更好。

（撰稿：张亚君）

【教师点评】
本节活动较顺利地达成了活动目标，效果良好。可能因为组员和工作员越来越熟识，组员更加投入小组，但也造成了好与坏两个方面的结果。好的方面是小组给组员一个轻松安全的氛围，使他们愿意敞开心扉，分享自我；而坏的方面是组员将工作员看成自己人，在放松自我的同时又缺乏自我管理能力，从而产生许多不遵守小组规范的行为。工作员反复强调小组契约可以作为解决问题的方法，但在实际活动中效果不大的情况下，工作员可以改变分享的形式，因势利导，使用更加结构化的互动游戏，或者让特别多话或多动的组员主持会议，从而避免组员无事可做时对别人的干扰，以保证小组活动的顺利推进。

第五节 英语学习角 ①

一、基本信息

活动主题：英语学习角。

预设目标：了解组员在学习英语过程中的困惑，让组员认识自己学习中的不足，并学习新的合理的学习方法。

活动时间：2017年11月17日16：20—17：10。

出席人数：11人。

活动地点：澛港中学活动室。

二、活动过程

环节	现场情况和工作员反思、感受
1.回顾上次活动内容和上周学习情况，强调小组契约，引入本节活动主题	工作员引导组员回顾上节活动内容并询问近期学习生活情况，组织组员和工作员签到并强调小组契约。工作技巧：总结，对质，澄清，积极倾听，融合，自我流露。目标是了解组员近期的学习情况，帮助组员巩固组内契约。现场情况反思：工作员与组员一起回忆小组契约，每个组员都参与其中，做到了积极配合工作员的工作；工作员用英文进行自我介绍并让组员翻译，主题引入较自然；工作员阐明本节活动的大致内容，让组员对接下来的活动有大致的了解
2."你划我猜"游戏	通过"你划我猜"的游戏，活跃现场气氛。工作技巧：自我流露，积极倾听，澄清。目标是在活动中鼓励组员分享自己的感悟。现场情况反思：组员在工作员的带领下积极参与活动，通过游戏感受英语的趣味性；组员对游戏的热情很高，导致前期介绍游戏规则的时候部分组员没有听清楚；通过比赛和奖励糖果，组员意识到规则的重要性

① 本部分内容节选自第三组的总结报告。

环节	现场情况和工作员反思、感受
3.通过"小调查"的形式向组员提问具体问题,交流英语学习的感受	工作员提出"你觉得英语学习对自己未来生活和工作有什么帮助""目前英语学习遇到的困难是什么"等问题,并交流组员对英语学习的看法。工作技巧:鼓励支持,自我表露,积极回应,共情,引导。现场情况反思:在工作员的引导下,有的组员在活动中敢于真实说出自己的感受,有的组员依然较为沉默,说话声音较小,分享较少
4.交流英语学习的困惑,分享解决问题的办法	工作员让每个组员将自己英语学习遇到的困难写在纸上并分享,然后其他组员和工作员给予建议。工作技巧:引导,积极倾听,鼓励支持,自我流露。目标是让组员积极分享自己的想法。现场情况反思:所有组员都将自己的问题列了出来,但问题很相似;部分组员不知如何组织语言或表达自我,工作员通过引导询问了具体情况,给予针对性的建议
5.分享自己的学习方法与建议,并将自己整理的资料送给组员	工作员对组员的问题进行总结,分享自己的切身体会和经验,为组员提供一些学习方法和资料。工作技巧:总结,自我流露。现场情况反思:组员对工作员的建议较认可,有的组员表示会尝试学到的方法
6.总结评估并布置作业	工作员总结本节活动,并发放小组评估量表,让组员填写;提醒组员要继续做英语错题本,并将自己未来两周每天的英语学习任务列在任务卡上,下次活动时检查作业。工作技巧:总结,引导,积极倾听,鼓励支持,自我流露。现场情况反思:组员认真填写了小组评估量表,但部分组员受外界同学的影响,对于布置的任务,态度较为冷漠,有些心不在焉

三、本节总体分析

(一)目标达成情况

基本实现以下目标:回顾小组契约,让组员印象更加深刻,巩固契约的规范化;让组员积极参与活动,更加认识到英语学习的重要性;根据个人经验和科学的方法给组员提供一些合理的学习方法。

(二)动力情况分析

小组是封闭式小组。工作员承担催化和引导的角色,有时也处于中心地位。活动共有11人出席,工作员4人,组员7人。组员为初三年级学生,年龄在14—15岁,性格各异。预计活动时间50分钟,实际活动

实务篇

时间52分钟。

　　已开展了四次活动，工作员之间有了比较好的默契，但也存在着某个环节配合不足，多少影响活动效果。工作员在活动前，与平时活动中比较沉默的组员进行交流沟通，询问他们沉默的原因、对活动的看法和期待，以及他们理想中的小组活动是怎样的，然后鼓励他们在小组中积极发言，勇敢地表现自我。工作员在开展活动之前就开展活动时可能遇见的问题进行了讨论，准备了问题解决的办法，因此在活动过程中，工作员能够及时协调组员之间的关系，对于临时出现的问题能够沉着应对。辅助工作员也能够配合工作员完成活动内容，分工明确，合作默契，最后顺利地完成了分配的任务。

　　组员间沟通较融洽，但也有个别组员较沉默。组员间冲突较小，只有一位组员受到另一位组员的影响擅自离开了座位。工作员向这位组员强调了小组契约，提醒她务必严格遵守。组员待人友善，性格较活跃的与较安静的组员大概各占一半，女生发言较多，男生发言较少。各个组员表现情况如下：MSL，在小组中属于较安静的，但在工作员点名发言时愿意分享自己的学习困惑和英语学习的小技巧，并表露自己喜欢听英文歌，觉得对英语听力有帮助。在工作员和其他组员分享想法时，他也表现出积极倾听，愿意投入到小组活动中，并表示愿意尝试一些其他的学习方法。TYN，在活动中表现较好，严格遵守小组契约，是组员公认的"英语学霸"，但是他为人低调，在小组活动中说话不多。后来，在工作员的引导和组员的鼓励下，他也向大家分享了一些自己的学习方法。LXQ，是小组中较活泼的组员，表现积极主动，在分享经验环节愿意分享自己的想法，在游戏环节积极主动配合工作员做裁判，但是他有时会中断别人讲话。YGX，在游戏中积极主动，在分享环节主动倾听其他组员的想法并积极配合工作员的活动安排。YKC，在活动中表现较好，参与活动积极主动，在工作员引导下分享了自己的困惑和想法，但认为自己英语学得不好，无法分享学习方法。WYY，活动中表现较好，愿意配合工作员开展活动但较为被动，分享了自己的一些想法但未完全袒露。SJC，在工作员点名发言时愿意分享自己的想法，但分享不多，对于自己不好的学习习惯表示愿意改变。但在小组活动快结束时，他受到小组以外人员的影响，一直着急离开，最后在工作员提醒下活动开展结束后才离开。

（三）活动效果

在"破冰"游戏中，组员都能积极参与到游戏中来，对游戏有较大的兴趣。此次游戏需要两人合作完成，组员在进行游戏时有一定的默契度，并且在游戏过程中兴致较高，对游戏有较高的认可度。在游戏结束时，组员还恋恋不舍，表示以后可以多举办此类游戏。这次游戏在一定程度上体现了组员的合作性以及默契度，让组员对于团队合作有了更深认识。

在内容上和形式上，本次活动先通过共同回顾上次活动内容和暖场小游戏，提升本次活动的气氛；再通过对组员观察和询问，了解组员近期的学习情况；最后检查上次活动布置的家庭作业的完成情况。

在组员的表现方面，组员普遍都能积极主动参与到活动中。大部分组员都很配合活动的开展，但有部分组员如WYY同学，参加活动的积极性不高，对于工作员询问的问题多以沉默回应。大多数组员对工作员的引导能够主动配合，对自己学习计划的制定也有更为全面的规划，表示自己收获了一些英语学习方法，并对工作员整理的学习材料表示感激。他们表示愿意尝试改变之前不好的学习习惯，运用新的学习技巧。工作员强调英语错题本要坚持做，下节活动时检查，部分组员表示愿意努力，也有组员表示平时时间不够，很难坚持。组员依次分享了自己的收获，有的组员认为通过反思更清楚自己在英语学习上存在的问题，有的组员意识到了英语学习的重要性，还有的组员觉得自己收获了一些可适用的学习方法。

在工作员的表现方面，工作员基本能够按照计划开展活动，合理分配时间，促成良性的小组动力并运用小组动力促进组员改变。其他工作员能各司其职，配合主要工作员顺利开展各个环节的活动。

实务篇

四、本节需要跟进事项

工作员通过QQ、微信等方式提醒组员对于新完善的学习计划要及时实行，要积极落实自己制定的良好的学习习惯，加强与父母的沟通，让父母随时了解自己的学习动态并帮助自己进一步完善学习计划。工作员继续与班主任取得联系，了解组员在学习习惯方面是否改进；工作员继续与家长联系，向家长介绍此次活动的大致情况，了解组员在家中学习习惯是否改进，并提醒家长督促组员。

五、工作员感悟

本节活动开展较顺利，组员间、组员与工作员间都没有产生大的冲突，只有个别组员受外界干扰出现离开座位的情况。本节活动准备较充分，几位工作员分工合作，提前进行了活动演练，活动过程有条不紊。

在游戏过程中，组员热情较高，参与活动较投入，但部分组员没有耐心倾听工作员讲述的游戏规则，导致后来不清楚某一环节的具体规则。在交流对英语学习的看法时，原本部分组员不愿意过多分享，后来工作员提出具体的问题，鼓励、引导个别较沉默的组员，最终组员都表达了自己的看法。在分享学习方法时，只有个别成绩好的同学愿意提出建议和想法，大部分组员表示自己没有很好的方法。工作员针对组员提出的问题并结合自己的经验分享了一些建议，发放了自己整理的一些学习资料。本节活动实际时间与预估时间差别不大，每个环节时间掌控较好。虽然活动准备较充分，但工作员依旧较紧张，有时不能将自己的语言完全表达清楚，所以这方面还需要加强。

无论是工作员还是组员，每次活动都会有不同的收获和体会。工作员相信，通过不断改进和合理运用工作方法，此项活动能让每位参与的学生受益。

（撰稿：高临昊）

【教师点评】

第五节小组活动的开展，意味着小组进入中期发展阶段，即一个成熟期，组员达到理想的沟通状态，组员与工作员的关系更加和谐，也有足够的能量达到目标。小组形成了有效的管理模式和解决冲突的方法，这一点在本节小组活动中有充分体现，即组员和工作员能协商解决活动中临时出现的问题。此时工作员需要特别注意持续沉默的组员，了解他们的真实需求，必要时进行个案辅导。

实务篇

第六节　学好文综，我能行①

一、基本信息

活动主题：学好文综，我能行。

预设目标：引导组员说出自己对文综学习的困惑，书写自己文综学习情况；组员间互相交流，相互借鉴，从而获得更好的学习方法；工作员及助理员针对不同问题给出相应可行的解决办法，进一步提升组员学习文综的兴趣和信心。

活动时间：2017年12月1日16：40—18：00。

出席人数：9人。

活动地点：澄港中学活动室。

二、活动过程

环节	现场情况和工作员反思、感受
1.回顾上节活动内容和上周学习情况，引出主题	工作员先引导组员回顾上节活动内容并询问近期学习生活情况，强调小组契约，组织大家签到；然后直接引出主题。工作技巧：总结，对质，澄清，倾听，自我流露。目标是了解组员近期的学习情况，帮助组员巩固小组契约
2.热身游戏，活跃小组氛围	通过"历史人物之谜"游戏，激发组员对历史学习的兴趣。工作技巧：总结，自我流露，积极倾听，澄清。目标是阐明本节活动的大致内容，让组员对接下来的活动有大致的了解，在活动中鼓励组员分享自己的感悟。现场情况反思：组员在工作员的带领下积极参与活动，通过游戏体会学习历史的技巧和兴趣
3.让组员分享历史故事和学习困难、技巧	工作员让每个组员分享一个小故事，并依次分享学习文综的困难和技巧。工作技巧：鼓励支持，自我流露，积极回应，共情，引导。现场情况反思：有的组员能在工作员的引导下积极表达自己的感受，少部分组员始终较为沉默，偶尔分享时声音还很小

① 本部分内容节选自第三组的总结报告。

环节	现场情况和工作员反思、感受
4.总结文综学习经验和技巧	引导组员明确自己文综学习上的困难,然后对症下药,学习一些新的技巧和方法。工作技巧:引导,积极倾听,鼓励支持,自我流露。目标是让组员积极分享自己的想法。现场情况反思:工作员积极引导组员,细化问题,了解具体情况,针对性地提出建议
5.总结活动整体情况	工作员对活动情况进行总结,并让组员依次分享自己对本节活动的看法、建议,以及收获和期待。工作技巧:总结,引导,倾听,鼓励支持。现场情况反思:组员都认真谈了自己的看法和感悟,认为要合理规划时间,学习上不能偏科。有的组员表示自己会做出改变,如少玩游戏,多看书,提高自身的学习效率等

三、本节总体分析

(一)目标达成情况

在工作员的引导下,所有组员都积极参与回忆上次活动内容。工作员及助理工作员检查了组员的错题集,并给予了奖励。在工作员的引导下,组员依次介绍了自己近两周的学习情况,但介绍得比较简略,个别组员表现不太积极。工作员及助理针对文综学习的不同方面分享了自己的经验,提出了建议。

(二)动力情况分析

小组为封闭式小组,组员之间非常熟悉,结构稳定。小组目标是正视文综学习中的困难,找出解决问题的方法。工作员承担催化和引导的角色,有时处于中心地位。小组活动处于本学期后期,组员间沟通较融洽,团体冲突不明显。工作员的控场能力和表达能力较好,能够积极引导和鼓励组员表达自我,并适时营造活动气氛,能够对组员的回答作出积极回应。

组员有各自的个性特点。MSL,发言时愿意分享自己的想法,活动中注意力集中,也愿意倾听其他组员和工作员的发言。TYN,活动中表现较好,愿意分享自我但是需要鼓励和引导。他学习习惯较好,给其他组员分享了一些学习方法。LXQ，活动中能积极主动分享自我，对活动表现出热情，但有时说话较多。YGX，活动中也能积极主动表达自己的真实想法，活动中较投入，但有时容易和LXQ形成次小组。YKC，活动中愿意分享，表现积极主动，但有时会打断别人说话，喜欢开玩笑，出现过违反小组契约的行为。WYY，活动中较投入，愿意倾听其他组员的想法并交流意见，愿意在发言时分享自我但分享不够多，愿意改变自己的不良习惯。SJC，活动中愿意分享自我但并未完全祖露，愿意改变一些不好的学习习惯。

（三）活动效果

在"破冰"游戏中，最初有个别组员较腼腆，不太能放开自己，但在工作员和其他组员的鼓励和引导下，也很快融入游戏中，最终组员和工作员一起完成游戏，迅速形成良好的活动氛围。结束游戏后，组员能表达对活动的感受。

在内容和形式上，首先通过"破冰"游戏形成良好的活动氛围，通过介绍自己，工作员、助理和组员间相互了解，增进信任关系；通过检查组员错题本，了解组员的学习情况并能够提出针对性的建议。然后组员书写文综学习情况，反省自身的文综学习情况，通过相互交流了解自身的不足并获取一些合理的学习方法。最后工作员和助理针对组员在学习上遇到的问题提出相应的建议，让组员收获更多的学习经验，提升他们学习文综的信心和兴趣。

在参与者表现上，大部分组员能够积极主动参与到活动中来。在分享自己文综学习情况时，每个组员都依次发言。当个别组员提出自己遇到的困难时，其他组员都积极回应。有个别组员最初没有勇气或不太愿意分享自己的经验，但在工作员和其他组员的鼓励下也分享了自己的想法。还有个别组员较活泼，容易使讨论内容偏题，但在工作员的提醒下也及时回归正题。组员依次分享了自己的收获，有的认为提升了自己对文综学习的认识，有的认为掌握了一些提高学习成绩的技巧，并准备根据工作员的建议作出相应的改变。

四、本节需要跟进事项

个别组员不善于表达自我，显得较沉默，工作员要积极与其沟通。个别组员向工作员倾诉与同学的矛盾，工作员要积极与其班主任交流，帮助其解决矛盾。让每个组员坚持做错题收集，并积极查漏补缺，工作员下节活动将检查作业完成情况。

五、工作员感悟

整个活动开展较顺利，组员间也没有发生大的冲突。活动之初，工作员特别强调了小组契约，提醒组员尊重他人、遵守保密原则，这是活动开展的基础。在活动中，工作员询问了较具体的内容，让组员有明确的回答方式和内容分享。然而当工作员让组员分享自己的学习情况或想法的时候，大部分组员分享了自己的状况，但少部分组员积极性不高，无法敞开自己的心扉，分享自身的真实想法。这时，需要工作员的积极引导与鼓励支持，并适时给予一定的提示。活动中还有部分组员认为热身游戏不够有趣，这是工作员没有考虑到的。总体来说，组员之间的关系较融洽，没有大的冲突与矛盾，但是由于部分同学较活跃，部分同学较沉默，活动中出现了次小组的现象。这需要工作员保持敏感，发现时及时给予恰当的提醒。虽然活动还有一些需要改进的地方，但是只要我们认真思考，准备充分，沟通交流，相信活动会越做越好。工作员期待和组员们一起成长进步，希望能够给组员切实的帮助。

（撰稿：高临昊）

【教师点评】

经过前几次的活动，小组处于凝聚力强、氛围非常和谐的时期，工作员已能较为得心应手地运用小组动力推动工作任务的完成、团体氛围的营造和小组目标的达成。从工作记录和活动总结可

实务篇

以看出，工作员受到两个问题的困扰：部分组员没有分享意愿和活动中容易产生次小组。其实这两个问题始终贯穿于小组开展的数节活动中。组员没有分享意愿的现象，要求工作员重新思考组员的现实需求。也许对有的组员来说，尚不具备自我管理和自主学习的能力，还处于依赖权威安排督促学习阶段，故而并没有学习方法和学习心得可以分享。对这部分组员来说，工作员应该开展提升其自我管理和自主学习的能力，进而直接干预。次小组的现象实际上反映了团体结构化的过程，既说明小团体内部成员建立了更紧密的相互依赖，团体处于成熟阶段，结构逐渐稳定；也说明工作员在工作初期忽视了在团体结构化的过程中进行必要干预，这才导致团体中发展出不利于大团体的动力发展的小团体。就目前的情况来说，部分组员在小团体的互动中更加舒适，能得到大团体中没有得到的支持，所以工作员可以在适当引导的情况下进行暂时的观察，而不必急于干涉。

第七节　我们不相忘①

一、基本信息

活动主题：我们不相忘。

预设目标：回顾并结束小组活动主要内容；处理好组员的离别情绪。

活动时间：2017 年 12 月 22 日 15：40—17：00。

出席人数：9 人。

活动地点：潭港中学活动室。

二、活动过程

环节	现场情况和工作员反思、感受
1.回顾上次活动内容,引出本节活动主题	工作员带领组员先回顾了第六次活动的内容,然后又简单回顾了本学期活动的总目标。工作员运用了回应、引导、倾听的技巧。组员积极主动参与活动,小组气氛活跃
2.活跃小组气氛	本环节通过"众志成城"游戏,先让组员体会合作的重要性,然后让组员依次分享游戏后的感受。工作员运用了自我袒露、鼓励、倾听等技巧。组员积极参与,与工作员一起合作完成游戏,小组气氛活跃。现场情况反思:选取适合组内人数的游戏,让游戏不因人数的问题而影响活动进程
3.使组员认识到自身变化	组员分享自己在学习方面的变化,工作员负责记录。工作员运用了鼓励、倾听、回应等技巧。组员积极参与分享活动,但分享内容不明确。组内秩序偶有混乱,个别组员会打断其他组员发言。现场情况反思:工作员要引导组员产生积极向上的心态,用积极的态度面对学习,注意维护小组秩序

实务篇

---

① 本部分内容节选自第二组的总结报告。

环节	现场情况和工作员反思、感受
4.回顾小组活动	回顾小组活动,组员分享自己参与活动的心理变化历程,表述对活动的感受和建议,工作员负责记录。工作员运用了倾听、回应、鼓励、自我袒露等技巧,组员参与活动积极主动。现场情况反思:工作员充分运用社会工作专业技巧,鼓励组员积极发言
5.营造轻松氛围,增强组员自信	一起观看一个有关坚持、克服困难的视频,增强组员自信。工作员应用了引导、回应等技巧,组员参与活动积极主动。现场情况反思:工作员要注意活动时间
6.处理好暂时的离别	工作员首先告知组员本学期"社工伴学"活动结束,但组内情谊依然存在,希望组员以后可以互相帮助,不断提高学习成绩;然后与组员互写明信片,相互给予祝福;最后填写活动评估表。工作员运用了引导、回应等技巧,组员积极参与活动,现场气氛活跃

三、本节总体分析

(一)目标达成情况

本节小组活动目标达成较好,实现了组员对整个活动内容及目标的了解,较好地处理了离别情绪等。实现目标的有利因素是:大多数组员连续参加过小组活动,对工作员接受程度较高,且是同班同学,小组凝聚力较好。实现目标的不利因素是:两名组员未能参加最后一次活动,工作员对这两名组员的情况无法了解。

(二)动力情况分析

本次活动由1名工作员和3名辅助工作员带领5名组员共同开展。此小组为封闭型小组,组员同质性强。小组规模适中,性别搭配合理。小组成员互动频繁,沟通顺畅。小组决策表现为全员参与,沟通模式较佳。小组整合程度与控制情况较好,工作员和组员目标明确且方向一致,未发生明显问题与冲突。

组员总体表现良好,能够积极参与活动,对工作员的引导能够主动配合。通过前几次活动的追溯,工作员引导组员认识到了自身学习与身心的变化，巩固了所学，增加了面对中考的信心。组内成员关系较好，凝聚力较好，活动过程中能相互体谅帮助，形成了较好的支持网络系统，小组活动目标基本达到。本节活动内容适切性较好，追溯活动中所学，相互寄语暂离别，视频结尾树信心，有利于唤起组员参与本活动的初衷，提升组员的获得感。

本节小组活动中，WLJ与TSY因为班级事务没能参与。参与的5名同学中MQL相较于以前更加积极主动，PHW也做了很多分享，LWH从最初参与小组时的羞涩、内向变得更加从容、愿意分享。总之，3名男生在本学期活动后有明显改变。SJY在小组活动的参与度一直较高，能认真聆听工作员讲述，帮着维持小组秩序，对于工作员抛出的问题能够深入思考。LYQ在整个小组活动中的表现也很积极，敢于发言，能带动思考，及时给予工作员回应与配合。LYQ原本属于性格大胆但内心敏感的组员，需要他人的肯定与支持，现在她最明显的改变就是从最初严重依赖工作员到逐渐摆脱依赖成为自己。

（三）活动效果

在本节活动中，工作员带领组员对本学期"社工伴学"活动进行总结，通过追溯6次小组活动内容，引导组员发现自己获得的成长及心理历程变化，巩固在活动中学到的知识技能及成长理念。最后放映励志视频，鼓舞同学们树立自信，从容有方地应对中考。整个活动中，组员表现较好，积极主动，突破自己，敢于分享，认真总结。比如在写明信片环节，因小组同质性较强，组员之间感情较好，能够相互支持，相互鼓励，拥有较好的凝聚力，所以工作员有序有质地完成了本节活动任务。组员们在最后的视频分享环节，凝气屏息，非常投入。没有特殊的离别情绪需要单独处理，大家在分享美食中结束了本学期的"社工伴学"活动。

四、本节需要跟进事项

工作员要了解组员在活动结束后的想法，在学习思想行动上是否有所改变。工作员可以后期通过班主任了解组员的变化，或者充分利用小信箱了解组员的想法，以便于对下一阶段的活动内容进行规划。小组后续对组员的跟进安排：通过QQ等方式线上实时关注组员变化；通过材料总结，整理组员信息；将需要反馈的信息、组员的进步表现，反馈给班主任或家长。

五、工作员感悟

这是在澛港中学开展"社工伴学"项目活动的最后一次小组活动，回顾前6次活动，有很多的感悟思考想要分享。感悟与总结既是对组员、对督导、对双方学校以及对自己的一个交代，也是为学校"社工伴学"项目在后面能够更好地开展做铺垫和积累经验。

（1）团队合作很重要。工作员之间需要经常沟通，就问题与对策展开积极讨论，一起投入到小组的规划发展与问题应对中。活动强调的是全员参与、分工合理。若出现一个工作员作为主力主导小组，则不利于培养其他工作员对小组的责任感和对活动的投入度。老师作为督导，和工作员之间要保持良好的交流与沟通，而工作员更要积极主动地将活动进展和开展过程中遇到的问题及时反馈给督导老师。督导老师给工作员的指导要贴合实际，尽量不高估或低估工作员信息获取能力与实务能力。团队合作的重点是沟通与投入，有效的沟通可规避活动中的低级错误，保障活动在有效指导下有序有质地开展；而全情的投入，是工作员担负起对小组应尽责任与义务的前提。投入在活动中的工作员拥有巨大的潜能可以挖掘，如创造性的想法、灵活的应变能力以及用心的陪伴等，这些要素都是工作员顺利进行活动的品质保障。

（2）实务技能要提高。工作员在活动开展过程中的一个限制性因素，就是实务经验和实务能力不足。工作员要能够直视这个问题而不逃避，承认自己的不足。提高自己的实务能力，一要积极请教，学习督导老师的间接经验，观察学长是如何开展小组工作、如何与组员相处。二要主动充电，学习书本知识。社会工作有其理论知识与实务操作技巧，要把社会工作知识先内化于心才有可能在活动过程中灵活运用。三要及时总结活动经验，做好活动材料总结。只有在不断地总结、反思再总结、经验交流中，工作员才能逐步提高自己的实务能力。

（3）心态平衡要保持。工作员除了对于实务经验和技巧进行反思总结外，还需要对自己与他人的关系、自己对于工作的态度、自己对于活动及组员的期待进行反思。社会工作是做人的工作，对于人的评价应该是放在情境中的，这样才是综合全面的。工作员要吃透专业价值，将理论知识内化于心外化于行，拥有一颗平常心，尽力将工作做好，不要将小组工作中遇到的困境捆绑在自己身上，给自己过大压力。

（4）督导资源要用好。在澉港中学开展的"社工伴学"项目活动中，王老师牺牲了自己很多时间给工作员小分队进行了多次督导，传授经验。如："社工小信箱"事宜团体督导、社工实验室团体督导，以及给三个组长的单独督导，这些都是非常好的学习机会。督导老师也要选择合适的督导时机，一是活动开始前在学长和学弟学妹的工作交接会和经验分享会上。在督导老师的指导和帮助下，工作员要学会避免材料交接遗漏、信息交流失真。二是在活动开展两次后。新工作员有了自己的工作体验和困惑时，适时召开团体督导会，可以给新工作员以反馈或解惑。所以，督导老师更加注意督导的时机安排，提高督导的及时性与针对性。

（撰稿：柏玉琴）

【教师点评】

本节活动是学习体系优化小组的最后一节活动。工作员是一位非常认真且有反思精神的学生，和小组其他成员一起顺利完成了最后一节活动的目标：祝福告别和结果评估。在这一节中，组员认真总结了各自的收获，工作员也对各种总结性材料进行了整理，对未来工作提出了良好建议。从小组动力的角度来看，该学习体系优化小组建立了一个信任安全的小组环境，为组员提供支持和鼓励，组员间形成了理想的沟通模式。从专业介入的角度来看，学习体系优化小组的不足之处仍很明显，除了时间管理是对学习习惯不良问题的直接干预方法外，其他关于特定学科的学习方法经验分享是否能

实务篇

091

起到有效干预、改善学习习惯的作用尚待观察。在以后的工作中，工作员还需要加强实务工作的科学性和专业性，参考循证社会工作的理念，对服务对象进行更全面的评估或结构化的评估。同时，查阅相关文献资料，了解解决相关问题可能采取的干预手段，在证明某种干预手段有效的研究证据的支持下，选择合适的干预手段，灵活运用于服务对象，并对干预结果进行规范的评估。总之，学习体系优化小组是学校社会工作本土化的一次有益尝试，提供了模式探索的诸多经验和可能性，拓展和提升了社会工作在国内的发展空间和认同度。

大一新生成长适应小组总案例

一、小组背景

　　大一新生作为大学生中的特殊群体，在踏入大学校园之初，或多或少存在生活适应、学习适应、人际关系适应等适应性问题。大一新生能否顺利适应大学新环境，对其大学生活将产生比较大的影响。因此，大一新生的适应教育一直以来是学校高度重视的入学教育环节。

　　到2017年9月，王杰老师借助学校与青少年社会工作实务研究基地这个平台，指导大一新生"社工伴学"系列小组活动已进入第三个年头。自2015年实施以来，该活动深受广大新生青睐，获得学校以及学院领导的一致好评。该项目的总目标包括两个方面，一是帮助新生。提高新生的综合适应能力，协助大一新生尽快地适应新的角色，更好地度过人生转折点，预防因适应不良引发的个体危机；引导大一新生在成长适应小组中学习新的学习方法、沟通方式，体验友爱互助的人际关系，增强其信心，帮助其更好地适应大学生活。二是专业训练。借助"社工伴学"的实践平台，提高我院社会工作专业本科生开展学校社会工作实务的能力。

二、小组概况

　　因为有高年级同学的切身体验性宣传，2017级大一新生对于本学期的"社工伴学"活动参与热情很高。本轮活动的工作员团队由2015级社会工作专业23位同学组成。在王杰老师的指导下，同学们借助学校社会工作课程实践的机会，分成了6个小组。工作员以社会工作的价值理念为指导，以组员需求为切入点，协助组员解决生活或学习问题，挖掘组员潜能，提高组员大学生活适应能力，最终达到社会工作"助人自助"的目的。在广泛宣传和自愿参加的基础上，招募到2017级社会工作专业的31位同学，每组5—6位组员，每周开展1次活动。根据活动前期对组员的需求评估，每组设计6次活动，分别是"我们初相遇""寝室小天地""爱的避风港""学海无涯，你迷茫吗""做时间的主人"和"我们一直在路上"。

下面我们将以其中一个小组为例，介绍此次大一新生成长适应小组活动的具体开展情况。

三、服务方案设计

(一)小组名称

小组名称是：新生活·心成长——大一新生成长适应小组。

(二)成员特点

小组组员为历史与社会学院2017级社会工作专业5位新生，其中3位女生，2位男生。他们在性格方面各不相同，共同的需求是提高自己的大学生活适应能力。

(三)小组特征

小组性质：成长小组。
小组成员：4名工作员，5名组员。
小组活动的节数：6节。
活动时间：2017年10月至12月。
活动地点：安徽师范大学历史与社会学院社会工作实验室。

（四）活动目标

明确目标有利于督导老师和工作员团队更好地把握活动进程，以及反思、改进活动，从而保障活动质量。

1.总目标

引导组员适应由中学到大学的角色转换，适应大学生活新变化。

2.具体目标

（1）协助大一新生解决初入大学所产生的生活适应、学习适应、人际关系适应及时间适应等多种适应需求。

（2）加强组员的团结合作，刺激小组凝聚力生成，形成互帮互助的小组氛围，建立组员间的友好关系，使朋辈群体在组内外发挥对组员的支持作用。

（3）帮助组员挖掘潜能优势，树立信心，增强其适应能力。

（五）理论基础

1.优势视角理论

优势视角是以个人的优势为基础，以最大限度地挖掘和利用人的潜能为出发点，帮助案主从逆境中解放出来，最终达到其目标，实现其梦想的一种助人模式。优势视角视个体为解决问题的积极参与者，有利于个体利用和发挥其内外资源和优势，积极面对逆境，走出逆境，提升抗逆力[①]。

乐观、力量、坚韧作为抗逆力的重要之维，充分地发挥其积极作用和优势，能够最大限度地激发个体的抗逆力。国际抗逆力研究计划中认为，抗逆力有三个来源：提升抗逆力的外部支持（我有，I have）、长期发展以应对逆境的内部力量（我是，I am）、应对现实逆境的人际交往

---

① 秦秋霞,陈樱鑫.优势视角下的大一新生抗逆力研究:以 S 大学为例[J].兵团教育学院学报,2017,27（2）:45-50.

和问题解决技巧（我能，I can）①。这种以"我"为中心的抗逆力研究，正是注重个体优势和力量优势视角的体现。它强调让个体拥有"归属感"，是指个体信任他人，并在其帮助下发现自己的优势和资源，具有安全感，即"我有"，这正是个体坚韧的体现；强调一种"乐观感"，是指个体积极乐观的情绪，且尊重自己和他人，对自己的行为负责，即"我是"，是个体乐观的体现；强调一种"效能感"，是指自我解决问题、与人交往、管理情绪的能力，即"我能"，正是个体力量的体现。

大一新生正处于青少年身体心理发展的关键期，由于大学和中学在生活空间、学习环境、人际交往范围等方面存在差异，他们往往会面临一系列的学习不适、心理焦虑、人际交往困难等逆境问题，这直接影响着今后的学习和生活质量。基于此，小组希望从优势视角出发，关注大一新生的优势，提升他们的抗逆力。具体来说，包括增强大一新生的归属感，提升个体坚韧度；激发大一新生的乐观感，培养良好的生活状态；提升大一新生的自我效能感，增强个体力量。

(六)活动安排

主题与时间	主要目标	内容概述
"我们初相遇" 2017年10月12日	相互认识与熟悉,订立契约,明确目标	相互认识与熟悉,帮助组员放松身心,为后期的活动打好基础
"寝室小天地" 2017年10月19日	调适寝室人际关系	帮助组员了解自我、了解他人,破译寝室人际交往密码,建立积极的人际关系,懂得如何与室友及其他同学和谐相处,解决人际适应问题
"爱的避风港" 2017年10月29日	优化亲子关系	引导组员分享与父母之间难忘的幸福时刻,巩固与父母之间的感情联结,养成与父母沟通交心的习惯
"学海无涯,你迷茫吗" 2017年11月5日	优化学习方法,提高学习效率,提升组员学习兴趣	了解组员对大学专业学习的困惑,引导组员交流学习方法,进一步提升学习兴趣

---

① GROTBERG E H.The international resilience project : findings from the research and the effectiveness of interventions［R］. Canada：Paper presented at the 54th Annual Convention of the International Council of Psychologists , 1996.

主题与时间	主要目标	内容概述
"做时间的主人" 2017年11月23日	帮助组员合理规划、利用时间,做时间的主人	帮助组员了解大学生活的时间规律,学会时间管理,引导组员分享、反思自己的时间利用方式,并在这个基础上对大学四年做出适当预期与规划
"我们一直在路上" 2017年12月22日	处理离别情绪,结束本学期活动	使组员认识到自身变化;带领组员回顾以往活动,引导组员分享心理路程,巩固收获;询问组员对本次活动的意见与建议;增强组员自信,处理离别情绪

(七)可能遇到的困难及对策

预计困难	应对方法
组员中途退出	若是一个组员退出,工作员需要了解原因,寻求督导意见;若组员坚持退出,那么尊重组员选择;若是大多数组员要求退出,需要引起高度重视,了解组员想法后暂停活动,召开小组会议,评估工作流程和内容是否存在不足,讨论应对方案
组员有事缺席	向其他组员进行合理的解释,以打消其他组员的疑虑
气氛僵硬、冷场、不活跃	适当增加一些小游戏或应景音乐暖场,灵活运用技巧调节氛围
组员谈话跑题	工作员及时感知并重新聚焦,使小组讨论回到小组活动的主题上来
次小组产生	工作员及时发现并提醒当事人注意,根据实际情况调整组员座位次序
组员之间发生矛盾	工作员及时发现并阻止,根据实际情况决定当场缓解矛盾还是场外缓解矛盾
工作员未能同时兼顾组内所有组员	工作员应熟悉整个活动流程和内容,在小组中保持高度敏感,留意组员的言行并给予回应;助理工作员观察记录组员言行,促进活动改进

(八)评估方法

1.督导检查

小组活动成效评估之一是督导评估。督导在小组活动过程中有行政性、教育性和支持性的功能,其在活动中通过检查小组活动存档的资料材料、观察工作员工作状态,同时结合大一新生对活动的评价,从整体上对"社工伴学"活动做客观评价。

2.工作员反思

每次活动结束后，工作员对自己在当次活动中的自我表现及组员表现进行评估，填写评估表，生成总结报告和个人反思，整理材料归档，以促进自己不断提高实务能力，改进团队服务能力。

3.服务对象评价

每次活动结束后，组员填写小组活动评估表，评估的内容有"你对此次活动的满意度如何""你是否觉得此次活动很有意义"等评分题，也有"这次活动你有什么新收获""你认为这次活动有什么地方可以改进"等描述题。工作员要通过定量评估与定性评估相结合的方式，评估每次活动服务成效。

四、服务实施情况

本学期活动分为6次进行，除特殊情况外，活动每周开展一次，地点为我院社会工作实验室，每节活动保持在60分钟左右。

(一)我们初相遇

招募组员完毕后，工作员与部分组员在食堂进行了第一次会面，并通过发放问卷的方式对组员的需求进行了解与评估。活动开始后，工作员先以一个"破冰"游戏来缓解初次见面时的尴尬，当气氛热闹起来以后就开始互相介绍。工作员通过组员的兴趣爱好等来了解他们。为了拉近彼此的距离，工作员与组员都为自己起了一个昵称，方便大家记忆，也显得更加亲昵。介绍完毕后，正式进入活动主题。在活动过程中，工作员介绍了小组的形式和目标，随后和组员共同制定了小组契约，并约定共同遵守小组契约。最后，每个组员写下自己本学期的期望并制作成心愿树保存下来。

本节活动开展过程中气氛非常活跃，每个组员参与度很高，这可能与组员们活泼的性格有关，而且每个组员都很配合。虽然工作开展得比想象中顺利，但是仍有很多不足之处。首先，在5名组员中，有两对组员是室友。他们习惯性地与自己的室友说话，剩下的一位组员就比较尴尬，即使工作员有意引导大家互相探讨，但他们并没有很好地相互交流。其次，在活动开始时，有组员表示并不清楚我们的活动目的到底是什么，这可能是工作员招募时宣传没到位，非常值得反思。最后，本次活动中，组员还比较松散，很容易被某个话题带偏，工作员没有及时运用聚焦的办法帮助组员回归主题等。这些问题的出现，表示工作员的准备工作没有做好或者经验不足，下次活动有待改进。

（二）寝室小天地

本节活动主题是"寝室关系"。工作员通过一个有关团结、齐力的游戏，让组员掌握处理寝室关系的方式方法。活动开始时，工作员请每位组员画出自己理想中的寝室，之后请他们对画的内容进行解读，再与自己现实中的寝室做对比，从而了解组员对于目前寝室的看法。接着，工作员听组员讲述与室友的相处状况，如室友帮自己过生日的温暖场景，因室友打游戏导致自己无法安静学习的困扰，因与室友个人生活习惯不同所发生的一些小矛盾……即使是发生了一些小小的矛盾，他们也都解决了，所有组员都表示能够理解室友与自己不同的生活习惯，即使不适应也会想办法克服。组员们也都表示由于入学时间短，整个寝室基本上都还在磨合中，目前没有出现大的矛盾。在与组员们的交谈中，工作员发现，男生和女生在寝室关系的处理方面存在着明显的不同，女生对寝室关系比较敏感，而男生关注度较低。女生愿意去表达和接纳别人的意见，如在吵到别人休息后，女生双方都明确表示以后会注意，但男生即使提醒了室友也没有任何作用。针对他们的困惑，工作员给出了一些建议，和人相处应该相互理解，并根据生活实际谈了人际交往中沟通的重要性，引导组员做到遇到问题多沟通。

（三）爱的避风港

本节活动的主题是亲子关系。之所以将主题从"寝室关系"过渡到"亲子关系"，一是因为我们的组员关系比较特殊，有两对组员分别来自两个寝室，所以考虑到组员们会因为同寝室的室友在场，发言时可能有所顾忌；二是由于我们工作开展得比较早，组员们都是刚入学，他们的寝室关系相对还比较平稳，没有出现什么大的问题。因此，我们重新评估组员们的需求，经过商议确定本次活动的主题为"亲子关系"。

一个暖场游戏活跃了组内的气氛后，工作员带领组员回忆上次小组活动的内容，简单总结后正式进入本次活动。首先，工作员向组员介绍了本次活动的主题，然后请每位组员思考自己上大学之后和家人相处的变化情况。大家普遍反映和家人联系比之前上中学时更密切了，工作员请组员举例说明。有的组员说自己每周都会给父母打两到三次电话；有的组员说自己的父母每天都会打电话来询问自己的情况；有的组员表示以前认为父母对自己不关心，但是上了大学以后才发现他们还是非常关心自己的；有的组员表示以前自己在家时会经常与父亲发生矛盾，但是分开后父亲反而对自己和颜悦色了；等等。通过观察，工作员发现组员们与父母的关系都比较和谐，有的组员也提到在家中与父亲有过争吵，但是上大学之后没有再发生这种情况，与父亲的关系缓和了很多，这令他感到很开心。工作员强调了与父母多沟通的重要性，希望组员们能够与父母多沟通，组员们都表示以后每周都会与父母通电话。

总体来看，本节活动小组内的气氛很好，小组动力充足。然而，组内也产生了次小组的情况，因为有两对组员分别来自两个寝室，所以在开展活动时他们的交流似乎更多，而另一名女生有被孤立的感觉。工作员认为在后期小组活动的开展中，打乱座位次序也许能够促进小组成员之间的多元化交流，而不仅局限在次小组内部的交流。

（四）学海无涯，你迷茫吗

本节活动的主题是进入大学以来的学习适应，主要是讨论从高中应试学习到大学自由学习的转变过程中，组员们产生的困惑或遇到的困难。

这节活动开展前依然是先回顾一下前几次的活动内容，然后重申了小组契约，组员依旧表示会遵守小组契约。活动正式进行后，工作员向组员表明了本次活动的主题，组员对这个主题很有共鸣。工作员运用聚焦的技巧将组员的注意力聚焦到核心议题上，然后请组员逐一回答。有的组员表示进入大学以来不知道该怎样学习；有的组员表示不知道老师上课说的到底是什么，老师上课不按照书本讲，每次都不知道讲到哪里了；有的组员表示现在上课也没有课后作业，不知道该怎样巩固学习；还有的组员认为老师上课总是讲自己的事情，不知道意义在哪里。当一个组员在讲述的时候，其他组员基本上都保持安静，但也有组员时不时地打断别人的发言。当这种情况发生时，工作员根据现场的实际情况，会提醒组员应该互相尊重，在别人发言时要认真倾听。接下来，几位工作员为组员讲述了一些自己的学习经验，组员们提出了自己的疑惑，工作员都一一作了回答。还有的组员想要转专业，工作员则为他们分析了转专业的利弊。总之，这次活动气氛非常活跃，大家畅所欲言，组员提问很积极，工作员解答很热情。在活动的最后，工作员请几位组员写下了对本次活动的感受以及对工作员的评价。经后期统计，大家基本上对本次活动感到满意，认为工作员的解答非常热情，而且也确确实实地帮助到了他们。

但本节活动仍然有一些不足，比如组员都非常有发言欲望，很多次出现好几个人同时发言的情况，然而在这种情况下工作员不知道该打断谁。有的时候组员讨论激烈，工作员也没有及时运用聚焦的方法等，希望下次活动能做得更好。

（五）做时间的主人

上节活动的主题是关于学习方面的，得到了组员的热烈回应。活动后，大家都希望能够多做一些关于学习方面的活动，并表示进入大学以来空闲时间变得很多，没有老师追在后面监督学习，自己不知道该怎样利用空闲时间。在与小组成员商讨后，工作员将本次活动的主题定为时间管理。活动之初，照例用一个游戏来调动小组氛围，让每位组员假扮时钟，感受光阴的易逝。工作员请每位组员发表对于时间的看法，有的组员表示时间逝去得太快，大家需要珍惜时光；有的组员表示每个人的时间都是一样的，但是每个人都用同样的时间做了不一样的事；有的组员表示需要规划好自己的时间，这样才能够用有限的时间做更多的事情等。工作员总结了每位组员的看法后，提出了时间管理的重要性，又请每位组员谈了平时自己管理时间的技巧。有的组员表示自己对于时间并没有什么规划，大多都是先将手头上紧急的事情做完，不紧急的事情随心而定，也有的组员用"想做的时候就会去做"来描述自己的时间管理。听了组员们的分享后，工作员发现组员们对于时间管理并没有很多的了解，于是工作员就将关于时间管理的资料向组员们作了介绍，着重介绍了"时间管理四象限法"，以便帮助组员做好自己的时间管理。在活动过程中，每个组员都非常认真地参与活动。在工作员为他们介绍时间管理的方法时，组员们纷纷表示很有用，以后会运用到自己的学习和生活中。

(六)我们一直在路上

时间过得很快，本学期的"社工伴学"活动就要接近尾声了。当工作员提醒组员本学期的活动就要结束时，组员们都表示不舍与留恋。最后一次活动，大家仍然到了社会工作实验室。首先，工作员带领组员回顾了开展的几次小组活动，同时也引导组员发现自己参加小组活动后所做出的改变。接下来请组员们讲述自己参加小组活动后的收获，发表自己的看法。有的组员说在这里认识到了很多朋友，有的说学习到了学长们的经验，有的说通过参加小组活动收获了更多陪伴，有的说自己掌握了时间管理的好方法等。最后大家互赠离别礼物，把想对对方说的话和祝福都写在明信片上，希望借此抒发离别情怀，工作员也给每位组员发了笔记本作为离别礼物。

"社工伴学"活动结束了，通过一学期活动的开展，组员收获满满，工作员也收获了很多。工作员认识了一群可爱的人，收获了友谊；获得了将理论与实践结合的机会，提升了实践能力；学会了独立开展小组活动，掌握了一些专业工作技巧。在小组活动的过程中，工作员可以将课堂知识和实践活动连接起来，互相补充。但是工作员的专业性还是不够强，对小组活动进程的把控能力欠佳，无法敏锐地发现以及顾及每位小组成员的情绪，并且活动的主题也不够深入。在后期活动中，组员们已经没有那么拘束了，有时候发言内容会跑偏，这时工作员不知该如何有效地将话题重新聚焦。工作员在每个活动环节结束时，还应该注意进行及时有效的总结，这样既可以帮助组员更好地反思，又能达到自我提升的目的。另外，由于场地限制，组员们觉得活动地点、形式、过程太单一了。

总的来说，本学期初步达成了活动的总目标，每次小组活动也基本达成了活动的分目标，帮助新生更好地适应了大学生活，因此，工作员们还是很开心的。活动结束了，无论是组员还是工作员都感到不舍。工作员希望以后有更多的机会去实践，在实践中积累更多的经验。

五、服务效果评估

(一)从督导评估看服务成效

督导对于本学期"社工伴学"之大一新生成长适应小组的活动策划、活动过程记录、活动总结报告以及工作员感悟等进行了检查评估。通过这些，督导直观了解到大一新生成长适应小组活动的具体开展情况。活动开展时，工作员参与活动较为投入，主动和督导沟通交流，积极参加团体督导，虚心向督导老师学习理论与实务经验。基于大一新生所反馈的对于本学期小组活动的高度认可和积极评价，督导对于本学期的活动给予认可。

(二)从工作员反思看服务成效

工作员每次活动结束后会及时总结当次活动，生成文字材料。从收回的总结性材料中我们可以看到，工作员和组员一同成长，从第一次"担心自己做不好"到"谢谢我的组员，我们一同成长"，每一次的反思总结都是为了下一次活动开展得更好。随着小组活动的开展，新生对于小组的认识程度不断加深；同时每次小组活动结束后，工作员进行讨论、分析与总结，对小组活动的内容及目标不断进行修订，小组活动得以完善。新生对于小组的满意度也随着活动的开展而提升，这意味着新生有了一定的收获与成长。

组员倩倩在小组里的变化较为明显。小组活动开展前期她比较羞涩、少语，她对于自己、别人对她的评价都是"害羞"。随着活动的开展以及组员间感情的升温，到最后一次活动时，倩倩在分享环节表现得从容自信，表达清晰，神态自然。在小组活动中，学习是双向的，工作员和组员一起探讨高效的学习方法、时间管理的技巧，工作员在不断地活动改进中提高了实务能力。工作员在反思中感受到能力不足时主动寻求督导帮助，主动与同学老师交流，以期更好地服务组员，最终他们实现了这一期望。

（三）从服务对象评价看服务成效

组员对于每次活动的服务效果，整体上介于"满意"与"非常满意"之间。在"是否促进了与他人交流合作""是否乐于与别人分享工作中的观点""是否在小组中感觉到归属感""是否解决了自己的困惑""是否觉得此次活动很有意义"等题目中，给分介于8—10分，得分水平中等偏上。从组员的收获描述中可以看到，组员单次活动中的直观感触有："结识到更多的朋友""学习到寝室的相处之道""上了大学后应该加强与父母的沟通和交流""在人际关系中应该尊重聆听他人""上了大学也不能放松学习""树立信心，不轻言放弃"等。

在结束当次活动后，从组员提供的意见与建议中，如"多增加一些大学生活其他方面的内容（比如考试考证、社团活动等）""设置好玩有意义的游戏""多增加小组中的互动""给组员更多相互交流的时间"等，工作员不断评估组员的需求，契合组员所需设计下节活动内容，使小组活动设计不断优化，以得到组员的认可和支持。

组员对于本学期的"社工伴学"活动整体上持肯定态度，12个评估子项目大部分得分在8分及以上，最终平均得分为8.04分，达到"满意以上"程度。同时在组员的描述性反馈中，我们可以看到活动在帮助组员适应大学生活、改善寝室关系、优化亲子关系、学会与他人相处、增强时间管理意识等方面发挥了一定作用，基本达成活动前期"引导组员适应由中学到大学的角色转换，适应大学生活新变化"的预设目标。

六、总结与反思

(一)活动总结

经过对大一新生和辅导员的调查访谈后，确定本学期"社工伴学"小组活动主题——"大一新生成长适应"，得到学院领导的认可。"社工伴学"之大一新生成长适应小组活动进行了两个多月，共开展6次小组活动。下面对于本学期的小组活动进行一个总结。

首先，工作员团队一直保持着良好的团结合作。活动前期一起策划，对于小组不同发展阶段出现的问题以及组员的困惑和需求变化能够及时在一起商讨对策，不断优化活动设计。活动开展过程中和活动结束后，撰写、整理活动材料时既能够做到分工有序又相互协调。主导小组活动的工作员灵活应变能力较好，活动过程中对组员的行为表现与情绪变化的敏感度较高。工作员团队与督导老师在活动开展期间保持着密切交流，他们能够及时将活动开展过程中出现的问题以及自身的困惑反映给督导老师，征求督导老师的指导性建议。如"社工实验室团体督导""学校社会工作实务督导"等，在这些督导过程中形成的丰富的指导意见被整理归档，供工作员实时学习。这一过程使得活动过程更加规范，活动内容设计更加严谨，帮助工作员提高了实务能力。

其次，需求评估渗透在每一次活动中。随着小组活动的深入开展，工作员结合组员的需求调整活动内容，使活动设计更具针对性，以满足组员对小组活动的期待，解决组员初入大学生活的困惑。经过过程评估和结果评估，小组的总目标和具体目标基本达到。组员从第一次小组活动时的紧张拘谨，到第二次小组活动时的熟悉，到后来小组活动中的彼此信任和支持；从游戏分享环节中的只言片语，到积极分享交流；从对大学生活的迷茫，到后来开始畅想未来的大学生活，这些改变都是组员的成长。实践见证了社会工作介入高校新生生活具有可行性和实效性，社会工作在一定意义上弥补了新生入学教育的不足，帮助大一新生缩短

实务篇

了不适应期，促使他们尽快适应大学生活。

最后，"助人自助"的理念渗透在每一次小组活动中。在小组中，工作员肯定每一个组员的价值，尊重每一个组员，引导他们发现自己身上的闪光点和优势，帮助他们实现自我发展，自我成长。回顾6次小组活动，5名组员都有了很大程度的改变与成长，无论在生活独立能力、时间管理方式、人际交往还是亲子关系等方面均有了一定程度的变化。成长适应小组为大一新生提供了一个重新认识自我的机会，帮助他们树立信心，学会鼓励与支持，学会沟通表达，提升团队合作能力和协调能力。组员小郭在发言中说："进入大学，开始自己的独立生活，我的心里很忐忑，我害怕什么事情都要自己去处理。在生活上，我非常不适应，开始自我怀疑。但是经过一段时间的小组活动，我对自己有了一个新的认识，对大学有了一个新的规划。我会积极面对一切问题，因为我知道我不是孤军奋战，我身边有一起拼搏的朋友。"

（二）实践反思

虽然本次大一新生成长适应小组在改善人际关系适应、学习适应、生活适应、时间管理与学业规划等方面都取得了不错的效果，但还存在一些不足。具体有两点：一是在新生适应方面的活动设计不够深入，在人际交往、学习方法、时间管理、亲子关系等方面制定的计划书以及活动的评估都不够细致。二是在小组技巧运用方面，如倾听、澄清、引导谈话、转移话题等专业技巧方面运用不够深入。究其原因是工作员自身的实务经验不够、实务技能不足。事实上很多时候工作员能够直视这个问题而不逃避，承认自己的不足并寻求改变，但却难以十分乐观地改变这一局面，这与工作员在本科阶段的知识储备有限有关。工作员团队想要提高自己的实务能力，在不断的摸索中也逐渐找到了一些改进的方法：一要积极请教，接受督导老师的指导，观察学长如何开展小组工作、如何与组员相处。二要主动充电，学习书本知识。社会工作有其理论知识与实务操作指导，如《学校社会工作》《小组社会工作》《社会工作价值观与伦理》等，把社会工作理论知识先内化于心，才有可能在活动过程中灵活运用。三要及时总结活动经验，并准备好活动材料。只有不断地总结、反思、再总结，在经验交流中，才能逐步提高自己的实务能力。

（撰稿：唐宇晴　吴佳丽）

【教师点评】

该小组就大一新生的大学适应主题开展了"我们初相遇""寝室小天地""爱的避风港""学海无涯，你迷茫吗""做时间的主人""我们一直在路上"等6次活动。通过6次活动，本次"社工伴学"活动为组员在大学适应过程中的宿舍关系、亲子关系、学习方法、时间管理等议题上提供了帮助。从整体上看，以下几个方面还可以再优化，如服务实施情况记录得不够详细，优势视角理论与活动的设计结合不是很紧密，工作员现场控场能力有待提升等。工作员现场控场能力不足，主要表现在：一是工作员提出活动时，组员都非常有发言欲望，出现多次好几个人同时发言的情况。在这种情况下，工作员由于不知道该打断谁讲话而犹豫。二是有时候组员讨论热烈，工作员没有及时运用聚焦的方法。工作员要注意这些问题，这样在以后的活动中才有可能做得更规范。

大一新生成长适应小组分节展示①

第一节　我们初相遇②

一、基本信息

活动主题：我们初相遇。

预设目标：工作员与小组成员相互认识，小组成员之间相互认识；共同制定活动契约，规范小组行为。

活动时间：2017 年 10 月 12 日 19：00—20：00。

出席人数：10 人。

活动地点：安徽师范大学历史与社会学院社会工作实验室。

二、活动过程

环节	现场情况和工作员反思、感受
1.小组基本情况介绍	工作员向小组成员介绍本小组的名称、成立的目的、活动的内容、规模、预期目标以及活动的时间安排等相关基本情况，帮助小组成员进一步明确小组的性质、内容和设计。在此环节中，小组成员认真倾听，提出了很多自己关心的问题

---

① "社工伴学"项目团队在安徽师范大学历史与社会学院大一新生中招募了 6 组学生开展大一新生成长适应小组，命名为第一组、第二组、第三组、第四组、第五组和第六组。

② 本部分内容节选自第二组的总结报告。

环节	现场情况和工作员反思、感受
2.组员自我介绍	首先,工作员介绍自己和另外两名辅助工作员的基本情况,以增进小组成员对工作员的了解。之后,工作员请其他组员依次介绍自己的姓名、年级专业、兴趣爱好、特长、性格及其他想说的内容等。因为本小组涉及其他专业的同学,所以组员自我介绍时更为详细。在此过程中,比较熟悉的同学状态较为放松,但也有两个组员比较胆怯腼腆。最后,工作员进行了小组成员姓名接龙的游戏,以此熟悉组员和缓解气氛
3.中间休息环节	工作员给组员们分发了小零食,组员在比较紧张、尴尬的气氛中逐渐放松。在休息环节,工作员向小组成员介绍接下来的活动,小组成员在稍做休整之后重新开始活动
4.订立小组契约	首先,工作员准备了1张大白纸、3支不同颜色的记号笔,和小组成员一起制定小组契约。小组成员中,有部分成员发言积极,也有一些成员沉默寡言。因小组成员不太熟悉小组契约的制定,所以制定过程比较缓慢。然后,在工作员的介绍和鼓励之下,每位组员都为小组提出了一条契约,工作员在征求其他组员的意见并达成一致后将小组契约誊写在大白纸上,并邀请所有组员在小组契约上签字。最后,告知组员小组契约的重要性,且小组契约在每次活动时都会粘贴在活动场地最显眼的位置,希望组员都能认真遵守、互相监督,增进凝聚力,让小组活动开展得更顺利
5.澄清组员期望	工作员与组员进行直接的交流和讨论,组员用最直接的方式提问,工作员解答所有的疑问和问题。此外,组员各自发言,提出了自己对小组的初步期望和看法,这对后续组织小组活动提供了一些有益的提示和指导

三、本节总体分析

(一)目标达成情况

本节小组活动目标达成较好,组员和工作员之间有了一定程度的认识和了解,且组员较好地理解了小组活动的目标和接下来小组的活动内容等。实现目标的有利因素是:组员大都是一个班级的学生,彼此比较熟悉,小组凝聚力较好,又因为工作员和其中一些同学前期有过接触,所以工作员首次融入小组较成功,组员对工作员接受性较好。不利因素是:有部分成员性格比较内向,思想方面存在一些顾虑,表达方面有所保留。

实务篇

109

（二）动力情况分析

本节小组活动由一名工作员和两名辅助工作员带领7名组员共同开展。小组为封闭型同质性小组，活动时首先制定了小组契约，形成了明确的小组规范。组员有的是同班同学，相互之间较为熟悉，工作员只担任引导者角色。小组中有两名男生WJW和YF，性格比较外向，活动中表现踊跃，积极参与，配合工作员；女生HX比较害羞，不太愿意向大家展示自己，表现得相对被动，也可能是因为她初聚小组，和工作员首次接触，故有所保留，分享时思考时间较长，分享内容也较少。在自我介绍环节，一位组员自我介绍之后，通常有其他组员对他的自我介绍进行补充。比如大家一致认为，在刚开始与HX相处时，她显得较为羞涩，但渐渐熟悉后，她就会表现得特别开放，且特别爱开玩笑。这说明了小组成员间关系较为密切，彼此包容互助。WJW和YF则能及时回应工作员的提问，且谈得特别多，虽然偶尔会使小组讨论的方向发生偏离，但在工作员的规范下也能够及时纠正并回到原来的话题上。总体来说，小组成员之间互动良好，关系和谐，能相互包容和支持，有明显的大一新生文化氛围，对未来的大学生活存在普遍的共鸣；工作员对小组的整合程度与控制情况较好，全体成员目标一致，这些都有利于小组动力的形成和优化。

（三）活动效果

本节活动取得了良好效果。按照前期活动策划，活动中，工作员带领组员制定了小组契约，收集了组员对小组活动的期望及愿望；组员能接受工作员的领导，并积极参与到小组活动中，且参与活动投入程度较高，组员之间能相互回应配合。工作员前期认真策划小组活动，并与团队进行了排演，所以在实际开展活动时能按原计划顺利进行，时间分配合理。其他工作员各司其职，在活动中认真配合主要工作员的工作。

四、本节需要跟进事项

小组活动过程中，工作员发现 HX 自我袒露度较低。活动结束后，HX 向工作员倾诉"刚开始进入这个小组，害怕说错话得罪别人，所以尽量沉默"，该组员需要工作员做跟进工作。WJW 表示，他的寝室中都是别的专业的学生，寝室关系不错，但和班里的同学交流不多，这也需要工作员做进一步的跟进工作。活动中还布置了任务，把自己对小组的期待和愿望记录下来，与大家共同分享。此外，本活动为大一新生开展的第一次活动，虽然7名组员事先都和工作员有接触，但并不深入，所以还应增加组员对小组的适应性，让他们进一步了解学校社会工作小组活动的内容与意义。作为大一新生，在从高中迈入大学校园的转折阶段，他们选择了参加学校社工小组活动，工作员要认真观察、耐心倾听，重视并正确对待每一位组员在小组中表现出来的需要。

小组后续对组员的跟进安排：工作员通过 QQ 群等方式加强同组员的交流，经常分享自己最近的生活动态及在人际关系方面的改善；工作员也可以根据组员需要，适当进行一些线下沟通与交流，并给予他们一些建议；鼓励组员间进行相互评价，发现他们各自的进步。

五、工作员感悟

工作员第一次主持开展"社工伴学"活动的心情是激动和紧张的，虽然以前参加过学长开展的这类活动，但那时自己还是一名大一新生。第一次活动，3个工作员都去了，7名大一新生小组成员也都去了。活动时，首先开展了一个热身小游戏。在这个游戏中，工作员可以发现不同组员的性格特点，有的组员比较活泼，参与活动比较积极，有的组员性格有点内向，参与活动比较不自然。因此，以后要尽可能地让那些性格内向的组员多参与，多发言，多锻炼。同时，第一次小组活动，主要是让大家互相认识一下，并订立小组契约。订立小组契约时，大家都挺积极的，只是有的组员太过活泼，谈论时有点跑题。整个活动下来，最大的缺陷是不够自然，组员间还是有一点拘束感。做得比较好的地方是，我们根据实际情况灵活调整了活动计划，使得活动顺利开展。

（撰稿：李怡然　李晓峰）

【教师点评】

　　本节是大一新生成长适应小组的第一次聚会，工作员顺利完成了小组的预设目标：制定小组契约，澄清小组目标。组员对小组满意度较高，活动整体取得了良好的效果。工作员最深刻的感受是对自身专业能力的重新认知和第一次聚会中组员的拘束感。组员在小组第一次聚会时表现出两极情感的特点，一方面兴奋于接触新人新事，另一方面又会焦虑于自己的言行举止是否适宜。工作员应该注意寻找组员的相似性，促进组员间的交谈，向组员解释清楚自己的角色，有意识地建立令人安全、信任的小组环境，为接下来的工作任务做好充分准备。

第二节　寝室小天地①

一、基本信息

活动主题：寝室小天地。

预设目标：引导组员画出自己心中的理想寝室，明白理想与现实的差距；了解组员在寝室人际交往中的困惑和现状；做一个听口令折纸的小游戏，让组员意识到有效沟通在寝室人际关系处理过程中的重要性，并启发组员思考。

活动时间：2017 年 10 月 19 日 19：00—20：00。

出席人数：9 人。

活动地点：安徽师范大学历史与社会学院社会工作实验室。

二、活动过程

环节	现场情况和工作员反思、感受
1.暖场游戏	通过完成一个互助小游戏,拉近组员的关系,鼓励组员合作解决问题。工作技巧:积极倾听,鼓励与支持,总结,聚焦。现场情况反思:在第一次小组活动后,组员开始熟悉起来,都积极投入游戏中,现场气氛融洽
2.回顾上节内容	引导组员回顾上节活动内容,强调小组契约,并组织组员和工作员签到。工作技巧:总结,积极倾听,融合。目标是了解组员对上一节活动的把握程度,帮助组员巩固组内契约。现场情况反思:两次活动之间间隔时间不是很长,工作员与组员的关系开始亲近,组员积极配合工作员的工作

实务篇

113

---

① 本部分内容节选自第一组的总结报告。

学校社会工作实务探索　第一辑

环节	现场情况和工作员反思、感受
3.引入主题	澄清本次小组活动的目标与主题。工作技巧:总结,自我流露,积极倾听,澄清。目标是阐明本节活动的大致内容,让组员对接下来的活动有大致的了解,并让新的工作员与组员认识。现场情况反思:通过画图的形式引入活动主题,组员都很感兴趣。纸张分发后,组员便积极动手画起来。在此过程中,有些组员开始进行交流,有部分组员还是比较沉默。工作员适当进行自我流露,讲述自己心中对理想寝室关系的看法,稍后沉默的同学也开始活跃起来,加入谈话中
4.分享寝室苦恼或窘事	考虑到寝室话题的敏感性,工作员先让组员以匿名的形式将自己在宿舍中遇到的窘事或苦恼写在纸条上放进盒子里,再随机抽出小纸条和大家分享。工作技巧:总结,内容反映,感受反映,鼓励和支持,聚焦。目标是帮助组员找到自己在宿舍人际关系中存在的困惑,并启发他们思考。现场情况反思:组员们都很认真地将自己的窘事或苦恼写出来投进盒子里。通过集中分享、相互交流,工作员积极引导组员反思。个别组员的分享意愿不是很强,还存在顾虑,对寝室关系的描述避重就轻
5.听口令折纸小游戏	在工作员的口令下,组员进行折纸游戏。通过游戏,组员切实明白双向沟通的重要性,进一步引发思考。工作技巧:引导,积极倾听,鼓励支持,内容反映,感受反映,总结,自我流露。现场情况反思:组员们积极投入游戏,工作员及时对游戏进行了简短的总结。组员开始意识到有效交流对于寝室人际关系的重要性,并表示单向沟通确实带来误会,一定要相互学会交流
6.宣布整个活动结束	总结本次活动,邀请组员评价本次活动。工作技巧:引导,建议,鼓励支持,自我流露。现场情况反思:工作员进行简短总结后,组员们及时对本次活动进行评价,大部分组员谈到通过本次活动学到了寝室人际交往的小技巧。但由于时间关系,活动结束得较为仓促

三、本节总体分析

(一)目标达成情况

目的	目标	计划实行时是否有偏差	达到程度及组员表现
引导组员说出自己在寝室关系中的困惑,并通过小组成员	目标1:拉近组员间的关系,鼓励组员合作解决问题	基本没有	达到程度95%。工作员积极引导,所有组员都积极参与活动

目的	目标	计划实行时是否有偏差	达到程度及组员表现
间的交流,互相给出建议,相互借鉴,从而获得更好的处理寝室关系的方法;工作员及助理针对不同问题给出相应可行的解决办法,并进一步改善组员的寝室关系	目标2:了解每位组员心理想的寝室关系	有部分偏差	达到程度85%。组员依次分享了自己的寝室关系,但只是两句话带过,分享的内容不够深入,且个别组员还不太愿意分享
	目标3:组员认识到自己在人际交往中的困惑	有部分偏差	达到程度85%。通过工作员引导,组员分享了各自寝室关系中的困惑,但还是不愿意多说
	目标4.让组员了解单向沟通可能导致重大误解以及双向沟通的重要性	基本没有	达到程度95%。每个组员都针对人际交往的不同方面分享了自己的经验,提出了自己的建议

(二)动力情况分析

此次活动出席组员5人,工作员4人。组员的角色是团体激发角色和团体维持角色。团体处于小组初期,但因为组员相互熟识,故而小组沟通形成理想沟通模式,组员之间互相回应发言,积极参与讨论。工作员处于领导地位,采取了民主的领导方式。

组员表现良好,能够主动配合工作员的工作,能够积极参与活动。活动结束后,组员分享了自己的活动感悟,表示收获良多。各个组员表现情况如下:小郭,愿意分享个人经验,认为活动有意义、非常好。小崔,明白了小组活动开展的意义。杨杨,学到了经验,认为对以后的生活很有帮助。小鱼干,认为活动有意义,挺好玩,对自己很有帮助。小淑女,懂得了很多东西,认为活动非常好。

工作员之间配合默契。主要工作员能按原计划顺利开展活动,较好地把握了活动的节奏,没有出现过于冷场的情况。而其他辅助工作员能够配合工作员完成活动内容。工作员在活动开始前还与在前一次活动中观察到的较为沉默的组员交流,询问其原因,鼓励其在后续的活动中挑战自我。因此,工作员的努力和组员的配合,共同将小组动力推至了良性的发展方向上。

（三）活动效果

团体成员参与度良好，评估结果如下表：

项目	得分/分
我能在这次活动中向别人表达自己的看法	7
我喜欢这次团体活动	8
我在这次团体活动中学会了如何关怀别人	7
参加这次团体活动使我对自己越来越有信心	8
在这次团体活动中，我乐于向其他人分享经验	8
我觉得本次活动很有意义	7
我在本次活动中坦诚开放	8
我在本次活动中能与别人愉快相处	8

注：由1到10，得分越高，说明越符合所描述的情形。

四、本节需要跟进事项

本节活动中，组员大都对自己的寝室关系给出了正面评价，都表示由于刚上大一没多久，寝室关系目前整体还不错。本小组男生组员都在同一间寝室，他们表示存在室友"打游戏不注意时间影响自己休息"的问题，但是自己有时也会打游戏，所以就没有与室友沟通。女生组员表示有发生过因起居习惯不同而产生的小矛盾，但是她们及时沟通、及时解决了。从组员们的表述中可以看出，女生组员比男生组员在对于寝室关系上更敏感，更愿意去及时解决。但是，由于组员们有的在同一个寝室，所以在讨论寝室关系时，明显感觉到他们有一些拘束感，可能顾及室友的存在而有所保留，不愿意深入提及矛盾。而另一名组员一个人在别的寝室，也不是很想讨论，当工作员鼓励其发言时才表示自己的寝室关系还不错，但除此以外不愿再多表达。

小组后续对组员的跟进安排：针对男生和女生组员们不同的情况，工作员都分别给出了一些建议。因为男生和女生在寝室关系的处理方面存在着明显的不同，女生对寝室关系比较敏感，而男生关注度较低，所以工作员建议男生组员们可以及时与室友沟通，及时表达自己的想法，不能将想法压在心底，对问题视而不见，而他们也愿意采纳工作员的意见，愿意在室友影响他们休息时主动与其沟通。针对女生组员们，工作员建议她们多多举办一些集体活动，增加彼此之间的感情，使寝室关系更融洽，从而减少宿舍矛盾。此外，考虑到组员对说出内心真实感受有所顾虑，不愿过多表达，工作员私下里会进一步鼓励组员表达自己的想法，并表示如果组员存在寝室问题可以随时与他们沟通。

五、工作员感悟

此次活动主题为寝室关系，但整个活动对于寝室关系的探讨并不多，也不够深入。大多数组员表示由于刚上大一，寝室关系整体还不错，目前只存在一些起居习惯方面的不同。因此，工作员没有过多引导组员讲述自己内心真实的感受，也没有引导组员发现潜在的问题。所以对于寝室关系话题的讨论仅停留在很浅的层面，无法更进一步帮助组员协调寝室关系，解决寝室矛盾。

针对组员的情况，工作员分别给出了一些建议，但没有考虑这些建议的实际操作性以及是否符合组员的情况等，只是一些比较浅显的生活道理，没有具体联系组员的实际情况。比如，男生和女生在寝室关系的处理方面存在着明显的不同，女生对寝室关系比较敏感，而男生关注度较低。此外，当组员对于自己的寝室关系不愿做过多表达时，工作员没有做到进一步鼓励组员表达自己的想法，没能帮助组员发现问题。

（撰稿：崔莹莹　薄慧玲）

【教师点评】

本节小组活动是第二次小组活动，目的是引导组员说出自己在寝室关系中的困惑，并通过组员的交流互相给出建议，相互借鉴，从而获得更好的处理寝室关系的方法。整体上看，工作员顺利达成了小组目的，取得了良好效果。工作员在工作中认为组员的分享停留于表面，没有触及寝室关系的实质，同时也发现性别会影响寝室关系的表现内容和处理方式。工作员善于观察、认真反思，非常可贵。不过因为本节活动才是第二节活动，属于建立关系的阶段，组员对小组的信任还在培养中，所以建议工作员不必操之过急，不能过早地触及小组成员的私人性话题，工作的重心还是应该保持在小组建设方面。

第三节　爱的避风港①

一、基本信息

活动主题：爱的避风港。

预设目标：引导组员分享与父母之间难忘的幸福时刻，帮助组员巩固与父母之间的感情联结，引导组员养成与父母沟通交心的习惯。

活动时间：2017 年 10 月 29 日 19：00—20：00。

出席人数：8 人。

活动地点：安徽师范大学历史与社会学院社会工作实验室。

二、活动过程

环节	现场情况和工作员反思、感受
1.回顾上节内容	引导组员回顾上节内容，询问上次活动成果以及上次活动留下的任务，调查实施效果，强调小组契约，并组织组员和工作员签到。工作技巧：总结，对质，澄清，积极倾听，融合，自我流露。目标是了解组员近期的学习情况，帮助组员巩固组内契约。现场情况反思：两次活动时间间隔有些长，工作员与组员的关系有些疏离，但大家都做到了积极配合。通过"破冰"游戏，组员基本恢复了熟悉程度
2.引入主题	澄清本节活动的目标与主题，并介绍新的工作员。工作技巧：总结，自我流露，积极倾听，澄清。目标是阐明本节活动的大致内容，让组员对接下来的活动有大致的了解，并让新的工作员与组员认识。现场情况反思：有的组员在活动中敢于说出自己对于亲子关系的真实理解与感受；有的组员依然较为沉默，不太敢于谈论自己的真实感受，但是也在勇敢地进步。介绍新加入的工作员，让组员跟新的工作员有一定的认识，便于以后顺利开展活动。由于新工作员的加入，组员有一定的不自在感

実务篇

---

① 本部分内容节选自第一组的总结报告。

环节	现场情况和工作员反思、感受
3. 分享与父母的相处情况	活动进入主题,工作员与组员一起探讨日常生活中与父母相处的情况。工作员积极引导每个组员说出自己的家庭相处氛围与相处模式,并及时给予回应。工作技巧:总结,引导,内容反映,感受反映,鼓励和支持,聚焦。目标是帮助组员寻找自己与父母相处的方式和表现形式,使组员深入认识与父母日常相处中的自我表现与父母表现,并从大家的困惑中寻找共鸣。现场情况反思:工作员积极引导组员反思,但组员容易将问题集中在父母身上,很少在自身寻找问题,也没有对与父母的相处方式进行深入探讨与思考。工作员能够很好地运用专业的工作技巧,将小组的话题聚焦在此次活动的主题之上。但是组员间过于熟悉,容易将主题带偏,且没有很好地遵守小组契约
4. 分享与父母相处时的困惑和存在的问题	引导组员思考在与父母的相处过程中自己的行为表现模式,并根据组员举出的具体事例,引导其他组员对其进行分析,反思自身是否存在相同或类似的问题;引导组员思考自己应当如何恰当地与父母进行沟通和表达,从而解决相处过程中的问题。工作技巧:引导,感受反映,鼓励和支持,聚焦。目标是使组员深入思考自己与父母相处时的不良行为表现,并反思如何改正不良行为表现。现场情况反思:工作员积极引导组员写出自己遇到的困惑与反思,并在一边进行指导
5. 组员相互交流,分享解决问题的方法	引导组员对他人分享的情况相互传看,并在此基础上进行交流,说出自己在相似情景下的经验与技巧,工作员进行补充和提出建议。工作技巧:引导,积极倾听,鼓励支持,内容反映,感受反映,总结,自我流露。目标是让组员深入思考自己在亲子相处过程中的不足,并与其他组员进行交流。现场情况反思:之前一个环节中组员将亲子问题的焦点集中在父母身上,很少谈到自己的问题。在工作员的指导之下,组员渐渐将问题回归到自己身上,开始寻找自己与父母相处过程中的不良习惯,加强了对自身问题的深入探讨。在活动中,组员与工作员的关系更加密切,对活动的投入度更高
6. 宣布整个活动的结束	总结此次活动中大家提出的问题,由新加入的工作员给出合理的建议,并根据第一环节的评比,对组员上次活动中的任务完成情况进行奖励。宣布活动结束,工作员表达对他们的期待。工作技巧:引导,建议,鼓励支持,自我流露。现场情况反思:新加入的工作员积极进行经验的分享,组员对于活动奖励十分喜欢

学校社会工作实务探索　第一辑

三、本节总体分析

(一)目标达成情况

已达成目标:(1)工作员积极引导,组员和新加入的助理工作员互相介绍,建立初步信任关系,同时增强组员间的信任感。(2)在工作员的引导下,组员依次分享了自己本周与父母的沟通情况,但只是两句话带过,分享的内容不够深入,个别组员还不太愿意分享。(3)工作员引出本节活动主题——分享自己与父母交往过程中出现的问题,了解每个组员与父母相处中存在的问题并让组员相互交流。通过工作员的引导,组员基本分享了自己与父母相处过程中存在的问题,但只有个别同学提出了自己的建议。(4)工作员及助理针对不同问题给出相应可行的建议,并进一步调整优化组员与父母之间的关系。每个工作员及助理都针对与父母相处的不同方面分享了自己的经验,提出了建议,与组员交流良好。

(二)动力情况分析

此次活动出席组员6人,工作员2人。组员均积极承担了团体激发与维持角色。小组沟通为理想沟通模式,组员畅所欲言,积极聆听,能回应他人的发言,并就工作员的焦点问题展开讨论。团体冲突为尊重不同意见的冲突,偶然出现并很快由组员解决。工作员在活动中采用民主式领导方式,主要起启发和引领的作用。

参与者表现良好,都能够积极参与活动过程,并主动配合工作员的引导。各个组员表现情况如下:YJB,与第一次活动相比,表现得更开放,更愿意分享,但是仍较为被动;LYJ,活动表现较好,愿意主动分享自己的经验,参与度较高,对小组比较认可;GY,在本节活动中表现也较为积极主动,配合工作员工作,改变意愿较强;GYY,性格比较活泼,参与活动时话较多,参与度较高,非常愿意分享;XK,较上次表现好,纪律性较好,愿意分享,对小组的认可度较上次提高;SY,较上次无明显变化，性格活泼，但是参与度不高，分享较少。

几名工作员分工合作，配合默契，职责明确，各自完成了所分配的任务。在活动开始前，工作员与平时活动中比较沉默的组员进行了交流与沟通，询问他们沉默的原因，鼓励其在活动中勇敢表达自我，促进了小组动力，气氛活跃。新来的工作员也在活动前与组员积极交流，互相了解，增进信任关系的建立。

（三）活动效果

小组先通过"破冰"游戏，形成良好的活动氛围；然后通过自我介绍，工作员、助理工作员和组员间相互了解，初步建立了信任关系；再通过了解组员本周与父母的联系情况，了解组员与父母的关系，促进组员与其父母关系的改善；最后组员通过相互交流，反省自身与父母沟通中的不足，工作员和助理工作员针对组员的问题提出相应的建议，让组员收获更多的经验。

四、本节需要跟进事项

小组活动过程中发现SY的自我祖露度较低，在分享与自己父母之间的趣事和故事时不太愿意分享，比较内敛害羞，交谈不主动。活动结束后，SY向工作员倾诉"自己不太愿意跟父母沟通和表露自己内心"，这需要工作员做跟进工作。此外，本次活动是为大一新生开展的第三次活动，6名组员中有5名是一开始就加入小组活动中的，还有一名组员是在小组活动开展两次之后，听同在小组的室友讲述后非常感兴趣，才加入小组的。因为每位组员与工作员的熟悉程度不同，工作员应更进一步关注新加入的组员，可在平时线上线下交流时有意识地跟进。

五、工作员感悟

这是第三开展小组活动，这次活动给工作员最大的感受，就是看到了组员的改变。通过一段时间的接触和了解，彼此之间逐渐熟悉，组员和工作员之间的陌生感已经逐渐消除，除了SY还有些腼腆外，大家已经可以畅所欲言，尽情地表达自己。整个活动过程中，组内气氛很活跃、很和谐，组员都很积极配合，并未出现之前所担心的组内冲突。

因为这次活动的主题是"爱的避风港"，意在帮助组员调整和优化亲子关系，所以活动过程中要求组员与大家分享自己与父母沟通交心的经历，或是自己不愿意与父母沟通交心的原因以及自己在亲子关系这一方面所面临的问题。在分享过程中，工作员发现组员与父母的关系都很好，但也存在不愿意与父母深入交心的情况。SY是因为本身的性格原因，不好意思主动跟父母表达自己的爱意。XK是因为他认为自己是男生，都长大了，不能再像小时候那样跟父母撒娇说话。LYJ是因为家庭的原因，从小不在父母身边长大，一直在爷爷奶奶的身边，总觉得跟父母有些隔阂，共同话题很少，所以很少和父母沟通交心。在这方面，工作员发现女生的情况明显更好，她们更善于去表达自己。总之，本次活动中出现的问题，在下一次活动中依然需要注意和更正。

（撰稿：石文乐　李颖）

【教师点评】

工作员在活动中看到了组员的改变，发现组员通过一段时间的接触和了解，彼此之间逐渐熟悉，之间的陌生感逐渐消除，大家可以畅所欲言，尽情地表达自己。这说明小组逐渐成熟，组员达到理想的沟通状态，小组也有足够的能量达到目标。工作员此时应注意调整自己在小组中的角色和位置，让小组成为组员自己的小组，实现组员在小组中的成长。

第四节　学海无涯，你迷茫吗①

一、基本信息

活动主题：学海无涯，你迷茫吗？

预设目标：了解组员对大学专业学习的困惑；引导组员交流学习方法，进一步提升学习兴趣。

活动时间：2017 年 11 月 5 日 19：00—20：00。

出席人数：10 人。

活动地点：安徽师范大学历史与社会学院社会工作实验室。

二、活动过程

环节	现场情况和工作员反思、感受
1."猜数字"游戏	工作员在纸上写下一个数字(1—100)，从工作员右手边的组员开始猜这个数字，工作员回答"大了"或是"小了"，直到有一个组员猜中。游戏的目的是活跃小组氛围，让活动快速进入状态
2.关于学习，我有话说	首先让每个组员在纸上写下几个自己上大学以来遇到的学习方面的困难或问题，并邀请高年级学长进行解答；然后组员分享各自的学习方式和时间管理方法，相互交流；最后由工作员总结大家认为比较好的学习方法并强化。通过讨论交流，组员知道大学生活要如何高效学习及合理安排时间
3."传表情"游戏	将组员分成两组，其中一组朝一个方向排成直线，不能回头，另外一组观摩。工作员把写好的表情字条让队伍末端的一个组员抽出一张，思考片刻后以肢体语言的方式向前面的组员传达字条的意思，表情一直传到队伍最前面，看他是否能猜中抽出的表情意思。本小节活动结束后，组员分享感受。中场活动，能活跃气氛，培养组员的协作能力
4.分享	工作员总结活动，组员发表意见反馈，便于更好地开展接下来的工作

124

---

① 本部分内容节选自第五组的总结报告。

三、本节总体分析

(一)目标达成情况

目标基本达成,包括:(1)组员积极反馈自己在大学学习上的困惑;(2)组员在听取学长提出的学习建议后,也分享了自己日常学习中的一些方法,彼此都有一些收获。

(二)动力情况分析

本次活动出席组员6名,工作员4名。小组决策为全体组员共同促成,公正平等。小组沟通为理想沟通模式,组员积极配合工作员的引领和安排。团体冲突为偶然出现的,能尊重不同意见的冲突,并很快化解。

参与者表现良好,都能积极参与到小组活动中。在活动中,各组员表现如下:TMX,活动表现较好,较活跃,但情绪易波动;DYC,活动参与度一般,但活动短暂冷场时能够积极分享,活跃气氛;WX,较为沉默,缺乏积极参与性,但在工作员引导下能够进行分享;ZL,性格活泼,能够积极主动分享,配合工作员;TDM,性格活泼开朗,参与活动积极主动,善于分享,响应工作员的引导;WC,缺席一次活动,但能主动配合分享,并提出想法。

工作员之间有比较好的默契,并且在活动过程中没有出现过于冷场的情况。辅助工作员能够配合工作员完成活动内容,分工合作,职责明确,各自完成所分配的任务。工作员在活动前能够与提前到场的组员进行有效沟通,了解组员参与活动的效果及想法,并鼓励组员积极互动。

(三)活动效果

小组活动初期有个别组员较拘谨,但在工作员和其他组员的鼓励下,也很快融入游戏和活动中来。体验性游戏结束后,他们能很好地表达对活动的感受。通过交流,工作员了解组员学习本专业的情况并提出针对性的建议。组员进行本专业学习情况的交流，反省自身的专业学习情况，了解自身的不足并获取一些合理的学习方法。工作员和助理针对组员在学习上遇到的问题提出相应的建议，让组员收获更多的学习经验，提升组员学习本专业的信心和兴趣。

大部分组员都能够积极主动地参与到活动中来。在分享自己专业学习情况时，每个组员依次发言。当个别组员提出自己遇到的困难时，其他组员都积极回应，表示愿意帮助他。也有个别组员最初没有勇气或不太愿意分享自己的经验，但最终在工作员和其他组员的鼓励下分享了自己的想法。还有个别组员较活泼，容易使谈论内容跑题，但在工作员的提醒下也及时回归正题。

四、本节需要跟进事项

工作员发现部分组员在学习方面确实存在困难，大家商量之后，决定让其与授课老师沟通，之后再做详谈。所以，此类组员需要工作员做跟进工作。

五、工作员感悟

本次活动为第四次活动，是全部组员的第五次正式接触。组员间已经建立了较好的关系，能和工作员进行很好的交流。本次活动的流程比较流畅，组员按照计划向邀请来的学姐提出自己在学习方面存在的问题并获得了满意的回复，使组员对自己的大学学习有了初步的方向和规划。本次活动也有一些不足：一是没有很好地把控时间，导致活动时间过长，下次活动需要注意。二是活动内容只是贴合组员目前的生活学习，工作员个人能力不足，难以深入帮助组员。最后通过引入外援，即学习成绩优秀的学姐现身说法很有说服力，在一定程度上弥补了该方面缺陷。三是工作员的控场能力稍显不足，会存在短时的冷场和难以收场的情况。时常出现的意外状况虽然会起到调节气氛的作用，但是往往占用较多时间，容易分散组员的注意力和重视度。四是工作员需要充分调动组员积极性，最大限度地发挥自身的引导作用而不是主人翁作用。

（撰稿：严景洁　王金健）

【教师点评】

　　本节小组活动已经进入中后期阶段，小组成员凝聚力不断增强，小组内部冲突能够在组员内部得到有效调节。本节小组活动以学生最为关心的学习为主题，通过分享学习、体验学习，引导组员优化学习方法，提高学习效率，提升学习兴趣。小组环节设计合理、效果良好，基本实现本节小组目标。但是，工作员应该注意小组活动开展之前，先对上一次小组活动进行回顾与总结。另外，针对小组活动开展过程中出现的沉默的组员、过于活跃的组员等，应做好相应的引导和调整工作，保证小组中每一位组员都能够积极参与到小组活动中来。

第五节　做时间的主人①

一、基本信息

活动主题：做时间的主人。

预设目标：帮助组员提高时间管理的能力，学会合理规划自己的时间；提高组员学习工作的效率，消除因为浪费时间或时间安排不合理而引起的内心焦虑。

活动时间：2017年11月23日19：00—20：00。

出席人数：11人。

活动地点：安徽师范大学历史与社会学院社会工作实验室。

二、活动过程

环节	现场情况和工作员反思、感受
1.回顾上节活动内容和上周学习情况，以及引出本次活动的主题	首先引导组员回顾上节活动内容并询问近期学习生活情况，然后强调小组契约，组织组员和工作员签到，最后直接引出主题。工作技巧：总结，对质，澄清，积极倾听，融合，自我流露。目标是了解组员近期学习情况，帮助组员巩固组内契约。现场情况反思：现场的氛围比较活跃，组员都积极发言，清楚地说明自己上周的学习情况和时间安排；组员与工作员建立了稳定的信任关系，做到了积极融入活动，积极配合工作员工作

---

① 本部分内容节选自第三组的总结报告。

环节	现场情况和工作员反思、感受
2.热身游戏,活跃小组氛围	通过"气球爆炸"游戏,让组员的讨论更富有趣味,使组员迅速融入活动,以此来反思自己有没有浪费时间。工作技巧:总结,自我流露,积极倾听,澄清。目标是阐明本节活动的大致内容,让组员对接下来的活动有大致的了解,在活动中鼓励组员分享自己的感悟。现场情况反思:组员在工作员的带领下积极参与活动,积极向大家诉说自己上周做的事情,哪些地方花的时间多,哪些地方花的时间少等。有的组员在活动中敢于真实说出自己的感受,也有个别组员比较拘谨,没有说得那么详细
3.讨论:如何克服时间规划不合理的困难	工作员提出问题:"如何克服时间规划不合理的困难?"组员们都积极回应,依次说出了自己的想法和建议,并就某件具体的事列出了详细的时间安排。工作技巧:鼓励支持,自我表露,积极回应,共情,引导。现场情况反思:在工作员的引导下,组员都能够积极地说出自己内心的想法,以及自己在时间安排上出现的困境。前面几次活动表现都比较拘谨的组员,在本次活动中也能够大胆地说出自己的建议
4.总结学习经验和时间管理技巧	先让组员明确学习过程和时间管理中的困难,然后对症下药,学习一些新的技巧和方法。工作技巧:引导,积极倾听,鼓励支持,自我流露。目标是让组员积极分享自己的想法和建议。现场情况反思:部分组员能够积极表达自己的想法和建议,但是不善于组织语言。在工作员的积极引导下,大家一起把组员提出的建议精简化。工作员提出多个小问题,先将问题细化,然后询问组员的具体情况,最后给出针对性的建议
5.总结本次活动	工作员进行总结,并让组员依次分享自己对本节活动的看法、建议以及收获和期待。工作技巧:总结,引导,积极倾听,鼓励,自我流露。现场情况反思:组员都认真谈了自己的看法和感悟,认为不能浪费时间,要合理规划时间,并表示自己会做出改变,如少玩几个小时的游戏,多看书提高自身的学习效率,加强体育锻炼等

三、本节总体分析

(一)目标达成情况

小组目标基本达成,但有部分偏差。目标包括:(1)回顾上次小组活动内容,活跃活动气氛,增强组员间的信任,引入活动的主题。完成情况:工作员积极引导,组员积极回忆上次活动内容,并且积极发言。

（2）通过轻松的活动氛围，让组员能更好地表达自我。完成情况：在工作员的引导下，大部分组员能够积极地说出自己最近的学习情况以及时间安排情况，但是有较少数组员讲得比较简略，几句话带过。（3）工作员紧扣本节活动主题，提出"如何合理规划时间"的讨论，使组员明白科学管理时间的意义。完成情况：通过工作员的引导，小组组员都积极地表达了自己最近的学习时间安排，并根据自己的进度提出了相应的科学的建议，但是有些组员可能对自己的学习没有科学合理的规划，故没有提出相应的建议。（4）进行活动总结，对表现出色的组员给予肯定，同时鼓励组员要坚持合理规划时间。完成情况：每个工作员及助理都针对学习的不同方面分享了自己的学习经验，组员们也表达了自己的活动心得，整体活动氛围良好。

（二）动力情况分析

工作员能够积极引导和鼓励组员表达自我，能够营造积极活跃的氛围，对组员的回答作出积极的倾听和回应。组员间沟通融洽、畅所欲言，个别组员在活动开始的时候较为内向，但在后期的活动中投入程度明显增加。组员间冲突较小，偶尔的意见不合也能很快化解。参与者总体表现优秀，都能够积极参与活动过程，配合工作员的安排。各个组员表现情况如下：GSJ，MCL，SR，WJM，WLW，在发言时愿意分享自己的想法，活动中注意力集中，愿意倾听其他组员和工作员的发言，并适时地提出自己的建议和看法，整体表现优秀；LZJ，在活动中表现较好，愿意分享自我，但是需要工作员的鼓励和引导，有时会出现打断别人说话的情况，喜欢开玩笑，出现过个别违反小组契约的行为。总体来说，本节小组活动动力情况良好，为成功完成小组目标提供了必要条件。

（三）活动效果

组员总体对活动满意度较高，较为肯定本次小组活动，认为本次活动很有意义。本次活动促进了组员间的交流，营造了相互信任与坦诚的氛围，让他们获得了许多新的认知和行为方面的收获。

四、本节需要跟进事项

小组活动中发现，MCL和WLW不太能融入小组中。活动结束后，LZJ向工作员倾诉："平时时间都不知道浪费到哪去了。"这些都需要工作员做组员的进一步跟进工作。活动中布置的任务是，让每个组员都做一份时间规划表。

五、工作员感悟

工作员选择这个主题的时候，认为能够很好地开展活动。当看到组员那种期待的眼神时，工作员才体会到肩负的责任。组员想从工作员的表达中学到或了解到一些他们需要的知识，工作员尽可能把上大学以来比较有触动的所见所闻所感都告诉他们，希望对他们有一点实际的帮助。总的来说，活动效果很好，超过预期目标，这与活动开展前进行了事前演练有关。小组活动让工作员和组员都收获了成长。工作员在传授给组员经验的同时，也从组员身上感受到了那种蓬勃朝气。"社工伴学"讲求一个"伴"字，短短的几次活动不能够充分体现这个字的含义，希望在未来的日子里工作员还能够与组员相伴，传给他们更多的心得与体会，让他们能够更好地度过大学生活。授人以鱼不如授人以渔，传给组员这些经验只是为了帮助他们顺利度过最迷茫的时候，希望他们能够领悟大学生活的真谛，合理利用好四年大学时间。

（撰稿：唐宇晴　李梅）

【教师点评】

本学期小组活动即将进入尾声，通过工作员的引导与活动设计，组员能够积极主动参与到活动中，分享自己的学习情况和遇到的困难，并得到其他组员的积极回应和帮助。小组中组员关系紧密，凝聚力较高。但小组中仍然存在个别组员害羞以及不能及时到场参加活动的问题，工作员应在计划设计之初考虑活动过程中可能会出现的问题，并做好相应的应对措施，保证小组活动的完整性。

实务篇

131

第六节　我们一直在路上①

一、基本信息

活动主题：我们一直在路上。

预设目标：帮助组员总结小组活动所获得的知识与经验，处理好离别情绪。

活动时间：2017 年 12 月 22 日 19：00—20：00。

出席人数：6 人。

活动地点：安徽师范大学历史与社会学院社会工作实验室。

二、活动过程

环节	现场情况和工作员反思、感受
1.回顾上节内容	和组员一同回忆上次小组活动中的主要内容和主要收获，并邀请组员谈一谈对此次活动的期待
2.引入主题	邀请组员每人表演一个小节目，形式不限，给分离制造一种愉快的氛围
3.组员相互交流	给每个组员分发一张明信片，让组员写下祝福，并轮流发言，分享自己在小组活动中的感受
4.宣布整个活动结束	工作员总结本次小组活动，谈一谈每个人的成长，对组员表示感谢。通过访谈，评估本次活动。给组员发放小礼品并道别，向他们表达工作员的期望

三、本节总体分析

（一）目标达成情况

小组目标基本达成，包括：（1）回顾上次活动内容；（2）引出本节

---

① 本部分内容节选自第四组的总结报告。

活动主题，了解每个组员在本次小组活动中取得的成长，并总结活动经验；（3）帮助组员处理离别情绪，做好后续工作。

（二）动力情况分析

此次小组活动出席组员3人，工作员3人。虽然组员人数较少，但组员在团体中仍然努力激发与维持团体。团体规范为小组成员在第一次活动制定并在后续活动中坚持遵守的小组契约。小组活动仍以民主公正的方式进行决策。小组沟通为理想沟通模式，实现组员之间无障碍沟通。因为是最后一节小组活动，工作员又回到小组的中心，在小组中扮演领导者角色，但是民主型领导方式。小组成员表现良好，都能够积极参与活动过程，主动配合工作员的引导和带领。活动结束后，组员分享了自己在小组中的收获，期待以后有更多类似的活动。总之，小组动力情况良好，达到工作员期望的水平。

（三）活动效果

在内容上和形式上，首先通过"破冰"游戏形成良好的活动氛围，为离别营造轻松愉快的氛围。负责本节活动的工作员，基本能够按照活动计划把控整个活动过程。其他工作人员各司其职，合理分工，顺利完成活动。

四、工作员感悟

工作员1：此次活动是本阶段的最后一次活动，组员表现出不舍和依赖的情绪，这说明小组活动取得了一定的认可。所以，工作员要处理好组员的离别情绪，继续跟踪回访。

工作员2：这是小组活动的最后一次活动，工作员向组员询问了参加小组活动后的收获，同时让他们对工作员进行评价，并彼此送上祝福。工作员向组员说明在此后的生活中，如果还有问题依然可以向工作员寻求帮助。

工作员3：在小组活动离别之际，小组内的三位成员均有些不舍，和工作员的互动明显变得更为主动，希望能够经常与工作员保持联系。小组内的总体气氛较好，工作员能比较恰当地处理离别情绪，使整个小组活动圆满结束。

（撰稿：周静　唐雨轩）

【教师点评】

该小组活动是"社工伴学"活动之大一新生成长适应小组活动。小组活动持续了两个月，共开展了6次。从小组活动开展过程来看，工作员团队一直保持着良好的团结合作，对于小组发展不同阶段出现的不同问题以及组员的困惑和需求变化，能够及时在一起商讨对策，最后总结了6次小组活动的经验，并对未来工作提出合理建议。工作员的灵活应变能力较强，对组员的行为表现与情绪变化的敏感度较好，遇到问题能够与督导老师保持密切交流。从效果来看，新生成长适应小组能做到建立信任安全的小组环境，为组员提供支持和鼓励，并通过"寝室小天地""爱的避风港""学海无涯，你迷茫吗""做时间的主人""我们一直在路上"等分节小组活动，帮助组员正确处理寝室关系、亲子关系、学习与生活的协调关系等。但从专业小组策划与介入来看，仍有不足之处：小组活动中对于新生成长适应的操作化不全面，对于心理与情绪问题关注度不够，以及各分节小组活动之间的连贯性有待进一步讨论与改善。在以后的工作中，工作员还需加强实务工作的科学性和专业性，对小组组员进行更全面的评估或者结构化的评估，综合考虑与组员需求有关的因素，了解解决相关问题可能采取的干预手段，并选择合适的干预手段，从而保证开展的学校社会工作服务更具适切性。

初中生学习习惯改善小组总案例

一、小组背景

本案例系安徽师范大学"社工伴学"系列活动之学习习惯改善。活动计划分三组同时开展，每小组有7人参加，分别进行6次活动。本案例小组工作者使用专业理论、方法和技巧，帮助在学习习惯和学习态度上面临类似问题或有共同需要的组员，使之得以建立支持网络，并从组员间的互相支持中得到更大的信心，改善自己的困境。同时，小组成员之间相互监督，通过经验分享、成果展示等，掌握学习方法，培养良好的学习习惯。本案例小组工作者尤其注重家庭与学校之间的良性互动，强调小组成员的改变需要家庭、学校、社工三方的共同作用。小组活动中设置了与家长互动环节，提高家长在学习习惯改善小组中的参与度，加强亲子沟通、家校沟通，澄清彼此的期望及责任，最终帮助学生形成良好的学习环境，优化学习态度和习惯。

二、服务缘起

中学阶段学习科目相对增多，课程要求提高、难度加大与任课教师接触减少，没有形成良好的学习习惯，故学生的学习达不到预期的目标。不良的学习习惯主要表现在两个方面：一是自制力较弱，容易分心；二是时间分配不合理，学生学习比较吃力。漳港中学位于城郊地带，生源水平参差不齐，加之受升学压力的影响，学校重点关注学生学习成绩的提高，对学生学习态度和习惯关注不够，故在班级管理上有一定难度。

通过对濡港中学的同学、教师（含班主任）及家长进行抽样调查发现，不少中学生存在学习方面的困扰。由于学习态度的偏差以及良好学习习惯的缺失，导致学习效率普遍偏低，学习成绩不理想，这对学生和家长甚至亲子关系产生不良影响，也给教师的教学及管理带来困扰。结合学生资料与家庭走访发现，大部分学生来自农村拆迁安置家庭，家中子女较多，父母文化程度有限且忙于生计，对孩子的学习缺乏监督，与孩子交流较少。受"学业好才有前途"观念的影响，在有限的相处时间内，父母往往更关注孩子的学习成绩，存在要求过高、不理解孩子的情况，孩子由此产生对家长的反感。越反感越不愿与家长沟通，越不愿沟通则越容易产生逆反心理，如此恶性循环更加不利于孩子良好学习习惯的形成，家长也因此产生"想帮忙却无从下手"的无力感。

鉴于此，社会工作专业学生计划在濡港中学开展小组工作。学生参与意愿高，班主任及老师、学生家长的支持力度大，通过自主报名与筛选，确定13名同学参加小组，开展系列小组活动。

三、服务方案设计

（一）活动目标

1.总目标

在家校互动背景下，优化初中生学习习惯和学习态度。

2.具体目标

（1）帮助小组成员认识自身学习习惯和学习态度的不足；

（2）协助小组成员与家庭形成良性的沟通方式；

（3）指导小组成员制订科学的学习计划；

（4）培养小组成员养成良好的学习习惯。

(二)理论基础

1.人格发展八阶段理论

埃里克森将人格自我理论发展分成各有侧重、互相连接的八个阶段，他认为个体在每一个发展阶段上都会面临一个确定主题，或者说是一个特定的心理危机。在小组中，以埃里克森的人格发展八阶段理论为基础，通过一系列活动正确引导组员的思维，加强组员对自我的认识，形成良好的学习习惯，促进组员的发展。小组成员正处于青少年时期，其人格特征表现为角色的同一和混乱，不能形成清晰牢固的自我观念，不知自己将何去何从。针对这一人格特征，我们尝试从家校互动背景下优化学习习惯，以促使组员形成稳定积极的自我观念。

2.社会支持理论

社会支持是以个体为中心的各种社会联系，对个体所提供的稳定的物质上和精神上的支持，包括客观支持、主观支持和社会支持。社会支持的形式包括正式的社会支持和非正式的社会支持。影响社会支持的因素有个人因素、发展因素和环境因素。在学习习惯优化小组中，小组成员的习惯优化需要得到来自各方力量的支持，如家庭支持、学校老师和同学的支持等。老师、同学以及家长的认可和尊重，有利于学生修正不良的学习习惯并坚持下去。同时，组员个人过去的学习经验、学习主动性和积极性及学校老师、同学和家庭中亲人的期待，对其现在的学习习惯有重要影响。我们通过小组活动等正式的社会支持，对小组成员的学习习惯也进行干预和介入，并通过老师、同学、家长的共同努力，优化学习习惯，使组员获得良好的社会支持。

3.社会生态系统理论

社会生态系统理论，简称生态系统理论，来源于生态学和一般系统理论。这一理论是用以考察人类行为与社会环境交互关系的理论，将人类生存的社会环境，例如家庭、社区、机构及社会团体等，看作是一种社会性的生态系统，强调生存系统对于分析和理解人类行为的重要性。布朗芬布伦纳作为社会生态系统理论的主要代表人物，他认为个体的发展与周围的环境之间相互联系构成了若干个系统，即微观系统、中观系统以及宏观系统。

　　小组成员的微观系统可以理解为个体亲身接触和参加其中，并产生体验的与之有着直接而紧密联系的环境，主要是指和组员紧密相关的要素，如个人、家庭、同辈群体等。中观系统是指个体所处的小规模群体，包括两个或两个以上微观系统之间的相互关系，如亲子关系、师生关系和伙伴关系等。而宏观系统主要是指个体成长所处的整个社会环境及其意识形态背景，小组成员所处的社会环境及对其自身有重大影响的成长环境。在小组工作中，工作员要全面把握小组成员的每一个生态系统，分析系统对其产生的影响，优化生活和学习环境系统，促进共同进步。

　　（三）活动安排

主题与时间	主要目标	内容概述
"相识你我，相逢是缘" 2016年9月8日	相互认识与熟悉，订立契约，明确目标	组员与工作员、组员与组员相互认识与熟悉，增强信任；一起制定小组契约，规范小组行为；引出主题，制定小组目标，说明工作员对小组的期望
"真诚评价，共同成长" 2016年9月23日	互评学习习惯，分析习惯成因，制订学习计划	引导组员自评和互评学习习惯，分析习惯成因；布置任务，引导组员制订学习计划
"家校联动，携手共进" 2016年10月14日	修改和完善学习计划，改善亲子计划	根据活动实施情况和反馈意见，修改和完善学习计划；加强亲子沟通，改善亲子关系；布置新任务，实施新计划
"点滴进步，增强信心" 2016年10月28日	了解组员学习计划实施中的问题，完善学习计划	组员分享自己坚持的故事，分享坚持的意义，发挥榜样的作用，激励其他组员继续坚持；引导组员一起总结未能坚持的原因，提出改进的方法；布置任务，实施计划

主题与时间	主要目标	内容概述
"滴水穿石,坚持不懈" 2016年11月11日	分享坚持的意义,分析不能坚持的原因,提出改进方法	了解组员学习计划实施中存在的问题,进一步完善学习计划;引导组员分享收获,互相鼓励;布置任务,实施计划
"集思广益,共同进步" 2016年11月25日	分析组员参与活动后的收获和变化,引导组员正确处理离别情绪	通过家长、老师和成员的反馈,分析组员参与活动以来的收获和变化;组员间互相送祝福,引导组员正确处理离别情绪;评估小组目标,鼓励组员将学习计划继续实施

四、服务效果评估

(一)从督导评估看服务成效

督导实时跟进学生学习习惯优化小组活动进程,并及时给予指导。小组负责社工能够将服务过程中的问题及时反馈给督导,并寻求支持与帮助。小组活动的目标与措施协调,安排合理。整个小组服务按照事先制订的计划进行,进度适中,符合学生的实际情况。活动过程中,社工有所成长,且能够遇到问题及时调整服务方案,服务效果良好。

(二)从工作员反思看服务成效

每次活动开展前,工作员都进行了充分地准备,认真策划活动方案,对方案进行讨论和修改,确保活动顺利完成。活动开展后,工作员也认真总结活动不足之处,如"游戏时间过长""组员不协调"等,并分析问题产生的原因,在下一次活动开展时注意避免类似问题产生;认真反思,反思小组契约对组员的约束力不强,组员有不认真倾听的情况,在下一次开展活动时,工作员着重强调小组契约,要求每个组员都应严格遵守。

作为学校社工活动的组织者,各组同学都非常认真负责,组织开展

实务篇

139

了6次小组活动，活动层层递进，从初建小组时的彼此陌生到学习习惯的自我反省。通过任课老师，了解组员制定学习习惯改善计划书后的学习情况，帮助组员了解自身学习习惯的优缺点。在老师们的积极支持与肯定中，本次活动进行得十分顺利。通过活动，组员了解了老师对自己的看法，完善了学习习惯改善计划书，促进了师生之间的交流。虽然每次小组活动都会出现一些小问题，但在组员的共同努力下，最终圆满完成了预定的活动目标。

（三）从服务对象评价看服务成效

服务对象对于学生学习习惯优化小组活动的满意度评价较高。每次小组活动后的满意度调查问卷，95%以上的学生对活动持"非常满意"或"满意"的态度。在访谈中发现，服务对象对于"家校互动""制定学习计划书""水滴石穿"等环节表示非常满意，在小组活动中体会到好习惯的养成不是一时的，需要长期的坚持与努力，也需要家长的动员与配合。总之，小组服务对象对活动环节设计、小组氛围和工作员工作等，都表示很满意。

五、总结与反思

凡事预则立，不预则废。作为引领与组织此次小组活动的学校社工一方，各组组员为活动的开展做出了精心准备。从活动日程协调到具体内容安排，以及突发情况处理，组员们都在督导老师的带领下进行了多次深入的集体讨论。每次小组工作开展之前，工作员都拟定出了细致明确的计划书，并提前与学校方面联系，确定好活动时间与场地。充分考虑到中学生的自由选择性，活动中建立了和谐融洽、相互支持的关系。前期准备工作的顺利开展，大大增强了工作员的工作热情和信心，也为小组活动奠定了轻松愉快的基调。

通过参与学校社工活动，工作员在活动中学习到了很多东西。以前课本上看起来很简单的理论知识，在很多活动的运用中都不能达到预期的效果。在协助的过程中，工作员深深地体会到一名学校社会工作者的

不容易，不仅要调动现场的活动气氛，还要与家长和组员沟通，时刻关注组员的情绪变化，及时处理突发情况，协调组员和工作员的关系，以保证活动效果。

在具体活动过程中，工作员更能体会到自己能力上的不足，这需要在以后的学习和工作中，不断改正自身的缺点，不断地提升自己。工作员能力不足主要表现在：不能很好地处理活动中的突发情况，不能很好地安抚因家庭情况哭泣的组员等。活动中需要改进的是工作员虽然对理论有所掌握，但未能与实践进行良好结合。工作员还发现，在小组活动中可以利用自身的知识开展个案工作，也可以在活动结束后单独和一些组员聊一聊活动情况。这些实务经验只有在真实的场景中才能学到，如果工作员没有积极地参与活动和思考问题，可能也发现不了自己的不足，也不能真正地理解课本上的知识。学生每次都抱怨只有理论学习而没有实践积累，但是当真正做实务的时候，才发现自己有很多困难无法解决。参与学校社工活动，工作员不仅仅是要学会如何在现实中让活动顺利开展，更重要的是在具体实践过程中了解学校社工的相关知识，积累相关经验，并学会在活动过程中将理论知识和实践更好地结合在一起。

这里，工作员对整个小组活动的开展也进行了反思：第一，平衡游戏与活动主题。每次组员在评估表中都建议小组活动中多加游戏，但是过多的游戏可能会导致活动内容偏离主题，以致把重点放在游戏中。因此，我们不断反思，如何将有趣的游戏融入小组主题中，让组员在"玩乐"中掌握每节小组活动的要点，并及时布置作业。第二，"次小组"情况需要及时处理。有时小组中会有若干关系好的组员坐在一起，而对其他组员不支持、不鼓励、不信任，导致有些组员被孤立。此时，工作员应该想办法改善这一现象，比如调整座次，或树立工作员的威严，防止小组组员过于散漫。

（撰稿：钟小川）

141

【教师点评】

该案例选取澦港中学初一年级学生为服务对象，结合初中阶段青少年发展的特点与家庭、学校、社会三者的互动情况，开展"家校互动"背景下的中学生学习习惯优化小组活动。活动符合该阶段中学生需求，熟练运用社会工作相关理论指导实践，考查了学生对于知识和技巧的掌握程度，也倡导了社会工作专业学生服务社会的理念。

案例中小组各节次活动设计合理，从中学生初次相见的"破冰"游戏，认识自身学习习惯中存在的不足，到制订学习计划并坚持执行，引导学生、家长与学校的三方互动，最终引导学生养成良好的学习习惯，并继续保持下去。活动设计合理且效果较好，工作员能够在小组活动执行过程中充分考虑服务对象的特点并及时沟通，为培养中学生良好学习习惯，改善家庭、学校和学生的不良关系起到关键作用。

小组活动的执行者，即社会工作专业的学生们，可以通过本次小组活动体验小组工作实操，包括服务对象需求调研、方案策划、组员筛选、活动准备、活动执行、活动评估、活动反思与总结等，从整体上把握小组工作开展的流程，并获得一定的活动经验。对社会工作专业的学生来说，这是一次非常好的实践活动。

但是，该案例仍然存在着一些不足之处。一是对于小组活动中出现的突发情况，如组员拒绝分享等，工作者由于缺乏经验，未能及时妥善处理。所以，工作员需积累活动经验，做好突发情况的应对工作。二是在小组活动结束时，工作员应妥善做好离别情绪的处理及后续的跟进工作。

因此，学生在未来开展类似实践活动或专业服务时，应注意在活动开始之前就对整个小组流程有"全局观"，充分考虑组员情况，设计能够满足组员需求的小组活动，并能够对可能出现的突发情况做好预案，从而保证小组活动高效完成。督导老师在未来指导学生过程中，也应将此经验分享，以提高学生实践活动的质量。

初中生学习习惯改善小组分节展示[1]

第一节　相识你我，相逢是缘[2]

一、基本信息

活动主题：相识你我，相逢是缘。

预设目标：工作员与组员相互认识，组员间相互熟悉，共用制订活动契约，规范小组行为。

活动时间：2016年9月8日16：45—18：00。

出席人数：7人。

活动地点：滧港中学八年级（2）班教室。

① “社工伴学”项目团队在滧港中学初一年级招募三组同学开展学习习惯改善小组，分别命名为第一组、第二组、第三组。

② 本部分内容节选自第一组总结报告。

二、活动过程

环节	现场情况和工作员反思、感受
1.工作员自我介绍,组员制作席卡,做自我介绍	现场情况:组员制作席卡时,思维受到局限,像是在完成某项作业,花费较长时间;自我介绍时,表现较为拘谨、内向,表达意愿较低。工作技巧:引导互动。目标是引导组员制作简单的席卡,鼓励他们表达自我。事后反思:工作员应当注意基调设定。工作员调动场内气氛,以轻松自在的氛围引导组员制作简易席卡,鼓励组员自由表达;同时,强调昵称的重要作用,并告知他们在接下来的活动中大家都是以昵称互称。工作员还应当注意设限。组员制作席卡时思路闭塞,花费了较长时间,工作员应在环节开始之前设定时间,避免时间浪费
2.认识新伙伴,防止出现"次小组"现象;通过游戏加深对新伙伴的了解和认识,培养团队意识,增强组员凝聚力	现场情况:组员对游戏环节较为感兴趣,积极性很高,但存在男女性别划分与隔阂的现象;固定的座位都能适应,暂时没有出现"次小组"现象。工作技巧:引导互动。目标是引导组员积极参与游戏。事后反思:确定固定座位后,应当再深入了解每位组员的情况,以便组员加深对新伙伴的认识;在游戏中,对于男女生不愿意牵手一起合作,应该注意引导,减少或消除男女过分对立的现象。另外,在游戏结束后,工作员应当对此次活动进行总结,并让组员谈谈参与活动的感受,以加深组员的体会。在"情有千千结"游戏中,大家互相商议解决问题的办法,增强了组员的凝聚力
3.澄清本次活动的目标	现场情况:工作员说出此次活动的目标。工作技巧:澄清。目标是向组员明确小组目标,避免目标不清。事后反思:在此环节中,工作员一人主导整个场面,组员少有表达与交流。所以,工作员应注意与组员的沟通,让组员有充分表达的机会
4.建立组内契约,增强小组凝聚力	现场情况:组员写下小组契约,与工作员共同交流与讨论,确定小组契约。最后,大家一起写下对活动的目标和期望,并贴到目标书上。工作技巧:总结。目标是引导组员提出组内契约,共同商讨、总结,并最终确定契约。事后反思:组员对于共同制定契约的积极性比较高,工作员在活动过程中要注意控制和引导,避免组员谈论时跑题
5.使组员意识到本小组已经是他们的小组	现场情况:组员用最简单的话描述小组,并把自己在本次活动中的感受写下来;工作员介绍整个活动的大致情况,抛出下次活动主题。工作技巧:倾听。目标是倾听组员的内心表达。事后反思:由于在前几次接触中介绍过本次活动内容,所以本次小组活动中组员表现得有点不耐烦

环节	现场情况和工作员反思、感受
6.让组员对接下来一学年的活动有大致了解	现场情况:工作员介绍本学年小组活动内容、时间、准备情况等,使组员有初步了解。工作技巧:参与性概述。目标是使组员对已参与的活动与即将参加的活动有一定了解。事后反思:可事先制作活动安排表发给组员
7.填写评估表	工作员现场发放评估表,由组员填写

三、本节总体分析

(一)目标达成情况

目标	计划实行时是否有偏差	达到程度及组员表现
目标1:相互认识,加深了解,增强信任,提高组员在活动中的团体意识	偏差较小	达到程度90%以上。通过起昵称、制作席卡和"情有千千结"游戏,组员间彼此更为熟悉,了解更为深刻,同时也感受到自己是在一个集体中,增强了团体意识和集体认同感
目标2:形成小组契约,设立自己的目标及对整个小组的目标	偏差较小	达到程度95%左右。组员非常认真地写下大家应该遵守的约定和准则,共同制定小组契约,且同意一起遵守小组契约。同时,每位组员都积极写下自己的目标和小组的目标,并制作完成了目标树
目标3:讲述活动感受,提高对小组的归属感	偏差较小	达到程度95%左右。组员比较认可本次活动,用最简单的话真切地描述了对本次活动的感受

(二)活动效果

（1）活动内容较为充实。一是工作员、组员自我介绍,包括组员制作席卡、起昵称;二是组员寻找新伙伴,通过"情有千千结"游戏熟悉新伙伴;三是共同制定小组契约,澄清本次活动目标;四是组员描述自己对小组的认识,并和大家分享自己在本次活动中的感受;五是组员对本次活动做出评估。在工作员的引导下,活动时间在可控范围内,小组活动各部分的内容得以顺利进行。

（2）活动形式较为多样。小组活动不是工作员从头至尾灌输一些理论知识，而是大家畅所欲言，其中有席卡制作、"情有千千结"等活动。

（3）组员整体表现较好。大部分组员能够积极参与活动，积极配合，并且很好地遵守了小组契约，没有出现较大偏差。活动不足之处是：极个别组员表现得较为被动，不能很好地融入其中。

（4）工作员表现良好。在整个活动过程中，工作员表现比较理性，没有掺杂个人情感，能够很好地引导组员，并把"游离"组员聚焦到活动中来。但也存在不足：一是工作员专业知识较为薄弱，总结组员的意见时不够简洁，有待进一步加强；二是工作员的精力有限，出现没有照顾到个别组员的情况，下次活动要改进。

（三）社工角色的发挥

（1）组织者。在筹备此次活动时，一是工作员查阅相关专业书籍和文献，确定此次活动的主题及目标；二是工作员在确定主题和目标后，制订相关计划，准备好活动所需要的材料及设施；三是工作员和组员及老师确定好活动时间、地点，摆放好桌椅。

（2）协调者。在小组活动中，工作员与组员分工明确，发挥合作精神，注重团队合作，共同完成小组活动。

四、本节需要跟进事项

（1）个别组员对团体的认同度还有待加强，需要提高组员的团体认同感；

（2）个别组员发言不积极，工作员要注意引导；

（3）在活动过程中，个别组员出现违背小组契约的行为，提醒组员相互监督，在下次活动中要避免此现象。

五、工作员感悟

工作员在筹备此次活动时，要和中学生近距离接触，了解中学生的相关话题，熟知有关中学生学习习惯和学习态度的相关知识，还要查阅相关专业书籍和文献，确定此次活动的主题及目标，然后制订相关计划。在活动开始之前，工作员准备好活动所需要的材料及设施（如A4纸、彩笔、签字笔、便利贴等），并和组员及老师确定好活动时间、地点，摆放好桌椅。在小组活动中，工作员要与组员分工明确，充分发挥合作精神，注重组员间的合作，注重组员与工作员的合作，共同完成小组活动。比如：在小组活动的制定小组契约环节，组员与组员或者与工作员要进行合作，互相讨论，共同协商，并约定共同遵守契约。

这是工作员第一次开展真正意义上的小组活动，从紧张、期待、手忙脚乱到游刃有余是一个长期的锻炼过程，期间离不开工作员的不断总结和反思。第一次活动难免会产生一些问题，但工作员希望能在不断自省中取得长足进步，为后续的小组活动积累丰富的经验。

（撰稿人：杨静　李雪慧）

【教师点评】

第一节小组活动的主要目标是让组员相互认识、熟悉，并在工作员的引导下制定小组契约，为后续小组服务的开展打好基础。本节小组活动设计合理、流程顺畅，活动准备认真充分，便于提高小组凝聚力，培养组员的团队意识。小组目标基本达成，社工角色发挥较好，能够妥善处理小组建立之初组员"游离"或者组员之间不熟悉的情况，小组活动效果良好。但从工作员的反思来看，在活动中仍然存在着专业知识薄弱、精力不足、难以兼顾所有组员等问题，工作员应足够重视，在下一次活动开展之时妥善解决。

实务篇

第二节 真诚评价，共同成长①

一、基本信息

活动主题：真诚评价，共同成长。

预设目标：引导组员分享学习习惯，分析习惯成因；引导组员制订学习计划。

活动时间：2016年9月23日16：15—17：35。

出席人数：7人。

活动地点：渔港中学八年级（2）班教室。

二、活动过程

环节	现场情况和工作员反思、感受
1.暖场游戏"信任百步走"，让小组内的气氛迅速活跃起来，同时也增强组员间的信任感	现场情况：由于游戏场地和活动场地不在一起，出现个别组员离场的情况；游戏开始前，通过抽签两两分组，剩下一人和工作员搭配；游戏基本顺利完成，但由于两组组员都在一个游戏场地，场面有点混乱。工作技巧：引导，鼓励。目标是引导组员完成游戏，鼓励组员互相信任。事后反思：工作员通知组员更换场地时要表达清楚，并维持好现场秩序；个别组员没有理解游戏的目的，只为寻求刺激；工作员要正确引导组员，增强组员的信任感
2.回顾上节活动内容及小组契约	现场情况：工作员不时提醒组员回顾小组契约的内容，并针对个别组员的情况增加小组契约的内容。工作技巧：引导。目标是引导组员回顾小组契约。事后反思：有的组员可能一时想不起来上节活动的内容，工作员要积极引导，适时提醒
3.引入主题，澄清本次活动的目标	现场情况：工作员说出本次活动的主题，澄清本次活动的目标；组员认真倾听，场面较好。工作技巧：澄清。目标是让组员明确活动目标。事后反思：此环节主要由工作员引入活动主题，澄清活动目标，因此工作员说的话要让组员清楚明白

① 本部分内容节选自第三组的总结报告。

环节	现场情况和工作员反思、感受
4.通过抢答形式,列出大家心目中好与不好的学习习惯	现场情况:组员参加活动的热情比较高,但个别组员一开始对分组有意见,情绪出现短暂失落,不过后来组员都能够积极参与,积极抢答。工作技巧:引导,澄清。目标是引导组员参与活动,澄清活动规则。事后反思:照顾好个别组员的失落情绪,鼓励组员积极参与活动,但有个别组员发言不积极,没有做到充分参与
5.讨论上次作业的优缺点	现场情况:组员积极填写对其他组员的评价,有的组员对不熟悉的组员写不出来优缺点,也有几个组员一起讲述另一名组员的优缺点,还有个别组员不愿意在其他组员面前读出自己的优缺点。工作技巧:引导,鼓励。目标是引导组员互评,鼓励组员积极填写。事后反思:尊重个别组员的个人意愿,照顾好个别组员的情绪;把握好活动场面,维持好活动秩序
6.布置任务:自己和家长分别列出目前学习习惯的成因,并对比差异,寻求原因;制订新的学习计划	现场情况:工作员给组员布置任务,并简要介绍下次活动,告知组员下次活动需要家长参与。工作技巧:澄清。目标是澄清给组员布置的任务。事后反思:工作员告知组员下次活动需要家长参与时,组员出现惊讶和不同意的表情,担心家长参与可能会压制自己的个性
7.填写评估表	工作员发放评估表,组员现场填写

三、本节总体分析

(一)目标达成情况

目标	计划实行时是否有偏差	达到程度及组员表现
目标1:加深组员间的信任,增强彼此的认识与了解	偏差较小	达到程度95%左右。活动正式开始后,组员表现出了很高的积极性,而且能明显感受到,随着游戏的开展,组员的投入度与专注度不断提高
目标2:强调小组契约,并在活动中进行完善,强化组员对小组契约的遵守意识	稍有偏差	达到程度90%左右。绝大部分组员都积极遵守契约,并在其他组员违背时进行提醒,但也出现了个别组员反复打破小组契约的行为

实务篇

149

目标	计划实行时是否有偏差	达到程度及组员表现
目标3：引导组员自评、互评，分享感受，并总结自己在学习习惯上的优缺点	稍有偏差	达到程度90%左右。组员参与活动积极主动，书写对他人的评价时非常顺利。在进行优缺点分享时，大部分组员也都对他人的评价表示可以接受，愿意改进，但也有组员出于对评价内容的不满拒绝分享，还对其中的部分内容进行了反驳

（二）活动效果

（1）在"破冰"游戏中，大部分组员都很活跃，但个别组员过于拘谨。

（2）在进行"学习习惯大轰炸"环节时，组员的参与热情比较高。个别组员在一开始对分组有些不满，想要调换座位，工作员制止后，组员的情绪出现短暂的失落。但在后来的抢答环节中，组员都能够积极参与，并且对奖品环节的设置给予了正面评价。

（3）优缺点的自评互评环节进行得不是很顺利。在分享环节，有组员表现出明显的从众倾向，或不愿分享他评内容，但在工作员的引导及个别组员愿意分享的表态下，同意了分享。工作员发现组员在这一环节注意力都相当集中，对于重合度较高的评价，还现场进行了询问。个别组员虽然言语中表示对他人评价的不同意，但工作员通过观察发现，这些正面或负面的评价还是给组员带来了反思。

（三）社工角色的发挥

在小组活动中，工作员对于个性较强组员的把控还是偏弱，总结的能力也有待提升；对于个别组员的游离状态，没能做到及时关注。要注意维持好活动秩序。工作员之间的合作比较默契，分工详细，职责明确。

四、本节需要跟进事项

（1）对于极个别表现欲过强的组员，需要多加关注，及时引导；

（2）工作员应注意让组员熟知并遵守小组规则，避免出现随意调换座位等类似问题；

（3）要督促组员完成活动布置的作业，在下一次活动开展前，联系组员的父母，以确保下一次亲子在场的小组活动能够顺利开展。

五、工作员感悟

工作员与组员磨合过程中，显得比较生疏。工作员之间合作比较默契，筹备得也比较完善，没有出现过于冷场的情况。工作员之间分工合作，职责明确，各自完成了各自的任务。组员总体表现良好，能够积极参与活动过程，主动配合工作员工作。活动结束后，组员纷纷表示喜欢工作员的带领方式，对工作员提出的优化学习秘诀充满信心，同时也大大增强了提升学习能力的自信。然而在让组员主动分享的环节，大家显得较为安静腼腆，发言缺乏主动性，整个活动过程显得有些被动。

（撰稿人：李娟　孙政）

【教师点评】
本节小组活动内容丰富，包括开展"破冰"游戏，回顾第一节活动制定的小组契约，设计下次小组活动的重点，即"家庭作业大轰炸"和学习习惯存在的问题及原因分析。小组工作员能够引导组员在小组活动中相互帮助与扶持，并真诚评价其他组员的情况，有助于组员更好地认清其在学习习惯方面存在的问题。工作员分工明确，角色发挥良好，但是在开展活动过程中，应注意关注所有组员的情况，尽量避免忽略沉默的组员，要善于并及时处理部分组员出现的不良情绪。

实务篇

151

第三节　家校联动，携手共进①

一、基本信息

活动主题：家校联动，携手共进。

预设目标：修改和完善学习计划，改善亲子关系；布置新任务，实施新计划。

活动时间：2016 年 10 月 14 日 16：30—17：30。

出席人数：14 人。

活动地点：澹港中学八年级（3）班教室。

二、活动过程

环节	现场情况和工作员反思、感受
1.介绍新成员（父母），并回顾上节活动内容及小组契约	对父母新成员的到来表示欢迎，共同回顾上次的小组活动内容及活动后布置的任务，询问组员的完成情况并强调小组契约。反思：在介绍父母时未让父母自我介绍。感受：组员父母的到来，让原本活跃的小组气氛变得谨慎起来
2.引入主题，并澄清本次活动目标	活动目标即组员和父母共同制订组员的学习习惯改进计划（根据上次活动结束后的任务进行改进）。感受：组员们制订的计划非循序渐进型，很难实现，需要细分
3.暖场亲子游戏"筷子上的乒乓球"	让组员和其父母共同完成筷子夹乒乓球的接力游戏，小组气氛迅速活跃起来，加强了亲子间的协作沟通能力。每组家庭都获得了奖品，优胜家庭获得了特殊奖品。反思：未考虑到优胜家庭的数量，只准备了一份特殊奖品。感受：现场气氛瞬间活跃起来，父母和孩子之间的紧张感消失了

152

---

① 本部分内容节选自第二组的总结报告。

环节	现场情况和工作员反思、感受
4.引导亲子间的相互评价,促进亲子沟通	首先让组员表述自己的学习状况和学习习惯的优缺点,加入父母的讨论和评价;其次让父母说出是如何看待孩子学习习惯的优缺点的,让组员表述听到父母评价时的感受;最后父母需要在纸上列出自己孩子的几个优缺点。反思:未能引导父母说出组员在学习习惯上的优点。感受:一部分父母和孩子之间交流较少,讨论时没有话说
5.分析学习习惯成因,并制订学习计划,要求家长督促计划的执行	让学生各自分析自己学习习惯的成因,了解自己学习习惯形成的因素;让学生和父母共同制订学习计划,工作员提前明晰什么是学习计划及其包含的内容(目标、每日学习安排等)。同时,工作员要鼓励家长督促孩子执行学习计划。反思:组员制订的改进学习习惯的计划比较笼统、不细化,工作员未能及时引导并指出错误。感受:组员分析影响因素时十分犹豫,父母也没有表达看法,大多在指责孩子的缺点
6.鼓励组员表达心声	让学生把自己想要对父母说的话写在纸上,折起来交给家长,家长现场查看并发表自己的想法。反思:工作员未能及时处理现场突发事件,导致现场气氛失控。感受:组员写出了自己对父母的真心,部分组员的家长看到孩子的心声后十分伤心。亲子之间的不良沟通,导致了双方的关系比较僵化,衍生出许多误解。当家长了解了孩子的心声后,反思自己的种种行为,觉得很无奈也很心痛。工作员希望亲子双方能加强沟通,加强对彼此的了解
7.工作员澄清学生需求	引导组员分享自己曾有的好的坏的学习习惯和改进成功的经验,家长分享孩子的学习习惯和改进经验。工作员告知家长要多鼓励孩子、相信孩子、督促孩子,与孩子多沟通,及时了解孩子的想法。反思:在小组成员不全的情况下应及时停止这一步骤,及时调整现场气氛。感受:父母在孩子学习习惯方面关注度不高,不知道孩子的学习习惯
8.活动总结,表达感受	让组员和家长分享参与本次活动的感受,鼓励家长对活动提出建议。感受:本次活动虽然有不足之处,但可以看出家长们都很满意,希望以后多开展,了解孩子的内心想法。工作员告知家长要每周督促孩子完成学习习惯改进计划。给组员发放小本子,组员要写出自己每周学习计划的完成情况、完成学习计划的感受及没有完成学习计划的原因
9.布置任务,组员和父母填写评估表	工作员发放评估表,以了解组员参与此次活动后的感受,介绍下一次活动内容。感受:父母的评价很真诚,认为参加活动加深了亲子之间的了解,但在学习习惯方面的了解还需加深

三、本节总体分析

(一)目标达成情况

目标	计划实行时是否有偏差	达到程度及组员表现
目标1:认识目前学习习惯上存在的问题	没有偏差	达到程度95%,达成率较高。组员能够充分认识到自己学习习惯上的问题
目标2:制订学习习惯改进计划	稍有偏差	达到程度80%。组员在社工指导下与家长一起制定学习计划,对于有争议的部分进行讨论修改,但部分组员与父母意见不同,有待改进
目标3:养成良好的学习习惯,促进学习进步	稍有偏差	达到程度80%。组员在制定计划过程中认识到养成良好习惯的重要性

(二)活动效果

(1)亲子游戏中,由于游戏规则及工作员分工未及时向组员澄清导致游戏进行中略微有些混乱。而且游戏过后,工作员引导组员进行总结不够深入,导致游戏的作用没有完全发挥出来。

(2)小组契约是由小组成员在第一次活动中统一制定的。在本次活动中,当组员及其家长有违规行为时,工作员虽有及时制止,但应在本次活动开始前,由家长及组员共同阅读小组契约。

(3)本次活动开展过程中,工作员座位安排不当,导致只有主讲工作员在整个活动中发挥作用。工作员个人也比较紧张,在开展活动中每项活动过度较为僵硬,每小节活动总结不深入,而且每次与组员进行互动时仅是单调按照顺序来抽取组员回答问题,小组气氛不活跃。

(4)本次小组活动参加者都比较配合,但整体氛围没到理想状态,组员都是按照工作员的引导回答问题,没有激发问题之外的表现和感情。部分家长可能觉得活动进程过慢且不习惯这种活动,表现较为不耐烦且有玩手机现象。

（三）社工角色的发挥

（1）合作：4位工作员各司其职，合作默契；

（2）筹备：各位工作员根据自身工作进行活动筹备，完成情况良好；

（3）分工：周同学为主要负责人和主持人；何同学为道具采购者和活动内容记录者；两位王同学共同布置会场，记录会谈内容。

（四）参加者回应及意见

99%的父母都认同这次活动举办得十分有意义，增进了父母与孩子之间的交流；70%的父母主张要增加开展类似活动的次数。家长A认为，这次活动让她感受很多，以后要改正自己的坏习惯，多陪伴自己的孩子。家长B认为，自己要改正一些做法，给孩子营造良好的学习习惯，并希望今后可以多参加小组活动。家长C认为，这次活动使家长了解了孩子的真实想法。家长D认为，本次活动让家长了解了自己的孩子和自己的不足，希望以后能增加和孩子之间的沟通。家长E认为，本次活动让家长知道了孩子的学习习惯，有利于以后帮助其改正。家长F认为，以后一定要多和孩子沟通，及时了解孩子的想法。

四、本节需要跟进事项

（1）个别组员跟进：男性组员需要在认识自己方面加深了解，也应该多引导他们在小组里发言；

（2）作业跟进：改进学习习惯计划表；

（3）其他交代：活动结束后，参加活动的家长和孩子需进行更深入更隐私的沟通。

五、工作员感悟

对于这次活动，工作员准备得不是特别充分，应对突发状况处理不

实务篇

155

够及时，导致结果不是特别有效，好在及时把情绪崩溃的组员带离了现场，避免了其他组员的情绪更激动。交流过程中，有个组员话比较少，发言的时候声音很低，而且和旁边的母亲交流特别少，这在以后的活动中要注意这一点。希望能够调动他的积极性，增强他的参与感。关于父母和孩子，每对父母与孩子都有自己的表达方式，在活动中，他们互相敞开心扉，用最真诚朴素的话向对方表达情感。很多父母意识到，在孩子学习过程中自己的行为所起到的影响作用。在活动结束的时候，他们都表示要改正以前不好的习惯，共同促进孩子学习的进步和成长。

（撰稿人：周明鹏　何旻）

【教师点评】

　　本节小组活动是由工作员特别设计，由亲子共同参加的活动。从小组活动开始之初的亲子游戏，到逐渐引导亲子评价、父母参与孩子学习计划的制订与巩固，再到最后引导父母加深对孩子的了解，小组活动流程设计符合家校互动主题，且能够为亲子之间带来沟通的机会，也为中学生学习习惯的改善提供一定的助力。在工作员的引导下，家长认识到自身的问题，及时调整自己对孩子的教育方式，为孩子改变学习习惯提供帮助。工作员设计活动新颖，但需要考虑个别组员的特殊情况，并做好处理。工作员还应通过此次活动认真总结，思考活动过程中出现的问题，如整场活动出现多次由于考虑不周、准备不充分而带来的问题，工作员应反思在下一次活动中如何避免。

第四节　点滴进步，增强信心[①]

一、基本信息

活动主题：点滴进步，增强信心。

预设目标：了解组员学习计划实施中存在的问题，进一步完善学习计划；引导组员分享收获，互相鼓励。

活动时间：2016年10月28日16：30—18：00。

出席人数：7人。

活动地点：澝港中学活动室。

二、活动过程

环节	现场情况和工作员反思、感受
1.回顾契约，引入主题	工作员引导组员回顾上节活动内容，并询问上次任务完成情况(新计划的制订情况，与父母谈心后的结果和想法，对父母的表现填写满意度评价表)。强调小组契约，在组员分享过程中认真倾听，尊重每一位组员。澄清目标，了解组员在改进学习习惯计划书中存在的问题并改正，跟组员澄清此次活动的终极目标就是帮助组员制定以及完善学习习惯计划书，增加小组成员的自信心。工作技巧：运用一些过渡性的话语，缓解气氛，用同理心理解组员没有制订计划的原因，并且督促组员尽快完成。现场情况分析与反思：几个组员没有完成制订计划的任务，造成后期讨论的时候缺乏一定积极性
2.暖场活动，活跃氛围	工作员事先准备好游戏场地，并做好安全检查，小组成员根据工作员事先准备好的便利贴，猜贴在头上的纸条内容。工作技巧：相互信任，帮助组员与工作员建立融洽关系，活跃氛围。现场情况分析与反思：场面控制不到位，当时有点混乱

实务篇

---

① 本部分内容节选自第三组的总结报告。

157

环节	现场情况和工作员反思、感受
3.掌握进度,制定对策	组员阐述自己学习习惯计划的实行情况,并说出实行中的收获和艰难之处。工作员和其他组员帮助阐述者解决实行中的问题,对其收获之处进行鼓励。组员叙述新的学习计划,并指出与第一次制订的计划的不同之处,说明原因(未制订计划的人要阐释原因,其他人帮助其制订。学习计划不合格的,其他人要帮忙改进)。工作员引导组员分享自己制订新计划的想法。工作技巧:总结,自我流露,积极倾听组员关于学习习惯制定的进度。现场情况分析与反思:部分组员没有制定计划,而且表现出来的积极性也不太高;部分组员制订了计划,但对计划的格式还不是特别清楚,目标也不是很明确
4.分享趣事,明晰现状	分发若干A4纸和彩笔,让组员在纸上随意写下自己的优缺点,畅想按照计划完成后自己的样子并当众宣读,其他组员鼓掌以资鼓励。为组员分发特殊的卡片,让其在卡片背面写出在制订计划时让自己难忘的事,然后每个人分享自己写的内容并加以解释。工作技巧:主动分享,调动组员积极性,让组员明白现在制订的学习计划不够完善的地方。现场情况分析与反思:组员对于制订计划目标不是特别明确,与家长沟通积极性不高
5.评估进度,增强信心	工作员发放评估表,了解他们参与此次活动的感受,并介绍下次开展活动的工作员和活动内容。工作员与组员和卡片进行合影留念。现场情况分析与反思:组员对于活动总体比较满意,对于制订的学习习惯计划相当有信心

三、本节小组总体分析

(一)目标达成情况

目标	计划实行时是否有偏差	达到程度及组员表现
目标1:了解组员在改进学习习惯计划书中存在的问题并改正	没有偏差	达到程度95%,几乎没有偏差。社工了解组员学习计划实施情况,组员基本按计划执行,能够在社工指导下发现问题并改正
目标2:完善学习习惯计划书	稍有偏差	达到程度80%。在经过第二轮修改后,组员能够清楚一个好的学习计划书的要素,并在执行中进行充实,其中2个组员尚需进一步完善新计划书

目标	计划实行时是否有偏差	达到程度及组员表现
目标3:增加小组成员自信心	稍有偏差	达到程度80%。组员通过分享自己计划完成后的样子来增加信心,大部分组员的积极性得到提高

(二)活动效果

(1) 在"破冰"游戏中,组员都能积极参与到游戏中来,努力完成游戏。尽管游戏对他们而言有些困难,但他们仍然不放弃,游戏过程中也没有表现出任何的负面情绪,都很积极配合。组员们普遍都很喜欢这个游戏,认为既有趣又可以学到很多知识,都希望以后多多开展这种类型的游戏。

(2) 在内容上和形式上,工作员引导大家先共同回顾上次活动内容,进行暖场小游戏,分享制订计划过程中遇到的问题,然后共同讨论该怎样解决问题,一起制订新的学习计划并相互分享,共同学习,共同改进,取长补短。

(3) 在参与者表现上,组员们普遍都能够积极主动地参与到活动中来。大部分组员很配合活动的开展,但也有部分组员在有些环节参与度不高,不愿意分享她们制订的新的学习计划。同时,组员普遍存在的不足是,组员似乎都不愿意完成小组活动过程中所布置的作业。

(三)社工角色的发挥

工作员合作默契,筹备时很积极,分工明确。本次由何同学做主讲人,汪同学帮助主讲人维持小组秩序并补充问题,王同学拍照记录小组精彩瞬间,周同学负责会谈记录。

(四)参加者回应及意见

80%的参加者对本次活动很满意,20%的参加者没有填写或表达意见。

实务篇

159

四、本节需要跟进事项

解决组员不愿完成小组作业的问题，积极沟通引导；布置课后作业，即根据具体目标，按步骤制定学习习惯计划书。

五、工作员感悟

时间过得很快，第四次活动已经结束。在本次活动中，工作员和组员都收获很多，但活动中存在的一些不足，值得工作员反思和改进。

第四次活动总体开展的较为顺利，工作员和组员沟通融洽，有了进一步的熟悉。在小组活动中，工作员需要具备处理突发情况的能力和组员沟通的技巧，否则会因为工作员沟通不畅而影响活动的顺利进展。在本次的活动中，还存在一些其他情况，如组内容易形成次小组，组员在私下交流。针对组内形成次小组的情况，工作员需要稍加提醒，在提醒无效的情况下，可以采取其他方式。对于组员在其他组员发言时私下交流，这与组员忽视组内契约和工作员的权威有一定的关系。所以，工作员也需要树立一定的权威。

（撰稿人：徐婧婧　　汪莹）

【教师点评】

本节活动进入到整个小组活动相对稳固的阶段，工作员主要目标在于引导组员分析学习计划书的不足，制定完善的学习计划书。此阶段还有一个非常重要的任务，就是坚定组员的信心，让组员体会长久地坚持带来的点滴进步。工作员此时需要注意的是，个别组员可能会出现逃避、倒退的现象，导致计划无法继续进行。因此，工作员将鼓励、坚定信念作为此阶段的重点工作，非常值得肯定。工作员还应该及时关注小组中的次小组情况，保证小组活动能够健康、有序地进行。

第五节　滴水穿石，坚持不懈①

一、基本信息

活动主题：滴水穿石，坚持不懈。

预设目标：分享组员坚持的故事，分享坚持的意义；引导组员总结未能坚持的原因，提出改进方法。

活动时间：2016年11月11日16：00—17：00。

出席人数：7人。

活动地点：澛港中学八年级（1）班教室。

二、活动过程

环节	现场情况和工作员反思、感受
1.引入主题，工作员澄清本次活动的目标	组员分享自己坚持学习计划的故事，分享坚持的意义，发挥榜样作用，激励其他组员继续坚持；组员表达未能坚持的原因（工作员注重引导组员对自己未能坚持的原因进行分类，可从自己、父母、同伴等方面来展开，强调同伴之间的交流），工作员引导组员一起总结原因并提出改进方法。工作技巧：倾听，认真，用心倾听组员的故事；适当帮助梳理，帮助组员梳理自己未能坚持的原因。反思：刚开始气氛有些尴尬，组员不愿意分享。工作员要善于引导组员分享自己的故事并在最后给予鼓励，鼓励组员学会交流
2.暖场活动，活跃小组氛围	"谁是卧底"游戏规则：在场7个人中6个人拿到相同的一个词语，剩下的一个拿到与之相关的另个词语。每人每轮只能说一句话描述自己拿到的词语（不能直接说出那个词语），既不能让卧底发现，也要给其他人以暗示。每轮描述完毕，7个人投票选出怀疑是卧底的那个人，得票数最多的人出局，两个人一样多的话，待定（就是保留）。若有卧底撑到剩下最后三个人，则卧底获胜；反之，其他人获胜。游戏结束后，工作员给每位组员一支笔作为奖励，然后引导组员分享感受。反思：游戏时间控制得不太好，组员沉浸在游戏里，不愿意开展其他活动

① 本部分内容节选自第二组的总结报告。

环节	现场情况和工作员反思、感受
3.分享坚持学习计划的故事和意义,激励继续坚持	工作员先了解组员有没有坚持制定的学习计划,并给组员2分钟时间回想坚持的具体过程(没有坚持学习计划的组员可以回想学习生活中其他坚持的故事),可以写在纸上,然后工作员引导组员分享坚持的过程和意义,最后工作员进行总结。引导组员谈论家长在自己坚持学习计划的过程中所给予的关心与帮助,对家长督促孩子完成计划的行为给予鼓励。工作技巧:积极回应,在组员分享时积极回应组员的坚持故事并给予正面积极的回应。反思:在谈论与父母沟通时,出现了情绪过于激动的情况,工作员应适时引导
4.分享未坚持学习计划的原因,进一步改进方法,坚持学习计划	工作员将上次带作业和没带作业的百分比反馈给组员,引导组员对自己的学习习惯做出反思,请没有坚持学习习惯的组员分享未坚持的原因,在组员分享完毕后,对组员的分享作出总结。工作员和组员一起提出改进方法(如怎么坚持已经制定的学习计划,如何坚持一个好的学习习惯等),并写在学习计划表上。反思:对组员说明在上周工作员访问了他们的任课老师,老师们对组员的学习计划提出了改进意见,改进的结果将在下次邀请老师参与小组活动时反馈给大家
5.填写评估表,分享本次活动的感受,介绍下一次活动的内容	工作员给每一位组员一份评估表,组员分享本次活动的感受以及介绍下一次开展活动的工作员和活动内容。工作技巧:填写表格采用不记名的形式,帮助组员回顾小组活动过程,引导组员真实表达自己的感受。反思:有些组员对这次活动评价较低,工作员要认真反思,对一些组员要开展跟进工作

三、本节总体分析

(一)目标达成情况

目标	计划实行时是否有偏差	达到程度及组员表现
目标1:帮助学生找落实计划过程中的问题	稍有偏差	达到程度80%。存在一名组员不愿意分享计划落实过程中遇到的问题,在工作员的引导下也只是简单应付
目标2:帮助组员归结解决问题的方法进而引入坚持的意义	基本没有	达到程度90%。组员积极参与探讨,共同寻找解决问题的办法,对坚持的意义一致认同
目标3:帮助组员认识坚持计划、落实计划的重要意义	没有偏差	达到程度95%。所有组员都很积极地参与分享自己学习生活中坚持做到的事情,并相互鼓励支持,现场气氛十分热烈

（二）活动效果

（1）在内容上和形式上，工作员引导大家共同回顾活动内容、开展暖场小游戏、分享制订计划过程中遇到的问题，然后共同讨论该怎样解决问题、一起制订新的学习计划并相互分享，共同学习、共同改进，相互取长补短。

（2）在参与者表现上，组员们普遍都能够积极主动参与到活动中来。大部分组员很配合活动的开展，但也有部分组员在有些环节参与度不高，不太愿意分享她们落实学习计划中存在的问题。

（3）在工作员的表现方面，工作员基本能够按照活动计划对整个活动进行把控，但时间把握不太准，部分环节花时太多，使得活动结束的时间比计划稍晚了一点。其他工作员能各司其职，分工配合顺利完成活动。

（三）社工角色的发挥

工作员发挥领导者角色，在活动开始前与平时活动中比较沉默的组员进行交流沟通，询问他们沉默的原因，并询问他们对活动的看法、有怎样的期待。理想中的小组活动是怎样的，然后鼓励他们在小组中积极发言，勇敢表现自我。在活动过程中，工作员能够及时协调组员之间的关系，没有出现过于冷场的情况。其他辅助工作员能够配合工作员完成活动内容，相互之间分工合作，职责明确，各自完成了所分配的任务。

（四）参加者回应及意见

参与者总体表现良好，能够积极参与活动过程，对工作员的引导也能够主动配合。活动结束后，组员普遍要求以后多开展一些像这次活动中的游戏，游戏十分有趣而且易提高团队合作意识。

四、本节需要跟进事项

（1）工作员通过QQ、微信等方式提醒组员对于新制订的学习计划

实务篇

163

要及时实行，要积极落实自己制定的学习习惯，加强与父母的沟通，让父母随时了解自己的学习动态。

（2）工作员与班主任联系，了解组员在学习习惯方面的改进；

（3）工作员与家长联系，向家长介绍此次活动的大致情况，了解组员在家中的学习习惯的改进，并提醒家长督促组员。

五、工作员感悟

整体上看，本次活动组内氛围不够活跃，组员不够积极，工作员在很多方面做得也不够好，存在一些失误。一是，自身组织能力的不足导致各环节进行得断断续续，不够流畅。一方面跟自己的性格有关，另一方面组员们经常保持沉默，所以工作员也不想强迫他们去发表自己的看法。二是，组内人员较多，发言时场面显得比较混乱。工作员没办法顾及每一位组员的感受，可能会造成对某些沉默型组员的忽视。在这次活动过程中，工作员遇见了以前从来没有遇见的情况，一时显得比较无措。在谈论父母是否参与到自己的学习计划中时，突然有组员谈论起自己的家庭情况，且谈到一些自己的委屈便哭了起来。由于这个组员平时在小组活动中是比较活跃，性格比较外向，所以工作员都没有想到发生这种情况。活动中工作员及时给予安慰，尽力安抚他的情绪，并计划小组结束后尝试跟进。

在整个活动过程中，可能会遇到突发情况导致计划不能正常进行，所以工作员应当灵活应变。工作员特别希望开展的活动对组员是有效果的，哪怕是一点点，希望能和组员们一起砥砺前行，共同成长。

（撰稿人：石英）

【教师点评】

小组活动即将进入尾声，工作员应该总结小组成员的表现，分析总体成效情况，核查是否有组员出现懈怠。本节小组活动，工作员将重点放在继续巩固计划与让组员体会坚持的意义上，对组员产生了良好的效果。但是仍然有部分组员在有些环节参与度不高，不

学校社会工作实务探索 第一辑

社工伴学

太愿意分享他们落实学习计划中存在的问题。此时，工作员应该及时跟进，了解情况，妥善处理。本节小组活动，工作员各司其职，活动流程安排合理。但对小组过程中出现的突发情况未能够及时应对，主要原因在于工作员缺乏实践经验，在此次活动结束后应认真总结反思并向督导老师请教，为下一次活动做好准备。

实务篇

第六节　集思广益，共同进步①

一、基本信息

活动主题：集思广益，共同进步。

预设目标：分析组员参与活动后的收获和变化，引导组员正确处理离别情绪，鼓励组员将学习计划继续实施。

活动时间：2016年11月25日16：00—17：00。

出席人数：7人。

活动地点：澄港中学八年级（1）班教室。

二、活动过程

环节	现场情况和工作员反思、感受
1.暖场活动，活跃小组氛围	组员自创名字和动作，可用动物名、地名、花名等。游戏开始时，如："苹果吹，苹果吹，苹果吹完梨子吹。""梨子"立刻便要作出回应，直至有一人接不上，或讲错，游戏结束。反思与建议：游戏时间控制得不太好，组员沉浸在游戏里，不愿意开展其他活动，工作员应适时引导
2.转达老师的意见	将组员从热烈的游戏氛围中带出，转达老师对学习习惯和学习态度的想法，以及对每位同学计划书的建议。工作技巧：引导组员认真倾听，积极回应。反思与建议：在转达老师对每位同学计划书的建议时，出现了对老师的异议，工作员应适时引导
3.引导组员分享对老师所提出建议的看法，引导组员探讨对老师教学的感受	引导组员分享感受，了解组员的看法；引导组员分享老师在帮助自己的过程中需要改进的地方，以及老师在组员学习过程中带给自己的帮助。工作技巧：认真倾听，积极回应，表达同感。反思与建议：组员在分享时出现了对老师的异议，工作员应适时引导

166

---

① 本部分内容节选自第一组的总结报告。

学校社会工作实务探索　第一辑

社工伴学

环节	现场情况和工作员反思、感受
4.帮助组员继续完善学习体系优化计划书	在老师意见和组员自身想法的基础上,根据每位组员的不同情况,帮助其继续完善学习体系优化计划书
5.处理组员的离别情绪,巩固小组活动成果,填写评估表	要求组员简单说出这次活动的感受,了解组员对整个活动的看法和意见,鼓励组员表达小组离别情绪,工作员妥善处理。工作员给每一位组员发放评估表,评估活动成效。工作技巧:填写表格采用不记名的形式,帮助组员回顾这次小组活动过程,引导组员真实表达自己的感受。反思与建议:工作员应及时巩固成果并做好跟进工作

三、本节总体分析

(一)目标达成情况

目标	计划实行时是否有偏差	达到程度及组员表现
目标1:帮助组员加深对自己学习习惯优缺点的认识	基本没有	达到程度95%。组员认真听取了由工作员传达的四名任课老师的意见,基本上表示认可与理解
目标2:引导组员探讨对任课老师指导意见的看法	没有	达到程度100%。组员积极参与探讨,对任课老师给出的学习计划改进意见表示认可,明白了自己还有很大的进步空间。组员在改正不足的同时增强了自信精神
目标3:帮助组员继续完善自己的学习计划书,并做出切实有效的改进	基本没有	达到程度95%。所有组员都很积极地参与改进自己的学习计划书,并将计划书带回家由家长给出一些意见,争取更好地完善自己的计划。活动中,大家相互鼓励支持,现场气氛十分热烈

(二)活动效果

(1)游戏氛围较好。在游戏中组员互相帮助,锻炼组员反应能力及团队协作能力;

(2)制定规范完成较好。活动开始前,小组成员共同朗读小组契

167

实务篇

约，巩固了契约的规范化；

（3）活动内容完成较好。本次活动达到了计划书中制定的目标，与上次活动衔接妥当；

（4）参加者表现较好。组员注意力基本集中，参与活动积极性高；

（5）工作员表现良好。工作员专业技术稍显生疏，控场能力还需要锻炼，但亲和力较好，长于沟通。

（三）社工角色的发挥

社工角色分工较好。在本次小组活动中，工作员分工明确，配合默契，每一个人都能较好地完成自己分内的工作，并协助他人。

（四）参加者回应及意见

通过团体满意度自我评估表可以看出：
（1）小组成员在本次活动中可以自由地表达自己的想法；
（2）小组成员都很喜欢本次小组活动；
（3）小组活动使组员更加了解自己，对自己更有自信；
（4）小组成员对本次活动评价较好，评分较高。

四、本节需要跟进事项

工作员在小组活动结束后，也需要对组员的表现进行及时的跟进，计划采取学校走访和家访的形式，每月开展10次，持续3个月。

五、工作员感悟

最后一次活动的主题是"集思广益，共同进步"，工作员希望通过任课老师对组员制定的学习习惯改善计划书的反馈，帮助组员了解自身学习习惯的优缺点；也通过活动了解学生对老师意见的看法，促进师生之间的交流并帮助组员继续完善学习习惯改善计划书。这次活动经过前期的精心策划与准备，进行得十分顺利，圆满完成了预定的目标。社工之路与爱同行，让我们携手共进，用更多的爱去感动身边的人，共同营造一个充满爱的和谐社会。这学期学校社工队伍已经先后六次赴澹港中学开展了小组活动，虽然过程中难免困难重重，但总的来说还算顺利。通过这几次的小组活动，工作员对学校社工活动的组织有了更为深刻的感悟。

（撰稿人：徐婧婧）

【教师点评】

六节小组活动完成，从中学生初次相见的"破冰"游戏到最终组员们的坚持与努力，工作员付出了很多努力，组员们也有了明显改变。整体看来，小组活动设计合理且效果较好，在小组活动执行过程中充分考虑服务对象的特点且及时沟通，将家庭、学校、学生、社工多方联动起来，做到真正地为学生服务。工作员能够从整体上把握小组工作开展的流程，及时做好过程、总结记录，及时将材料归档，还能做好反思工作，及时改正。但是仍然存在着一些不足之处，如对于小组活动中的突发情况、对个别组员的沉默或不配合，工作员由于缺乏经验，未能及时妥善处理，应该引起重视。在最后一次小组活动中，工作员还需要处理组员的离别情绪以及做好相应的跟进服务。

"社工小信箱"活动概况

一、活动背景

"社工小信箱"活动于2017年11月中旬正式启动。该活动是"社工伴学"活动的一部分，与学习方法优化小组活动相互结合，陪伴中学生的初中生活。活动由王杰老师督导，安徽师范大学历史与社会学院社会工作专业2015级部分学生作工作员，活动面向澛港中学902班全体同学。从2017年11月中旬到12月底，小信箱活动共开展了六周时间，收到了24封信件。来信类型可分为学习咨询型、考试焦虑型、考试反馈型、人际交往问题型、思考人生型、学习方法优化小组反馈型。来信规律可概况为：如果临近考试，组员来信多有学习咨询型、考试焦虑型；考试结束后，组员来信多有考试反馈型；平常多有人际交往型与思考人生型。活动开展前，督导对工作员进行团体督导，统一要求回复信件的原则、方式、行文格式等。

活动开展期间，活动对象基于对工作员们的信任，非常乐意写信表达自己的困惑及其他困难。每周来信数量不定，小信箱作用得到了充分发挥，真正为服务对象答疑解惑、解决困难。总体上，"社工小信箱"的开展促进了工作员与活动对象的深入交流，回应了组员的个别化的需求，同时为学习方法优化小组提供了真实可靠的活动资料，达到了预期的目的。

二、服务缘起

随着"社工伴学"活动的持续开展，工作员发现，小组活动中存在需求评估不足与需求评估僵化的问题，这使得服务效果不佳。在中期交流会上，工作员就该问题展开讨论，思考为何会产生这样的问题以及如何解决该问题。大家意识到，两周开展一次活动的时间间隔太长，小组成员与工作员沟通时间有限，这使得工作员们对组员的了解有限、组员对工作员不够信任，进而无法推心置腹地交流。工作员投入时间有限，对组员不够了解，在活动过程中无法根据组员情况做出及时合适的调整。组员对工作员不够信任又导致他们对正式的需求评估有些应付，所做的需求评估可能并没有有效地反映真实需求。在团体督导会上，有工作员提出，处于青春期的中学生心思细腻敏感，在现实生活中难以有效地表达自己，此阶段的学生需要被倾听、理解并获得鼓励和有效支持。为了帮助同学们勇敢表达自己、缓解压力，同时也为了改善学习方法优化小组活动需求评估中存在的问题，可以考虑增加"社工小信箱"活动，回应组员个性化的需求。这个想法得到督导的认可，"社工小信箱"活动应运而生。

三、服务方案设计

（一）活动目标

（1）帮助组员更好地提出对于"社工伴学"活动的意见和建议，根据实际情况结合组员需求开展成果有效的活动。

（2）弥补小组活动周期长、时间短的缺陷，工作员和组员实现深入交流，让参与"社工伴学"小组的成员消除困惑，调整状态，积极地为中考做好准备。

（3）巩固小组活动效果，挖掘在开展小组活动时组员没有被发现的潜能，帮助组员更好地表达和被倾听。

（4）缓解同学们的精神压力，鼓励他们勇敢表达自己。

（二）活动理念

关注中学生心理，携手共度青春期。

（三）活动安排

1.准备阶段

（1）物资准备。第一，购买信箱。工作员通过网络，精心挑选了一个规格为22×12×29cm的信箱。第二，启动仪式物资准备。桌椅若干、PPT、便利贴若干、纸笔若干、开水、一次性纸杯、茶叶。第三，购买信封、信纸。

（2）信件投取办法。周一到周五放学前，组员将信件投递进信箱（可匿名也可实名）。周五下午四点以后，社工老师打开信箱，收取信件带回。周六周日，各组社工老师分别阅读各组信件并且撰写回信。周日下午社工老师将回信放回信箱。下周一早上由某位代表同学取出回信。

2.宣传阶段

（1）线上宣传。工作员通过周平老师和王杰老师的审核和批准后，一方面通过QQ、微信家长群，向家长介绍本次活动的目的和内容，唤起家长对活动的关注，并收集家长对活动的意见或建议；另一方面通过宣传，让全校师生了解本次试点活动，为以后在全校开展活动奠定基础。同时，对每位活动对象的家长进行电话或短信宣传，尽力让每位家长都了解此次活动的内容和意义。

（2）线下宣传。工作员做好活动宣传海报并在校园公示栏张贴；与902班班主任沟通后，在班级的家长会上进行活动宣传（可以发放宣传单）；社工还可以在开展伴学活动时向组员介绍活动详情。

3.班级启动仪式

（1）参加人员：渔港中学周平老师、王杰老师、工作员代表、全班同学。

（2）周平老师宣读写信、回信要求。第一，来信内容可以是生活中的烦恼和问题，可以涉及学习、家庭等方面的问题，也可以是对"社工伴学"活动的想法和意见。第二，叙事清楚，书写清晰，言之有据，最好能注明班级及个人姓名（不愿署名者，我们也予以尊重），匿名信件需在信件上注明标记，方便收取回信。第三，来信可用"社工，你好"开头，不用具体写给某位社工老师。第四，回信应是建设性的，具有可操作性，提意见应诚恳且说明理由。

（3）王杰老师宣读团队回信要求。第一，工作员在王杰老师的指导下对来信进行回复，特殊问题共同讨论后再回复，寻求适当回应。回应追求积极、正面、有效，回信中禁止有消极或不良倾向的内容。第二，尊重来信人的意愿，替当事人保守秘密。第三，社工定期对所遇到的问题进行讨论总结，并提出解决方案，以便活动更好地开展。

（4）王杰老师宣读信箱管理要求。第一，"社工小信箱"钥匙由社工保管。第二，社工每周开箱一次，时间暂定为周五下午。第三，遵循来信必回的原则，保证每封信均有回音。第四，严格管理信箱，避免因开箱取放信件混乱导致信件丢失。

（四）可能遇到的困难与对策

风险预估	处理措施
组员不了解活动要求，没有在正确时间投递而导致信件没有得到及时回复，对工作员产生抱怨和质疑情绪	耐心向组员解释投取规则，并表达工作员很乐意为他们服务，帮助他们解决困难
活动服务对象以外的同学也想参加	在和老师沟通后，可适当扩充服务对象的规模
工作员专业知识不够、性格各异，无法很好地回应学生们的需求	工作员在取回信件以后，大家商讨决定回复的人员安排，对应自己擅长的领域来为学生们进行答复，不盲目选择信件回复，并且回信人员随时进行调整
社工回复的信件被别人拿走	信封密封处理，取信代表由众人选举产生，接受其他人的监督
组员对活动热情不够，参与意愿不强	一方面，社工加大宣传和引导；另一方面，加强与老师的联系，争取得到老师更大支持和帮助
信箱被整体破坏	把信箱安置在老师可以观察到并且不会影响学生投递信件的地方

续 表

风险预估	处理措施
组员在写信件时，忘记署上代号，使得工作员无法准确找到回复信件的人	私下向组员进行询问，并且在开展小组活动时，提醒组员署上自己的姓名或者代号

（五）注意事项

（1）坚持保密性的原则，对于组员信件中的内容不向团队以外的人提起，能够为组员保守秘密。

（2）在处理信件的时候，工作员要认真负责，为组员问题的解决提供参考，及时和王杰老师、周平老师进行沟通。

（3）保证案主自决，工作员起倾听与建议指导作用，发挥案主潜能，调用案主资源来更好地解决问题，如遇到特殊情况需要及时与王杰老师、周平老师进行沟通。

（4）按照固定时间定期到滗港中学信箱处收取信件，做到守时、保密，建立组员对信箱的信任。

（六）评估办法

（1）文献评估。工作员定期上网搜集关于“社工小信箱”运行成功的案例和工作反思，并与我们现阶段的活动成果进行对比，来评估我们方案的实施效果。评估周期为一个月一次。

（2）问卷评估。在王杰老师的指导下，由工作员设计问卷，并打印出来发放给组员，让参与活动者按实际情况填写。对活动满意度、期望和建议进行整理，并适时调整后期工作。工作员评估周期为一个月一次。

（3）访谈评估。在王杰老师的指导下，工作员设计访谈提纲，分别针对学生和老师两类人群进行深入访谈，时间控制在20—30分钟。学生为一次6个人，老师为1—2人，评估周期为一个月一次。

四、服务实施情况

自 2017 年 11 月中旬到 12 月底，六周时间"社工小信箱"共收到 24 封信件。来信反映的内容可以分为学习方法咨询、考试焦虑表达、考后反馈结果、与朋友交往矛盾、与老师矛盾、表达现在的迷茫、反馈参与学习方法优化小组后的感受并表达意见和建议。针对活动对象的来信，工作员之间相互配合、相互讨论，运用督导传授的写作格式与方式方法回复组员来信。

（一）服务效果

（1）工作员与活动对象已初步建立较融洽的互动关系。通过工作员的耐心指导与不懈努力，服务对象能够主动写信向工作员表达自己遇到的困难，对工作员比较信任，且对工作员的回信表示比较满意，认为工作员的建议有效。良好的关系初步建立，这对小信箱活动的开展有着极大的促进作用。

（2）经过多次磨合以及督导多次指导，小信箱运行已经比较顺畅，活动开展有条不紊。由于经验不足，在活动开展初期，团队部分工作员对是否应该复印服务对象信件存在疑虑，认为复印信件违背了保密原则。督导了解情况后，立刻将工作员召集起来，开展了一次团体督导会议，在会议上详细说明了小信箱运行的章程，对工作员疑惑的地方进行解答。自此以后，小信箱运行逐渐规范起来，逐渐建立起了一套完整的运行办法。

（3）小信箱活动的实施切实帮助服务对象解决了困难，树立起了活动品牌以及专业威信。小信箱接收服务对象信件，工作员们在督导的专业指导下经过团队讨论后运用所学知识与人生经验回复信件。这使得回信质量较高，传授经验与建议切实可行，对服务对象的生活产生了正向的影响。服务质量高使得服务对象对小信箱团队非常认可，同时也树立了小信箱的活动品牌与专业性，为活动的继续开展创造了良好的环境。

（4）工作配合较好使得小信箱活动发展空间大。王杰老师和周平老师多次沟通，双方就小信箱活动达成了共识，合力推进小信箱活动的开展。这为工作团队开展活动扫清了组织障碍，为小信箱活动提供了良好的工作环境。例如，班主任周平老师积极配合工作员开展小信箱活动，并在班中宣传该活动，同时担任了服务对象与工作员的中间人，帮助工作员传达信息。

（二）服务的不足

（1）对突发情况的处理不够及时，导致回信时间延迟。在小信箱活动开展的第三周，团队内部产生分歧，信件回复工作也因此停滞。督导对工作员进行具体指导后，约定回信时间已过，在下周五才将回信送回，以致服务对象没有收到及时的回信。因此，第四周服务对象并未投信。事后工作员针对此事对服务对象进行耐心解释，并且自我反省，服务对象表示理解，危机顺利度过。第六周同样没有收到来信，但原因与第四周不同，服务对象面临期末考试，因此双方协商暂停该活动，专心备考。

（2）延迟回信，急待处理的信件没有得到及时处理。某些信件具有时限性，在24封信件中有一封信服务对象反映不愿意参加运动会，但班主任、班级同学劝她参加，她不知该怎么办。这封信件是第三周来信，待我们回复信件时运动会已经过去，所以我们的回信也没有及时帮助到她。

下面的信件是第三周未能及时处理的信件，错过了最佳回复时间。

亲爱的社工老师：

你好！

这次给你写信是因为最爱我们、最关心我们的班主任周老师！我认为老师这次有点让我不开心了……原因是这样的：学校于下周三、周四举办运动会，老师让我们每一个人都报一个单项，我原来是不想报的，但班长非让我报，我就报了一个自己擅长的——跳远！可她们一个个都让我报八百米，还说什么自己如果有这个能力就为班级争光！我的实力我自己清楚，但让我参加校八百米的比赛是不行的。在运动会报名之前，我就去打听了其他班女生报八百米的情况，结果一个个跑得比我快！

她们说不动我，就让周老师来说。老师说我和我闺密是班级女生中的体育健将，一定要我们报八百米，我一再推辞，闺密也一再推辞。今天老师又找到我们，对我们说："八百米是女子中考的必考项目，你们应该提前适应一下。"如果老师是上个星期劝说，我就答应了，可我左腿就在周日摔了，医生说要到下个周日才能好……

寄信人：***

2017 年 * 月 * 日

当工作员回信时发现，由于信件没有及时处理，回信时运动会举办时间已经过去。于是在回信中，工作员首先对未及时回复信件表达歉意，希望服务对象能够谅解，然后对信件中反映的问题进行解答，并且将信件内容反馈给周老师，与周老师探讨该服务对象反映的问题。该服务对象收到回信后，对工作员回信进行了回复，信件内容如下：

亲爱的社工老师：

　　你好！

这是我第三次给你们写信。首先，在这封信的主题开始之前，我非常感谢你们每一次给我的回信，谢谢！其次，上周我没能及时收到你们的回信，我感到有一些失落，但同时又非常开心；开心是因为学校的800 米我已经尽了全力，失落是因为我不是在周一看到回信，不然的话，我相信自己可以挑战自己的极限！这次运动会让我知道了不管结果如何，享受比赛的过程比结果更重要……

寄信人：***

2017 年 * 月 * 日

（3）工作员取信时遗漏信件。工作员取信时，遗漏了一封信在信箱中，在放回信时才发现遗漏信件。服务对象取信时感到非常失落，工作员的不严谨一定程度上影响了活动的成效。

（4）服务对象对取信方式存疑，认为通过学生代表取信可能造成信件内容泄露，隐私无法得到保障。对此，团队不断思考如何才能使小信箱运行程序更合理。服务对象自己选举比较信任的学生代表担任取信工作，并且对信件进行密封处理，虽无法改变取信方式，但可通过另一种方式保证服务对象信件的隐私性。

五、服务效果评估

（一）活动目标达成评估

（1）服务对象在信件中提出了对"社工伴学"活动的看法、意见和建议，帮助工作员根据实际情况并结合组员需求开展成果有效的活动。例如，某位服务对象反映我们本学期的小组活动内容没有之前有趣，觉得活动越来越没有意思。看到这封信后，工作员首先反思目前的小组活动内容设计是否真的无趣。在对比这两年的小组活动计划书内容后，我们发现本学期游戏环节设置明显减少。虽然是由于服务对象已经步入初三且校方表示服务重心应该放在学习上，但内容设计缺乏游戏是不利于调动气氛的。团队讨论后决定增设游戏环节并且根据各组具体情况适当调整计划书。变动后，小组组员参与度明显提高，小组氛围也活跃了。"社工小信箱"对学习方法优化小组起到了正向推动的作用。

（2）弥补了小组活动周期长、时间短的缺陷，工作员和组员实现深入交流，使参与社工伴学小组的成员们消除困惑，调整状态，积极为中考做好准备。在小组活动中我们发现，两周一次活动，且每次活动时间不长，工作员与组员本身交流时间短，这使得我们对组员了解较少，对组员所面临的困境无法及时感知，即使感知到组员的困境，受限于活动时间与交流频次，我们对组员能够提供的帮助也是有限的。"社工小信箱"的存在恰好填补了时间上的空白，并且增加了工作员与组员的交流机会，提升了陪伴质量。例如，某位服务对象通过"社工小信箱"多次向工作员倾诉她与同学的人际困扰，工作员在回信中运用专业知识和经验对服务对象提出的问题进行了解答并提出建议，有效解决了服务对象的问题，服务对象后来回信表达感谢。

（3）巩固小组活动效果，挖掘在开展小组活动时组员没有被发现的潜能，增权案主，帮助组员更好地表达、被倾听以及成长。受限于工作员与组员相处的时间与交流的频次，工作员对服务对象了解太少，组员的潜能尚待挖掘，来往信件加深了工作员对组员的了解，有利于挖掘组员的潜能。例如，某位服务对象在信件中反映自己考试考得不好，刚刚建立起的自信心又崩塌了，但是她也说到从这次考试的失败得到了很多教训，表示受益匪浅。从她的信件中，我们发现她是一个善于总结的人，并在回信中对她的这一优点进行鼓舞，鼓励她多从考试实战中总结经验，下次才会考好。服务对象收到回信后表示受到了鼓舞，从考试的失败中走出来。

（4）将同学反映的特殊问题反馈给老师和家长，对同学进行及时介入帮助，发挥生态系统对学生的支持作用。

下面的案例中，某位服务对象在之前信件中反映与同组某位同学产生了矛盾，希望社工老师能够帮助她。社工老师在小组活动中通过贴鼻子游戏缓和了双方的矛盾，促使双方和好。之后，那位服务对象来信表示感谢。

亲爱的社工老师：

你好！

我跟我的好朋友吵架了，其实吵架原因小到不行，可却越发严重。我真的真的很喜欢她，给你们写信是想请你们帮个忙……

…………

寄信人：***

2017 年 * 月 * 日

实务篇

亲爱的社工老师：

你好！

非常感谢你们的帮忙……

…………

寄信人：***

2017年*月*日

（5）缓解了同学们的精神压力，鼓励他们勇敢表达自己。每当考试前与考试后，服务对象投信数量较平常有明显增加，多表达对考试的焦虑或者考后成绩不好所带来的悲观情绪。工作员通过回信帮助他们疏导心情，缓解了他们的压力。

（6）推动了专业关系的发展。多次信件沟通，工作员与服务对象关系更加融洽，工作员对服务对象也更加了解。"社工小信箱"活动的开展大大推动了双方的关系。

（二）服务对象的评价

服务对象表示，"社工小信箱"给他们提供了一个表达自己、缓解压力的渠道。同时，"社工小信箱"的存在又切实为他们解决了很多问题，他们非常感谢小信箱的存在。工作员们的认真回复使他们觉得自己被尊重，他们的想法受到了重视。虽然有时会有延迟回信的情况，但是情有可原、可以理解，他们非常乐意继续向小信箱投信。

（撰稿：谢胖胖）

【教师点评】

"社工小信箱"是"社工伴学"活动服务的班级进入初三年级后增加的一个活动，是因为工作员考虑到初三阶段的中学生时间紧、小组活动时间间隔较长、服务不能很好地回应学生需求的现状。小信箱收到的24封信件的主题涵盖了学习咨询型、考试焦虑型、考试反馈型、人际交往问题型、思考人生型、学习方法优化小组反馈型等多种类型。小信箱的开设，较好地检验了工作员们的专业能力、工作伦理、专业敏感性以及在遇到分歧时如何沟通协调的能力。工作员们在一个学期时间里密切配合，共同参与取信、回信工作，较好地回应了初三学生的需求。在督导过程中，督导与工作员们一起商讨了小信箱工作方法、回信流程、保密事项等议题，还就工作团队如何做好保密事项专门开过一次讨论会，统一了认识，深化了专业技能。从督导过程看，小信箱工作还可以进行优化的地方包括：工作员对保密的理解和保密措施制订的规范性，遇到问题及时向督导反馈的意识以及服务班级与工作员的沟通及时性。

实务篇

研究篇

学校社会工作研究十年回顾（2008—2017）[①]

赵怀娟[②]

摘　要：十年间，学校社会工作研究积累了一定的成果。研究者围绕学校社会工作与学生工作之间的关系、社会工作介入学生相关问题、学校社会工作实务模式、域外学校社会工作的经验等议题进行了讨论，但存在着议题过于分散、联系实际薄弱、成果层次不高等问题。建议考察学校社会工作嵌入学生工作的具体过程，找到影响其深入开展的因素；关注解决学生问题的多元整合机制；争取使服务对象参与行动研究，以及基于实践发展本土化理论。

关键词：学校社会工作；学生工作；社会工作介入；实务模式

[中图分类号] C916　　　　[文献标识码] A

　　学校社会工作也称教育社会工作，泛指教育体系内的社会工作事务。它是社会工作一个非常重要的实务领域。在西方，以"访问教师"为源头的学校社会工作实践已有一百多年的发展历史，也形成了多种实务模式。在我国，学校社会工作实践目前发展势头良好，特别是上海、广东等地已将之嵌入学校管理体制中，成为学生思想教育工作的有益补充。近些年，随着学校社会工作实务的推进，国内学术界也展开了相关研究，并积累了一定的成果。本文以2008—2017年中国知网收录的部分论文为分析对象，刻画十年来国内学术界关于学校社会工作研究的基本

　　① 基金项目：安徽省哲学社会科学规划项目"安徽社区综合管理体制改革问题研究"（编号：AHSKY2014D83）。

　　② 作者简介：赵怀娟（1974—　　），女，安徽寿县人，安徽师范大学历史与社会学院博士，教授。研究方向：社会工作与社会政策、老龄问题。

研究篇

185

样貌，并讨论未来的发展方向。

一、学校社会工作研究的基本概况

（一）学校社会工作研究的总体进展

本文采用CiteSpace软件中的突变检测功能，分析学校社会工作研究中关键词的突变情况。从图1可见，十年来学校社会工作研究的发展，大体可以分为三个阶段：2008—2010年为第一阶段，这一时期关于学校社会工作的研究主要集中在高校思想政治工作、学生工作、介入模式、方法等方面；2010—2013年为第二阶段，这一阶段研究前沿主要集中在介入、社会工作、高校辅导员、社会支持、社会工作服务、优势视角等方面；2013—2017年为第三阶段，此阶段研究前沿主要包括创新、案主、心理健康教育、对策和困境等。这三个阶段构成了整个研究的时间轴的整体，但三个阶段之间并没有严格的界限，每个时间段在开头或末尾处都存在着交集。这是因为高频关键词并非单纯地出现在特定的时间范围内，且其也不会在某一时间段的开头或结尾突然出现或消失。也就是说，高频关键词在不同年份间是存在着重合情况的。

Keywords	Year	Strength	Begin	End	2008 - 2017
高校思想政治工作	2008	3.11	2008	2010	
学生工作	2008	1.7046	2008	2010	
介入模式	2008	1.8809	2009	2011	
方法	2008	1.9131	2009	2010	
介入	2008	1.619	2009	2011	
社会工作	2008	6.3248	2010	2012	
高校辅导员	2008	1.063	2010	2013	
社会支持	2008	2.8164	2010	2012	
社会工作服务	2008	1.7617	2011	2013	
优势视角	2008	3.6	2012	2013	
创新	2008	1.2299	2013	2014	
案主	2008	1.2299	2013	2014	
心理健康教育	2008	1.4928	2014	2017	
对策	2008	1.4928	2014	2017	
困境	2008	1.4928	2014	2017	

图1　2008—2017年学校社会工作研究关键词变化情况

(二)学校社会工作研究的一般特点

中介中心性是用来进行中心性测度的直接指标。通常来说，中介中心性高的点常常位于连接两个不同聚类的路径上，即计量文献可视化分析知识网络图谱中是否存在中介中心性节点，能够反应该领域是否形成了研究热点和前沿。统计发现：学校社会工作研究的机构信息统计、作者信息统计的中心中介率都是0；在高频关键词统计信息中，除去"学校社会工作"，其余关键词的中心中介率也都不高（见表1）。这说明各机构、作者和关键词之间尚未构成和满足聚类条件。也就是说，在学校社会工作研究领域中，各个机构之间、作者之间和关键问题之间的联系较小，并未形成一个相对完整和专业的研究体系。出现这种现象，可能与研究主题过于分散、研究者之间缺少协作有很大关系，也体现出国内学界对于学校社会工作研究的关注度不高。此外，研究成果的质量有待提高。十年间，关于学校社会工作的研究论文共有275篇，其中，发表在核心及其以上期刊的论文仅为38篇（占比13.8%）。这说明绝大部分研究成果的层次不高、影响力不足。

表1 学校社会工作研究的高频关键词

关键词	频数	中心中介率	年份／年
学校社会工作	231	1.01	2008
社会工作	24	0.13	2008
高校学生工作	22	0.06	2009
大学生	21	0.02	2008
高校	10	0.02	2011
优势视角	10	0.07	2012
思想政治教育	10	0.00	2011
心理健康	9	0.00	2008
高校思想政治工作	8	0.05	2008
学生工作	8	0.03	2008
社会工作服务	8	0.19	2008
介入	8	0.04	2009

关键词	频数	中心中介率	年份／年
社会支持	7	0.04	2010
社会工作专业	6	0.12	2009
创新	6	0.07	2010
案主	6	0.19	2013

二、学校社会工作研究的主要议题

(一)学校社会工作与学生工作关系的研究

学校社会工作以教育机构为实践场域，因而相关研究必然会涉及其与学生工作之间的关系。余双好在讨论了高校学生工作的发展、特点与内容后指出，高校学生工作需要专业社会工作的理念和方法，专业社会工作需要寻找本土化的结合土壤，因而两者需要加快融合。程毅认为，高校学生工作在理念、功能、技术方面存在的缺陷，为学校社会工作嵌入高校学生工作提供了契机。高校学生工作应当以学校社会工作为视角，将嵌入、建构与增能作为发展的基本方向。其中，"嵌入"解决的是"进场"问题和身份问题；"建构"意指高校辅导员队伍的专业化建设和高校学生工作的模式转型；"增能"则强调学生的可持续发展。章羽指出，学校社会工作可以对高校学生工作提供有益的补充，是一种对校内解决问题的模式的突破，但学校社会工作得到认可仍需时日，因为一方面路径依赖会阻碍传统学生工作对学校社会工作的接受，另一方面学校社会工作自身仍需不断完善。他认为"借势—融入—增权"的发展思路是促使学校社会工作与思想政治工作相结合的"实践智慧"。

事实上，自从王思斌教授提出了"中国社会工作的嵌入性发展"这一论题以后，国内学界往往以"嵌入性（式）发展"为工具，讨论专业社会工作与行政性社会工作的关系。研究者们将传统的学生工作视为行政性的、非专业化的，一方面强调肯定其历史地位和经验价值，另一方面也直言其在服务理念和专业技术方面存在的不足，因而主张将学校社

学校社会工作实务探索　第一辑

社工伴学

会工作嵌入传统学生工作。例如，沈炜认为"关联互补"使得学校社会工作嵌入高校学生工作具有了可能性。他主张通过重塑辅导员角色，延伸现有高校学生工作的功能，使学校社会工作与高校思想政治工作更好地结合，形成学校社会工作本土化发展与高校学生工作体制改革与创新的双赢局面。姚进忠、邓玮认为学校社会工作理论和方法为拓展和创新高校学生工作模式提供了新视角，其可以在理念、制度、方法层面嵌入学生工作，以便获得现有的学校体系的接纳。高潮、彭丽媛认为当前高校学生工作由管理走向治理的理性诉求，使学校社会工作与高校学生工作治理创新在价值理念、功能内容、工作方法等方面存在较强的亲和性，为学校社会工作嵌入高校学生工作提供了契机和平台。

（二）学校社会工作介入学生相关问题的研究

浏览文献检索结果可见，以"学校社会工作"为背景、视角、方法，讨论社会工作者如何解决学生面临的个性或共性问题，是国内学校社会工作研究最常用的策略，也是最具活力的部分。不过，学生的"问题"林林总总，涉及学习、生活、情感等多个层面，其中关注度较高的是心理健康、学习困难、适应问题、校园暴力等。例如，姜峰等研究者认为将学校社会工作的理念与方法引入高校大学生心理健康教育，可以弥补当前心理健康教育工作存在的一些缺陷与不足。他们讨论了学校社会工作在预防、治疗学生心理问题，健全学生心理品质等方面可采取的做法。葛爱荣分析了单亲家庭子女面临的心理健康危机，认为其根源于家庭破裂所导致的亲子关系失调。她主张重点从子女和家长两方面着手，帮助服务对象调适情绪、悦纳自己。田国秀、侯童以学困生小雨为服务对象，设计了优势取向的实务干预方案，发现通过关注"我是""我能"和"我有"三类保护性因素，可以提升案主的正向抗逆力，唤起个体的自尊、自信。两位研究者认为该方法适用于对学习困境中学生开展实际辅导。

学生群体的适应问题一般包括多个维度，如生活适应、学习适应、人际关系适应、文化适应、社会支持适应等。谢钢、刘娜以某大学大一新生为调查对象开展的研究发现，大学新生适应过程中产生的问题是个体与环境互动不恰当的结果。他们认为，帮助大一新生顺利融入大学生活应做到三个结合：学校个案工作与社会支持网络构建相结合；学校小组工作与朋辈辅导相结合；社区式学校社会工作与学生社团相结合。刘丽晶则以生态系统理论为指导，通过构建四个生态系统，思考如何协助服务对象赵某解决其所面临的人际交往困境。关于校园暴力问题，张燕婷、付佳荣提出了"学生—学校—家庭—社区"相互融合、多元整合的干预模式，主张从涉及校园暴力的不同影响因素进行防控和介入，同时关注不同系统之间的互动与整合。董沛兴以某社工机构在12所初级中学开展的实务活动为例，介绍了社会工作者通过主题班会、社区教育、专题小组、个案辅导、教师工作坊等预防和解决校园欺凌的成功经验。

(三)学校社会工作实务模式的研究

李绍伟较早讨论了学校社会工作本土实务模式，并将之归纳为体制外聘任模式、体制内并存模式和体制内整合模式。他认为体制内整合模式意味着学校社会工作与传统思政工作相互补充、共同发展，因而其在理论上具有合理性，在实践上具有可行性。许莉娅分析了现有学生工作体制的成效与局限，并以"嵌入式发展"为理论视角，讨论了北京、上海、深圳、四川四地学校社会工作的发展问题。她以嵌入机制的不同，将上述四个地区学校社会工作的发展模式概括为：自下而上（北京模式）、自上而下（上海模式、深圳模式）和自上而下与自下而上并行模式（四川模式）。她认为在现有教育制度下，第三种嵌入路径是最佳选择。作为"嵌入性发展"理论的提出者，王思斌教授以灾区学校社会工作项目为考察对象，分析了专业社会工作嵌入由行政力量主导的学校系统所遇到的困难和过程。他认为学校社会工作实务模式的形成是其获得和扩充实践权的结果。

周群英认同美国学者凯雷和安德森关于学校社会工作实务模式的分类，即传统临床模式、学校变迁模式、社区学校模式和社会互动模式，认为我国社会工作者目前较多使用临床模式。不过，她认为社会互动模式更具整合性，未来有望成为学校社会工作的主导模式。在罗敏敏看来，目前国内学校社会工作已经形成了三种实务模式：一是体制内设置岗位模式，以上海浦东新区为典型，即学校内设社工岗位，社会工作者在学校的管理体制下开展服务。二是体制外聘用模式，以深圳市为典型，即由校外机构派驻社会工作者进入校园开展服务。三是项目介入模式，即高校社会工作专业师生以项目方式在学校中开展服务。她认为三种模式各有利弊，比如第一种模式虽然容易融入学校工作，但会导致路径依赖、被学校系统内化等问题。总的看来，国内学者常常基于地方实践讨论学校社会工作实务模式问题，其分类的依据主要是服务供给方式而非西方学者所关注的核心服务需求的变化。

（四）域外学校社会工作经验的研究

学校社会工作诞生于美国，因此介绍美国经验，进而获得启示，是国内学校社会工作研究的一条基本路径。闫广芬、芪庆辉认为美国已经形成了完善的学校社会工作体系，在该体系中，政府、社会服务机构、社工教育界与学术界、教育部门各司其职，密切合作。同时，学校社会工作资金来源多样，也很好地保障了实务活动的开展。他们认为，在国内开展学校社会工作，一是要建构由教育行政管理部门、民间社工机构、督导机构、社会教育机构、基层学校社会工作机构共同构成的工作体系；二是要与学校原有学生工作相结合，心理辅导教师、思政工作人员与社会工作者要形成合力。林文亿发现美国学校社会工作者主要发挥了两大功能：一是帮助学生解决学业、生活上遇到的困难；二是挖掘学生潜能，为学生的能力发展创造条件。他认为，我国发展学校社会工作要关注青少年群体的需求，政府要大力推动，民间组织要成为中坚力量。

鲁艳桦梳理了美国学校社会工作实务模式的演变历史，认为我国在借鉴时要着眼于学校社会工作的发展阶段，首要任务是通过提供过硬的专业服务，赢得社会认同。她认为从问题取向逐步转为综融取向符合我国实际，同时她也强调要关注学校本身对于实务工作的影响。无独有偶，田国秀也分析了美国学校社会工作实务模式的演进，认为四种模式各有特点、影响不同。她还认为近来出现的广域临床模式是对前四种模式的整合与超越，代表了21世纪学校社会工作实践的基本取向。关于国内学校社会工作的发展策略，她主张：要找准社工与学校利益的结合点，学校社工应服务于多样化需求，引入"第三方"有利于学校工作的改进与推动，政府力量的引领作用至关重要。对于美国学校社会工作的考察，罗敏敏将着眼点放在了服务供给者身上。她认为专业团队模式是美国学校社会工作最主要、最常用的服务模式。这种模式能够综合各专业的优势和资源，具有以案主为中心、兼顾治疗与预防、整合运用方法等特点，是我国推动学校社会工作发展时可以借鉴的。总的看来，研究者认为美国学校社会工作起步早、发展趋于成熟，可为我国提供诸多有益的启示。

三、总结与建议

（一）总结

检索文献可见，国内学术界关于学校社会工作的研究从2007年开始增多，这可能与2006年10月中共十六届六中全会作出"构建宏大的社会工作人才队伍"的战略部署有关。事实上，自从我国政府将发展社会工作提上社会治理议程以后，一个可以观察到的现象就是社会工作各实务领域的加快发展，以及与之相关的学术研究的增长。但即便如此，目前国内关于学校社会工作的研究仍显得较为薄弱。与老年社会工作、社区社会工作等传统领域相比，学校社会工作研究亟待加强。此外，从研究策略看，部分论文存在着"坐而论道"现象，仅从学理层面讨论学校社会工作的优势、价值、干预路径等，缺乏与现实问题的连接，因而显得不接地气。

当然，应当指出的是，既有研究虽然数量尚不够丰富，但已初步形成了一些议题，达成了一定共识，并在实务本土化方面进行了积极的探索。例如，研究者对学校社会工作与传统学生工作的关系进行了较为深入的讨论，一致认为学生工作应当引入学校社会工作的理念和方法，主张学校社会工作嵌入现有学生管理体制，以争取获得教育机构的认可。再如，一些研究者运用个案、小组、社区等社会工作方法，尝试解决学生遇到的问题，为学校社会工作实务的开展积累了经验。总之，既有研究试图理清学校社会工作与德育工作、心理辅导的区别，明确学校社会工作的介入空间，并尝试配合教育机构的学生管理工作，用专业方法解决学生成长中遇到的相关问题。

（二）建议

目前，我国学校社会工作的发展路径主要是通过政府购买服务，以岗位式或项目化方式进入教育机构开展服务。政府购买使得社工机构获得了一定的资金支持，进而可以选派社会工作者进驻学校。但服务成效如何，受制于社会工作者自身的专业素质、社工机构的管理水平、进驻学校的支持程度、购买合同的要约内容等，因而出现了效果不一的情况。在实践中，为了得到校方的配合，社会工作者不得不迎合学校的要求，承担一定的行政性事务，或者按照学校的需要，开展相关的服务工作。加之，社会工作者年纪轻、社会阅历不足，又常常单打独斗，也倾向于开展一些难度小、表面化、形式化的活动，因而难以自证专业性。上述情况反映出专业社会工作在争取"承认"的过程中所面临的障碍。因此，下一阶段的研究首先应当以此为关注点，思考学校社会工作嵌入学校学生工作的具体过程，找到影响其深入开展的因素，进而破解学校社会工作的发展难题。

社会工作强调以服务对象为本。它关注服务对象的问题和需要，致力于预防和解决服务对象的困扰，并促进其能力的发展。虽然目前社会工作者为了解决"入场"问题常常主动示好，并积极配合学校的学生工作，但这绝不意味着其可以忽视学生的需求。学校社会工作的根本任务是促进学生的发展，为此，社会工作者应当认真评估学生的需求，设计科学可行的服务方案，并加以实施。服务供给不仅要针对学习困难、人际关系不良、有偏差行为的特殊学生，也要关照一般学生及其发展性需求。也就是说，下一阶段的研究仍要注重解决实际问题，仍要强调通过社会工作干预推动学校社会工作的本土化发展。当然，社会工作主张"人在情境中"，认为学生问题的处置离不开学生所处的具体场域，学校就是其中非常关键的一个，此外还有家庭、社区、朋辈群体等。因此，今后学校社会工作研究不仅要拓展实务空间，也应关注解决学生问题的多元整合机制。

此外，学校社会工作研究要实现两个目标。其一，要通过实务研究建构理论。理论具有描述、解释、预测等功能。针对某类问题进行深入探讨，有助于我们理解社会现象。建构针对特定问题的实务干预模式，有助于我们找到解决问题的工具。例如，有些社会工作者针对学生的人际关系不良问题，设计和实施干预方案，取得了较好效果，就为其他社会工作者开展类似实务工作提供了经验。理论源于实务，其一经形成，就会指导实务的开展。其二，要通过行动研究促进服务对象的成长。作为一门实践性学科，社会工作常常是为了实践而研究。也就是说，社会工作生产的知识必须回应实践。这种研究在性质上是应用性的，在策略上是行动式的。特别是参与式的行动研究，对于服务对象的意识觉醒、赋权自助是非常重要的。因此，下一个阶段的学校社会工作研究要力争服务对象的参与，以及基于实践发展理论。

参考文献

[1]程毅.嵌入、建构、增能:学校社会工作视角下高校学生工作的功能拓展[J].中国青年研究,2010(2):101-104.

[2]董沛兴.防止校园欺凌,看社工是怎么做的[J].中国社会工作,2017(16):44-45.

[3]高潮,彭丽媛.学校社会工作嵌入高校学生工作治理的可行性与现实路径[J].学校党建与思想教育,2016(18):47-50.

[4]葛爱荣.学校社会工作视域下单亲家庭子女的心理健康教育[J].教学与管理,2012(9):30-32.

[5]姜峰,易钢,李传玲.学校社会工作介入大学生心理健康教育的模式探讨[J].河南社会科学,2008(4):195-196.

[6]李绍伟.学校社会工作本土化模式分析[J].消费导刊,2008(16):237.

[7]林文亿.美国学校社会工作发展及其对我国的启示[J].青年探索,2009(1):86-90.

[8]刘丽晶.生态系统理论视阈下大学生问题的社会工作介入:以人

际关系问题为例[J].黑龙江高教研究,2011(7):152-154.

[9]鲁艳桦.美国学校社会工作发展及其启示[J].教学与管理,2011(12):156-158.

[10]罗敏敏.专业团队模式在美国学校社会工作中的实践[J].当代青年研究,2016(6):111-116.

[11]佘双好.论高校学生工作体系的生成与发展:兼论学校社会工作的介入空间[J].思想理论教育,2008(19):77-83.

[12]沈炜.论学校社会工作嵌入我国高校学生工作的体系构建[J].华东理工大学学报(社会科学版),2012(6):26-33.

[13]田国秀.学校社会工作的模式变迁:美国的经验及启示[J].首都师范大学学报(社会科学版),2014(6):126-132.

[14]田国秀,侯童.优势取向的学校社会工作辅导路径探析:对学习困境中学生实务介入的个案研究[J].中国青年政治学院学,2012(1):138-142.

[15]王思斌.社会工作实践权的获得与发展:以地震救灾学校社会工作的展开为例[J].学海,2012(1):82-89.

[16]谢钢,刘娜.大学新生适应问题的研究:从学校社会工作的视角[J].内蒙古师范大学学报(教育科学版),2010(11):78-80.

[17]许莉娅.专业社会工作在学校现有学生工作体制内的嵌入[J].学海,2012(1):94-102.

[18]闫广芬,苌庆辉.美国学校社会工作体系架构及其启示[J].外国教育研究,2008(4):86-91.

[19]姚进忠,邓玮.学校社会工作介入高校学生工作的新取向:基于嵌入性整合的分析[J].集美大学学报(哲学社会科学版),2012(3):107-113.

[20]张燕婷,付佳荣.高校校园暴力的学校社会工作介入[J].华东理工大学学报(社会科学版),2014(2):40-46,100.

[21]章羽.学校社会工作:高校学生思想政治工作的新架构[J].探索与争鸣,2011(12):111-113.

[22]周群英.学校社会工作实务模式探讨及实践:以大学生典型个案为例[J].社会工作,2013(6):86-92,154.

社
工
伴
学

冲突管理：深化小组工作实务的策略反思①

王 杰②

摘　要：小组冲突普遍存在于小组工作进程中，是小组工作走向深化的重要契机。以一次小组冲突为案例，围绕如何对待小组冲突和深化小组活动的议题展开论述。认为对小组冲突保持足够的专业敏感性是抓住深化小组契机的前提条件。准确判断冲突的起因、性质、直面冲突的核心问题，是工作员带领小组走向深化的关键；恰当的小组工作教育和及时的督导是提高工作员冲突管理能力的重要保证。

关键词：小组工作；小组冲突；冲突管理；小组进程

［中图分类号］C916　　　　［文献标识码］A

一、问题提出

小组工作是社会工作的一种重要的专业方法。Klein 认为，小组工作有着康复、能力建立、矫正、社会化、预防、社会行动、问题解决和社会价值的功能。在西方社会工作发展过程中，小组工作经历了 20 世纪六七十年代的衰落后，于 20 世纪八九十年代再次兴起，被认为是节约

① 基金项目：安徽省哲学社会科学规划项目"城乡一体化与安徽省青年农民工城市融入研究"（编号：AHSK11-12D131）；中国社会工作教育协会学校与青少年社会工作专业委员会项目"中学生学习习惯不良问题的家校互动干预实务研究"（编号：201612）。

② 作者简介：王杰（1978—　　），男，安徽临泉人，安徽师范大学历史与社会学院讲师，河海大学博士生。研究方向：城乡社会学、学校社会工作。

196

时间和资源且富有成效的社会工作形式。当前，我国的社会工作处于起步阶段，有较大的社会需求空间，小组工作作为一种专业方法在妇女、儿童、老人、青少年、残疾人士等服务领域里开始得到广泛应用。广泛的应用也给小组工作的专业性和有效性提出了挑战，怎样才能把小组工作引向深入自然就成为社会工作实务和教育领域中的重要议题。从小组工作实务看，有效的小组工作的关键环节之一就在于恰当的冲突管理。社会工作专业的学生在小组工作实务中对待小组冲突的态度是怎样的？他们处理小组冲突的能力如何？他们在把小组活动引向深入时面临着怎么样的挑战？本文将对些问题进行初步探讨。

二、文献回顾

冲突与小组冲突在政治学、管理学、心理学、教育学等学科中有较多研究，但由于我国社会工作专业化的发展尚不成熟，所以中文文献中关于社会工作领域中小组冲突的讨论非常少。刘梦在《小组工作》一书中对小组冲突的定义、小组冲突的作用和种类、小组冲突的解决原则与策略进行了较为集中的论述。目前，在中国知网总库中，以"小组冲突"为主题词进行精确检索，仅有少量几篇相关文献。

外文文献中，关于社会工作领域小组冲突的研究比较丰富。在冲突的界定上，冲突存在于互不相容的争议性行为发生的地方，该界定强调了冲突双方的互不相容性和形式上的公开表达性。在小组冲突与小组进程的关系上，小组冲突普遍存在于小组进程中，可能会出现在小组进程的任何一个阶段，但常在小组中期，以权力与控制、焦虑、对小组价值与规范的挑战、成员关系的紧张与矛盾等动力形式呈现出来。在小组冲突的价值、工作员对待冲突的态度以及冲突管理的重要性方面，小组冲突虽有令人恐惧之处，但也常常为成长提供极好的机会，因为小组冲突的出现可以让小组成员学会管理紧张情绪、协商角色和需要、恰当管理小组内及最终在他们个人生活中出现的各种差异。遗憾的是，很多小组工作员因为实务经验不足而把小组冲突当作不受欢迎的打扰，认为冲突会对小组稳定产生威胁，进而对冲突采取回避、压制、淡化的态度。实际上，只有对冲突进行熟练的管理，小组活动所追求的结构性的改变才可能发生。因而，对小组冲突进行建设性管理是十分必要的。在影响工作员冲突管理能力的因素和提升冲突管理能力的建议上，工作员面对冲突时的心理舒适度是成功进行冲突管理的一个重要因素，更多的练习、个人成长和监督是提高工作员舒适度的三个关键因素。在调查了相关学校小组工作教学大纲的基础上，认为小组工作教育长期以来忽略了互助和冲突的教育，而这两个内容却正是小组教育的核心。Kindler 也基于个人实务经验指出，以冲突管理为焦点的课堂练习、对实地小组过程的观察、有效的督导、不间断地带领小组活动的机会对提高工作者的冲突管理能力是必要的。他还特别强调，通过直面和深入剖析具体冲突过程中工作员对待冲突的内心活动、冲突管理策略与行动来提升工作员冲突管理的能力特别重要。

本文认为，小组冲突是通过言语和行动表达出来的、普遍存在于小组进程中、影响小组动力的各种不相容性，小组冲突可以发生在组员之间，也可以发生在组员与工作员之间。在社会工作专业学生实务能力普遍不足、小组活动面临巨大的社会需求但却经常处于"过程热闹而深度欠缺"的大背景下，探讨工作员如何面对和管理小组冲突，进而深化小组活动是必要的。受 Kendler 观点的启发，本文从社会工作教育者的角度，通过对一个小组冲突案例的多纬度分析，就如何借助小组冲突提升工作员冲突管理能力、深化小组工作进行初步探讨。

三、小组建立的背景与研究方法

笔者曾指导四位社会工作专业本科生到 W 市城乡接合部的 LG 中学进行专业实习。实习生在三个月的实习期内，在 LG 中学的初二某班级组建了一个中学生成长小组。成长小组由三名男生、八名女生，共十一位同学组成。小组成员在学习成绩、性格特征上具有差异性。在对小组成员需求评估的基础上，结合班主任的意见，实习小组制定了以"'情'让我帮你"为主题的小组活动方案。各次活动的名称（主题）分别为："我们是谁"（规范建立和自我认知）、"'友'你真好"（友情）、"做情绪的主人"（情绪管理）、"相亲相爱"（亲子沟通）和"朋友再见"（小组总结与离别）。

小组冲突中两位同学的主要情况如下：同学Y，男生，来自离异家庭，与母亲一起生活；受堂哥的影响，接触社会较早，在与同学的交往中经常使用一些社会青年的语言；跟同龄的初中生相比，他在与老师的交往中表现出较高的情商，知道从积极方面回应老师，比如做错事后总会主动向老师自我检讨；在班主任看来，他是个可塑性强的学生（班主任曾经让他做过班级纪律委员）；在小组活动过程中，表现欲强，在别的同学眼里显得"话多""爱炫耀"。同学F，女生，家中有父母和一个弟弟；性格较内向，腼腆，在公众场合不太敢讲话，在班的玩伴不多；在小组活动的过程中，她不愿意发言，工作员让其发言她只会脸红、低头。小组活动结束三个月后，在笔者组织集体回访中，谈及那次冲突时，她看起来轻松了很多，但不愿多谈。

本文以成长小组的工作计划、现场记录与工作总结、笔者对小组工作员和班主任的访谈记录为定性分析资料展开分析。

四、小组冲突的发生与管理

（一）冲突发生的工作背景

冲突发生在成长小组的第三次活动中。该次小组活动的地点在LG中学的小组活动专用教室，活动的时间是某天下午第三节课。该次活动的主题是情绪管理，名称是"做情绪的主人"。活动开展前，工作员向小组成员介绍了该次活动的目标：第一，向组员介绍情绪管理的基本知识；第二，协助组员检查自我情绪倾向，正面分析经历过的情绪冲突；第三，协助组员运用情绪管理的方法进行情绪管理练习。四名工作员的分工如下：W为小组活动带领人、M和J负责现场观察和活动记录、Q负责维持秩序。

根据活动目标，本次活动共设计了四节活动。第一节是情绪大讲堂，目标是使组员了解常见情绪类型。第二节是小故事大道理，目标是使组员了解情绪 ABC 理论，了解处理不良情绪的方法。第三节是情绪攻坚战（辩论赛），目的是使组员针对具体场景展现更加真实的情绪，协助组员体验情绪管理方法。第四节是总结，使组员增强自我情绪认知，明确本次活动学习到的知识和技能，强化情绪控制的意识。

（二）激烈冲突发生前小组活动的执行情况

活动开始时，工作员向小组成员介绍了活动的主要环节和内容。在前两节活动的进行中，同学 Y 表现得比较活跃，但对小组成员和活动有情绪化的负面评价。如在第一节"表情帝"活动中，同学 Y 在自己已经表演完而别人正在表演时，对工作员说"老师，这个游戏太无聊了，快点结束"。他想早点结束该节活动，尽快进入下一环节活动。但他的发言让其他成员有些不满。在第二节活动中，同学 Y 对同学 F 有语言上的刺激，在受到小组成员的冷淡回应后，其又有一些情绪化的发言。

具体活动记录如下：同学 Y 大声催促表演的人快一点，自己想参加。于是主持人等上一组表演完，请同学 Y 上台。同学 Y 要选同学 F 做搭档，说同学 F 太安静，要整她。听到下面有一些反对的声音，同学 Y 又改口说，还是整同学 C。可能是这些话引起了其他同学的愤怒，大家有点抗拒，都不愿意和同学 Y 搭档。同学 Y 回到位置上生气地说："不玩了，下次再也不参加这活动了。"接着一位女生的手机响了，该同学请示工作员要出去接一个重要电话。没一会儿，同学 Y 的手机也响了，可是他没有打报告，直接就出去接电话了。

（三）激烈冲突的发生与工作员的现场处理

活动进行到第二个环节结束、第三个环节开始时，出现了激烈的冲突，活动记录如下：工作员 W 宣布进入辩论赛环节，要安排一个人做裁判。同学 F 举手表示想当裁判，同学 Y 大声反对说："她前面都没有积极参加活动，不能做裁判，应该让同学 H 来做。"大家没有理他，但是同学 F 却一下子哭起来了，也不说话。旁边的女生赶忙过来安慰同学 F，W 也过去询问和安慰。在大家都围着同学 F 的时候，工作员 Q 注意到同学 Y 的表情也发生了变化，他似乎也想哭。于是，工作员 Q 便把同学 Y

喊出了教室，接着W也出去一起安慰同学Y。在这期间，工作员J询问大家是不是对同学Y有看法，女生们纷纷表示同学Y太自我了，经常不顾别人的感受。在大家的安慰中，同学F很快平复了情绪。她向工作员W说："同学Y总是针对我，所以觉得很委屈。"说罢，眼泪又开始在眼眶里打转。大家继续安慰同学F的时候，工作员Q和W从外面回来了，但是同学Y不愿意回活动室。

面对现场情况，几位工作员商量下一个环节的辩论赛不进行了，先针对这个突发事件进行情绪管理教育。工作员W出去找同学Y时，发现同学Y靠在教室外的墙上，不停地擦眼泪，不愿回教室。工作员W便对同学Y说："你对同学的表现提意见是正常的，可能也是好心的，只是表达的方式不对。今天发生的事情与情绪管理有关，你们刚好为大家提供了一个活生生的例子，正好我们可以一起分析学习。"听完这些话，同学Y勉强愿意回教室。在工作员W的带领下，同学Y回到了教室，他趴在椅背上看手机，默默不言。工作员W让成员回到各自的座位上，说："大家看一下，今天的主题是什么？同学Y和同学F刚才的情况给大家提供了一个现实生动的例子。生活中我们总会遇到像这样的小冲突，请大家说说当时都是如何处理的呢？"同学们陷入了思考，工作员接下来引导道："情况冲突发生时包容和换位理解很重要，大家每次遇到这类矛盾时都做到了吗？你是怎样做的？"

在组员回顾并陈述了自己情绪管理经历之后，工作员看到天色渐晚，考虑到同学们的安全问题和情绪变化，便提早结束了本次活动。

由于意外冲突的发生，本次小组活动的情绪攻坚战和总结环节没有来得及执行。为此，工作员们事后在与笔者谈及时有较多遗憾，如工作员M说："活动过程中出了意外，整个活动没执行完就结束了，想来起真是非常沉重和遗憾。"工作员们当时非常担心同学Y和同学F不愿参加下一次的活动，但是经询问他们表示愿意参加。工作员觉得下一次活动可以按计划进行，就没有及时向笔者反馈冲突的情况。

五、讨论与结论

笔者在事后督导过程中通过查阅活动记录了解到这次活动的执行情况后，与工作员们一起进行了讨论与总结。

（一）对小组冲突保持足够的专业敏感性是抓住深化小组活动契机的前提条件

小组工作实践中，工作员要对小组活动现场的关系变化有高度的敏感性，及时调整小组活动焦点，不断凝聚和增强小组动力，把小组活动推向深化。活动记录表明，该次小组活动有两次冲突，而工作员只意识到了后一次冲突。其实早在"表情帝"环节中小组冲突就已经出现了。同学 Y 对其他同学的催促，在选择伙伴时刺激性的语言，不向工作员报告就接电话，都是小组冲突已经发生的表现，只不过冲突程度没有那么激烈，但工作员没有及时地进行关注和管理。另外，在工作员宣布活动结束、组员陆续离场时，又出现了一个可能把小组成员关系及小组活动推向深入的机会，工作员也没有抓住。

活动记录如下：小组成员陆续离开，同学 F 主动留下来了。她小声地告诉工作员："我今天之所以这样，不仅仅是同学 Y 这一件事引起的，还因为平时我在家里就经常受委屈，父母爱弟弟更多一些，自己在家里常常因受弟弟的欺负和父母的误解而感到委屈。今天本来我是想做裁判的，但受到同学 Y 的指责和否定后觉得自己又在学校受了委屈，同时联想到在家里的受委屈经历就控制不住自己的情绪哭了。"工作员用自己身边的例子鼓励同学 F，并告诉她下一次活动的主题是亲子关系，请她一定要参加。同学 F 默默地点点头，和教室外等着她的同学一起回家了。

如上述工作记录所示，在小组工作员与小组成员之间已经存在了比较好的专业信任关系。同学 F 愿意留下来向工作员吐露心声说明她是信任工作员的，同时也表现出了她善良、真诚地想讲出更多实情、为同学 Y 部分开脱的一面，即她情绪失控并不全怪同学 Y，同学 Y 对自己的否定只是一个导火索，情绪失控与她当时联想到自己的家庭生活、亲子沟通的情况有关系。此时或者该次活动结束进行总结时，如果工作员能意识到这可能是一个推动情绪管理主题和小组关系深入发展的契机，接着再设计一次或两次活动，并就这个想法向同学F和同学Y征求意见的话，这将是一个着眼于小组成员成长的很好的设计。从同学F能主动向工作员吐露有利于同学Y的心声来看，她很可能会同意工作员的提议；而对同学Y来说，如果知道同学F为自己开脱的话，也很可能愿意与同学和好。如果能按以上设想再进行一到两次小组活动，通过两位同学的分享和小组成员的参与，小组成员在互助中得到成长，这就是冲突得到解决后产生的最大的建设性成果。

是什么原因让工作员没有这样设计呢？当笔者看到活动记录，询问工作员有没有想到再开展一到两次如上目的的活动时，工作员W说："当时没想到这些，觉得只要冲突双方不要再有冲突了，还愿意参加下一次小组活动，然后下一次活动能顺利开展就行了。每次小组活动的场地和时间，都是开始就规划好的，根本没想到要增加新的活动。"其实，小组活动的次数和阶段是受小组的性质、目的和小组发展状态决定的，不是一成不变的，而是可以动态调整的。工作员因缺少经验、受已有活动方案的束缚和限制，在执行计划时没有动态调整意识，不敢调整方案设计，错失了这个深化小组关系的机会。

（二）准确判断冲突的起因、性质，直面冲突的核心问题是进行有效的冲突管理、带领小组走向深化的关键

关于冲突性质的判断。分析冲突的原因和性质是提出冲突解决方案的前提。应该如何看待这次冲突呢？我们可以参照陈钟林和吴梦珍关于小组冲突形式和性质的划分标准。尽管这次冲突表现为小组成员与工作员之间的冲突，即小组成员Y基于自己的理由对工作员W选择小组成员F作为裁判不认同并提出新的人选，但本质上这是一个发生在小组中期的、由"权力及控制式"冲突开始，很快又发展到"心理及情感式"冲突的、小组成员之间的冲突，即实际上是小组成员Y对成员F的表现不认同，不同意F做裁判从而导致冲突。正如F在活动快结束的时候向工作员说的那样，"同学 Y 总是针对我，所以觉得很委屈"。

关于现场冲突管理。冲突发生后工作员要冷静快速地对冲突的性质和根源作出判断，为正向利用和解决冲突打下基础。陈钟林认为，遇到冲突时工作员应该冷静和敏锐地觉察出问题症结所在，不宜有威胁、指责、挑衅或惩罚的行为。他还认为，冲突既然有其积极的意义，工作员就必须协助成员使用冲突，其方法是澄清冲突的本质，支持和协助成员去解决冲突所带来的负面情绪。因此，依照如上观点看上文的活动记录，可以发现，工作员现场处理措施是可以进一步优化的。

本文认为，工作员在稳定冲突现场后把小组成员重新组织起来，用柔和的语言引导小组成员思考，做得很好。但另一个更重要的问题并没有得到重视，这就是引导组员一起分析冲突的性质和根源，与小组成员一起直面问题并找出可能的解决方案。此时，工作员可以采用焦点回归的方法把问题抛给小组成员，让他们自我解决。陈钟林认为，所谓把问题抛回小组是指工作员不担任最终的决策者，而是一位提醒者和鼓励思考的媒介。工作员要用启发性的表达鼓励成员发表不同看法，让任何有争议的话题透过共同的参与达成共识，也就是创造一个以小组为焦点的问题解决情境。只有引导小组成员回到冲突根源上来，才能真正促进小组成员通过参与和互动来解决问题。若只是简单地采用分别劝说、改变活动或主题、乞求冲突各方停止冲突、平息情绪等干预措施，经常会压制冲突，并不能解决问题。因此，工作员可以带领小组成员就两个问题进行讨论和表决，一个是裁判的挑选标准，一个是怎样来确定谁符合这个标准。如果大家认可谁表现积极就让谁做裁判这个标准的话，那么可以由小组成员举手表决。

(三)恰当的小组工作教育和及时的督导是提高工作员冲突管理能力的重要保证

尽管上文分析了案例中工作员的种种不足，但笔者在及时看到活动记录以及与工作员交流讨论后，最强烈的感受还是应对自己的教学和督导工作进行深入反思。在学生专业知识学习和开展实务活动的过程中，教师和督导扮演着领路人与指导者的角色，学生在实务中表现出的种种

不足与学生的经验不足有直接关系，但追根溯源，与相关课程的教学和本次社工实务的督导有更深入的关系。就小组工作教育而言，多数国内小组工作教材还没有把小组冲突及冲突管理作为重点内容探讨，笔者在教学中也没有把小组冲突作为一个重点内容来强调，甚至有种尽力周全设计、以避免冲突发生的导向，这会影响学生对待小组冲突的态度，可能也是不少教育者会犯的错误。正如 Sweifach 所言，互助和小组冲突常常被看作是小组工作实务的核心和灵魂。可是当今的小组工作教育经常不包括互助和小组冲突的现象值得注意和讨论，而缺乏灵魂的小组工作教育将处于失去本质的危险之中。

作为教育者，我们在小组工作教育中对于该教什么和怎么教要有清醒的认识。在教学过程中，教师首先要帮助学生再造对待冲突的理念：冲突不是本质上就有害的事情，而是一个经常能给冲突各方带来积极结果的成长和改变的机会。其次，可以通过以下途径使学生掌握小组冲突管理的基础知识和实践技能：在教学大纲中纳入冲突管理的教学内容；通过课程实践、学年实践和毕业实习等途径让学生尽可能多地获得经历小组冲突的实践机会，在实践中加深对理论知识的理解和应用，逐步提高冲突管理技能。最后，引导学生积极地面对而不是回避冲突，培养利用小组冲突把小组工作推向深入的意识，回应小组成员未能或不愿表达的潜在需求。作为督导，我们要强化工作员乐观、建设性对待小组冲突的理念，鼓励工作员从满足小组成员的成长需求而非满足自己要完成的小组工作任务的角度，开展小组活动，以促进小组成员建设性的改变而非以完成工作任务为目标，及时、动态地对待小组活动方案；对小组活动设计中存在的不足要加强指导，对小组活动的进展要及时督导，尽可能弥补工作员的不足，增强其冲突管理及深化小组工作的能力。

研究篇

参考文献

[1]罗纳德·W.特斯兰,罗伯特·F.理瓦斯.小组工作导论[M].5版.刘梦,等译.北京:中国人民大学出版社,2010:19-20.

[2]刘梦.小组工作[M].北京:高等教育出版社,2013:111-118.

［3］刘梦，朱凯．从坐而论道走向实践行动：中国小组工作二十年［J］．中华女子学院学报，2013，25（4）：5．

［4］马雪杨．冲突与小组动力研究［J］．中国市场，2014（38）：187-188．

［5］林益民，霍修浩．小组社会工作沟通与冲突背景下的管控探析［J］．齐齐哈尔大学学报（哲学社会科学版），2015（6）：170-171．

［6］BERNSTEIN S. Explorations in group work：essays in theory and practice［M］. Boston：Charles River Books，Inc.，1973：15．

［7］BERGER R A. Comparative analysis of different methods of teaching group work［J］. Social work with groups，1996，19（1）：79-89．

［8］COREY M S，Corey G. Groups：process and practice［M］. 6th ed.Pacific Grove，CA：Brooks/Cole，2002：22．

［9］DEUTSCH M. The resolution of conflict：constructive and destructive processes［M］. Yale：New Haven，1973：10．

［10］KEEFE T，KOCH S J. Teaching conflict management in social Work［J］. Journal of teaching in social work，1999（18）：33-52．

［11］KENDLER H. Truth and reconciliation：workers' fear of conflict in groups［J］. Social work with groups，2003，25（3）：25-41．

［12］POLLI D E. The evidence-based group worker［J］. Social work with groups，2003，25（4）：57-70．

［13］SECEMSKY V O，AHLMAN C，et al. Managing group conflict：the development of comfort among social group workers［J］. Social work with groups，1999，21（4）：35-48．

［14］UNGER R. Conflict management in group psychotherapy［J］.Small group research，1990，21（3）：349-359．

弹性嵌入：学校社会工作实务介入模式研究
——基于A高校"社工伴学"项目的经验分析

仇凤仙①

摘　要： 在当下，中国青少年成长问题呈现出多元化和复杂化趋势，在现有的学校教育体制下，青少年学生问题也由单一的学业问题向多元叠加的社会问题方向发展。这些问题不仅直接影响他们个体成长和学习成绩，也关乎学校教学、教育目标的实现程度。作为实务社会工作核心课程，学校社会工作直接与青少年发展高度相关，学校社会工作的实务开展直接关乎学校青少年的个体发展和学校教育体制目标实现。在当下现实环境下，发展学校社会工作的弹性介入实务模式一方面可以解决现有的教育体制与社会工作者的定位和关系问题，另一方面也为社会工作者介入学校社会工作实务提供了足够的空间。

关键词： 学校社会工作；实践；实务模式；困境

[中图分类号] C916　　　[文献标识码] A

一、问题的提出

作为社会工作的核心课程，作为重要的实务课程，学校社会工作是一门实践性强、综合素质要求高的实务社会工作模式。中国高校社会工作教育中，学校社会工作作为实务能力的运用多依托某些特定学校，为学生寻求实践基地，并且以帮传带形式训练同学们的实务开展能力。当

① 作者简介：仇凤仙（1979—　），女，安徽泗县人，社会学博士，安徽师范大学历史与社会学院副教授，硕士生导师。研究方向：农村社会学、社会保障理论与实务。

前我国正处在社会发展的转型期，复杂的利益关系和社会关系以及生活方式深刻地影响着青少年学生的道德标准、思维方式和价值取向。在中学和大学校园里，网络成瘾和校园暴力等失范行为不断出现。传统的学生管理和学生工作主要采取教育和处罚的手段进行规范和管理，管是核心手段，但这些手段既不能从根本上解决青少年学生面临的青春困境，也无法消除校园暴力和问题学生产生的土壤，而学校社会工作则可以依托其专业优势实务模式介入学校的日常生活。

学校社会工作无论是对青少年或者是家庭、社会而言，都意义重大，学校连着社会和家庭，个体影响家庭甚而关乎社会发展，如何做好学校社会工作既需要高校进一步提升实务能力，增加学校社会工作的行动能力，也需要全社会的积极认知和躬身实践。同时，在现有的教育管理体制下，基础教育核心目标被知识教育或者进一步说仅仅是科学知识所主导，知识教育成为学校、学生和家长最关心的重要内容。对于学校而言，学生的成绩和升学率是评价学校质量最重要的指标；对于孩子而言，成绩是家长评价孩子的核心标准；对于社会而言，升学率则几乎成为衡量一个学校的唯一指标。因而，在当下的教育模式下，学校与孩子几乎把所有时间都用在了知识教育与学习上。对于社会工作者而言，他们介入学校社会工作在很大程度上要考虑与学校来分配学生的时间与空间的问题。无论是"注入式"还是"脱嵌式"，社会工作都面临着这样一个核心问题。

二、国内学校社会工作发展现状回顾

(一)学校社会工作内涵界定

"学校社会工作"一词来源于英语"school social work"的翻译，在国内，关于学校社会工作的含义和内涵不同学者给予了不同的界定。文军认为，学校社会工作是运用社会工作的基本理论、原则和方法致力于改善学生学习环境和条件，帮助有困难的学生提高适应学习和生活的能力，以克服其成长中的困难，实现个人社会化和学校教育的目标；黄辛隐认为，学校社会工作是针对部分青少年学生正常的成长、发展和教育没有得到保障的社会不正义现象，采取积极有效的对策，努力加以改善的一种援助活动。故而他认为学校社会工作者是"社会福利的实践家"，同时他们又是将各种"隐性的"和"显性的"社会资源挖掘出来，联合起来，所以又被称之为"联合的专门家"。

（二）中国学校社会工作发展历程及其模式分析

学校社会工作的概念尽管早在20世纪20年代已经在中国大陆出现，但是直到20世纪末，我国中西部地区才开始尝试开展学校社会工作实务。2002年，浦东新区的38所学校以"一校一社工"的模式开展学校社会工作实务试点工作，在学校内部设置学生社会工作岗位，探寻学校社会工作如何补充学校德育工作以促进学生的全面发展。2007年，深圳市大力推动社会工作发展，让专业社会工作机构提供社会工作者到当地学校开展学校社会工作实务。2008年，在四川省广元、德阳等地开展"希望学校社会工作服务"项目，以特殊项目的方式开展学校社会工作服务。除了开展的这些模式外，也有不少高校老师以课题项目或社会工作专业学生实习的方式探索社会工作在本土学校的发展模式，如中国青年政治学院从1997年开始，以社会工作专业学生实习的方式在北京打工子弟学校开展学校社会工作服务；也有学者关注高校学校社会工作的发展。有的学者认为，国内的学校社会工作实践是一种嵌入性实践，即学校社会工作作为一种专业活动嵌入原有学校系统中，在嵌入的过程中取得社会工作专业的实践权。

经过学校社会工作二十年左右的发展，国内学者目前在学校社会工作实务模式上的观点可以总结为以下三种：

一是嵌入型实务模式。即在现有的学校管理体制内设立工作岗位制，该模式以上海浦东新区为典型代表，在学校内部设置社会工作岗位，在现有的学校管理体制下开展学校社会工作服务。该模式优点在于工作员可以快速融入学校内部管理机制，方便开展学校社会工作，容易获得资源和机制支持。但是，该模式也衍生了社会工作者的路径依赖和思维固化等问题，最大问题在于容易被学校系统内化，成为学校管理的助手，失去其专业独立性。

二是校外聘任制。该模式以深圳市为典型，由校外社会工作机构提供社会工作者进入校园开展服务。这一模式虽然避免了被学校内化的危险，但却因缺乏与学校之间的互相了解使服务一直游离于学校系统之外。

三是项目介入式。高校社会工作专业师生以项目的方式在学校开展社会工作服务，这一模式虽然有益于避免体制内外利益的争斗，但因为学生经验不足和流动性强，使服务无法深入。

从实务方法来看，国内的学校社会工作服务采用了个案工作、小组工作和社区工作三大传统的工作手法。

三、A高校的"社工伴学"项目历程及其模式分析

(一)"社工伴学"项目发展历程简介

A高校位于我国中部区域，是一所省属重点师范类高校。该校开设社会工作专业已有20余年历史，是全国较早开设社会工作专业的高校之一。该校为了提升教学效果，训练学生的实务能力，在该高校附近一所L中学进行了为期三年的学校社会工作。该活动的参加者主要是在校就读的大三社会工作专业学生，前后四年，总计有100多名同学参与。伴读对象是L中学初一学生，该校学生主要来源于农村家庭，大多数为留守子女。"社工伴学"项目初衷是对这些初中学生的学习和生活进行专业社会工作介入，运用优势视角理论，改变他们的微观系统，进而改变他们的内在状态，为他们营造一个较好的学习和生活环境。

1.探索阶段，专业实习平台介入

该项目发起的初衷是为社会工作专业的学生提供一个可以进行实训的基地。因为社会工作专业学生只是在课堂的理论授课中体会了助人的情怀，他们渴望能把理论知识转化为实践，并在实践中完善课堂理论知识，所以他们主动走入L中学进行相关的社会工作实践。

此阶段对于同学们而言是一个摸索和探索的阶段，对于L中学而言

也是一个探索的过程，所以习惯于行政和垂直化管理的学校管理者只将一个班级作为试点交给了A高校的社会工作专业师生。学校社会工作的实务开展在双方的协商中开始。在本阶段中，学校社会工作开展的模式主要是对该班同学情绪的梳理和学习效果的干预，并按照书本和社工个体的生命体验进行，专业性和理论指导尚处于摸索阶段。

2.专业理论介入，服务系统扩散

从介入取向和服务目标来看，单一专业服务是一种以问题为导向的服务，它关注学生的具体的问题，以解决学生遇到的具体困难为目标，且不同的问题由不同的专业人员负责。伴随着社会工作伴学项目在专业化和深度上的逐步深入推进，社会工作的专业化程度越来越高，有了完整的理念和系统的技巧介入。在针对L中学的生源现实问题上，开始从微观环境和中观环境改变入手，主要是联系学生父母，以活动开展形式改善学生的亲子关系；另外，从学校管理方式入手，把更多老师纳入整个项目中。

3.完善制度建设，专业团队弹性介入

在这个阶段，该团队主要做的事情就是把前期已有成果巩固、扩大，以教师群的形式介入L中学的"社工伴学"项目中，并且签订正式合作协议，在全校初中一年级班中开展相应的伴学实践，固化实践成果。教师和社会工作专业学生弹性介入L中学的日常管理和服务提供上，通过与班主任一对一衔接，全面融入学校班级的日常互动中，与服务对象和学校老师建立良好的专业关系。而多专业综合服务下的学校社会工作则是学校社会工作者作为专业团队中的一员，与专业团队成员一起设计服务方案，整合各专业的优势和资源。

（二）项目实施模式分析

该项目的模式操作主要以项目介入模式开展，并在具体的实施过程中以外部项目的介入为主，但是这种外部项目介入也不是上述的典型意义上的项目介入。作为该校学校社会工作先行试点，项目的开展完全是在摸索中进行。具体而言，该项目呈现以下几个方面特点：

1.偏重学校行政工作推进

该项目作为高校学生课程实习，与L中学并无明确的工作目标和工作宗旨，也没有签订正式协议，在项目初期开展阶段，主要是依赖项目督导老师个人的推动，与一个班级班主任老师建立联系。参与项目的主体是社会工作专业大学生，意在用所学的专业知识来引导参与对象开展活动等。在第三阶段经验总结后，A高校拟以制度化方式融入学校的教育体系，也依赖学校的内部行政动员和教师协助。

2.服务方法多元取向

在具体的服务方法上，该项目依据学校和学生实际情况，开展了多元化的服务体系。首先采用小组工作形式对于具有同质性问题的学生开展活动，如学习习惯培养和时间管理等，这些小组活动都较好地引导服务对象掌握学习规律，养成学习习惯。在某种意义上而言，小组活动也是该项目的主要推进方向，主要围绕该校学生的实际困境开展。其次，个案工作与"社工小信箱"结合。针对青春期少年羞于当面表达的特点，社会工作者在每个班级专门设置了一个"社工小信箱"，青少年同学可以通过"社工小信箱"与社会工作者交流，表达自身的困境和疑惑，社会工作者在统一的工作流程中给予回复，并且设置针对性的个案工作。再次，该项目采取家校互动服务，延伸学校社会工作场域，多角度服务案主。针对该校留守儿童较多的现实情况，该项目在策划过程中，有意识地延展了服务对象的生活空间，把其家庭情况和个人在校表现有机结合起来，并对其家庭情况做出预估，为其制定出全面的服务支持。

四、弹性嵌入：学校社会工作实务模式未来发展展望

(一)弹性嵌入学校既有教育体系

对于任何一个社会而言，社会制度和社会政策建设的基本出发点是维护并强化原有的理念、目标和宗旨，抑或是变革其理念目标和宗旨，又或是建立一套全新的目标和宗旨。诚如史柏年所言，学校社会工作作

为学校整体教育制度的有机组成部分，不是学校教育制度中最核心的主干组成部分，而是专业性的社会福利服务在学校内的实施，是社会福利制度与学校教育制度的结合。学校社会工作是针对学校内部特殊学生群体的特殊问题而出现，是为了弥补现有教育体制内的一些功能性缺陷和问题，故而其核心目标在于给这部分特殊群体同学以专业支持和福利支持，协助他们正常完成学校教育制度规定的基本目标。

（二）建立多专业综合服务弹性嵌入模式

可以说任何个体问题都是环境的产物，没有人生下来就是问题儿童，每个青少年都是特定生活环境与生态系统综合作用的产物，青少年身上的问题是这一产物的一部分。故而，学校社会工作实践即使从学生入手，也不能轻视对其他相关因素的关注与投入。因此，建立以学生需求为导向的跨专业服务团队，是一个重要的概念及操作方式。学校社会工作直接服务对象是学校中的青少年学生，服务目标是帮助学生解决其学业中遇到的学习困境，帮助他们更好地完成学业目标。但是在社会工作者实际服务过程中，其面对的学生的困境远远不止于学业困境，很多困境伴随着学生成长的全部周期。造成困境的因素也是多元化的，有来自家庭环境的影响，有来自朋辈群体的影响，也有制度因素和文化因素的干扰。因此，学校社会工作介入的专业需要综合化，采取多专业的综合服务模式为学生提供多方位的指导，包括心理问题的疏导、家庭亲子关系的重新梳理和青少年朋辈群体的引导等。

（三）学校教师与社会工作者伙伴关系的弹性互契

在探讨学校与社会工作机构或者是高校合作模式中，Tapper等人则提出"系统间的伙伴关系模式"，认为学校与社会工作专业机构应该建立一个平等、公平且紧密的伙伴关系，就共同关心议题形成服务输送网络。2011年，中央组织部、中央政法委、民政部等18部门和组织联合发布了《关于加强社会工作专业人才队伍建设的意见》，明确区分了社会工作者在不同性质事业单位中的身份定位，指出："以社会工作服务为主的事业单位，可将社会工作专业岗位明确为主体专业技术岗位。对学校、医院、人口计生服务机构等需要开展社会工作服务的单位，要将社会工作专业岗位纳入专业技术岗位管理范围。"社会工作者介入学校社会工作之后，要充分利用学校教师和管理者的资源优势，与他们发展成伙伴关系，并且把他们有机纳入学校社会工作的实践中来，形成社工—教师—管理人员三者良性互动。

五、结论

综上所述，学校社会工作在中国的发展已经逐步进入专业化和职业化的发展阶段，在其发展模式上也更加接近中国的现实状况，无论是体制内的嵌入实务模式或者是体制外的聘任制实务模式都是在与中国国情高度契合过程中的有益探索，也是学校社会工作本土化过程中的必然发展阶段。本文的弹性嵌入实务模式亦是在学校社会工作实务中的有益尝试，以期对中国学校社会工作实务的发展起到一个探索的新视角。

参考文献

[1]程毅.嵌入、建构、增能：学校社会工作视角下高校学生工作的功能拓展[J].中国青年研究,2010(2):101-104.

[2]蔡屹.浦东新区学校社会工作本土化发展历程及经验反思[J].华东理工大学学报(社会科学版),2006(2):5-9.

[3]葛俊,施碧钰.我国学校社会工作开展中面临的困境初探：以深圳市学校社工试点为例[J].传承,2010(21):93-95.

[4]黄辛隐.日本学校社会工作现状及发展探析[J].苏州大学学报,2006(4):108-112,116.

[5]史柏年.学校社会工作：从项目试点到制度建设：以四川希望学校社会工作实践为例[J].学海,2012(1):90-93.

[6]田国秀.学校社会工作的模式变迁：美国的经验及启示[J].首都师范大学学报(社会科学版),2014(6):126-132.

[7]王思斌.社会工作实践权的获得与发展:以地震救灾学校社会工作的展开为例[J].学海,2012(1):82-89.

[8]许莉娅.专业社会工作在学校现有学生工作体制内的嵌入[J].学海,2012(1):94-102.

研究篇

小组工作中小组目标确定和框架设计

——以LG中学"学习体系优化小组"为例

刘 玲①

摘 要: 小组工作的过程包括小组目标确立、目标实施管理和目标成果评估。小组目标的确定过程是从一般的小组目的到具体的小组目标的过程。在这个过程中要设计一个包含小组目的、小组总目标、小组分目标(节目标、节目目标等)的小组目标框架体系。小组目标的确定要基于案主需求、介入理论和研究证据。目前,小组工作实务中小组目标的确定过程存在基于工作员的需要而非组员的需要、未能厘清要解决的实务问题、没有介入理论框架、缺乏有效证据的采集和标准化的评估等问题。

关键词: 小组工作;小组目的;小组目标框架

[中图分类号] C916   [文献标识码] A

小组工作是社会工作的工作方法之一,广泛运用于各个领域的社会工作实务中。在理论研究中小组工作的定义各有不同,但都肯定小组工作的一个重要的特点:小组工作是一个以目标为导向(goal-directed)的活动。小组工作实务框架的本质在于小组要达到什么目标。小组工作的过程是一个目标管理的过程,包括小组目标的确立、目标实施过程的管理和目标成果的评估。目前,国内关于小组工作的实务研究聚焦于目标实施过程的管理和目标成果的评估,而忽视了小组目标的确立环节。小组目标的确立并不是可以一带而过的阶段,是从一般的小组目的发展出具体的小组目标,基于案主需求、介入理论和研究证据设计小组目标框架的过程。

① 作者简介:刘玲(1981—),女,安徽霍邱人,博士,安徽师范大学历史与社会学院讲师。研究方向:儿童青少年社会工作。

一、小组目的和小组目标

讨论小组目标的确立时，首先要辨析小组目的和小组目标的区别。国外文献论及小组目标经常使用goals，purposes等词汇。暂且不论这些英文单词的词义差异，在小组工作的理论研究领域中，存在overall purpose 和 specific goals 的区别。purpose 是指小组的一般性目标，在建立了overall purpose 之后，工作者应与组员一起规划个人和团体层面的specific goals。显然就目标而言，purposes偏向概括一般，goals更加具体精确。为体现这种区别，中文翻译会使用"目标"和"目的"分别对应上述概念，但存在分歧：有的学者用"目的"表示"purposes"，用"目标"表示"goals"，即概括性的目的和具体性的目标。比如孙碧霞、曾华源等人翻译 Charles D. Garvin 的著作《社会团体工作》时就将 group purposes译为团体目的，并指出"团体目的是团体成立的特殊理由，通常是指团体要协助成员达成的目标类型"。有的学者则反其道行之，强调概括性的目标和具体性的目的。比如何洁云在引用 Garland Jones 和 Kolodny 的观点时指出，目标往往是不明确和难以定义的描述，所以需要将小组目标转变为明确的目的，从而使每个人都有一个共同的理解。

这种分歧也从译著延续至境内本土文献。虽然大多数本土文献将小组目标和小组目的作为同义词混用，但仍有少量辨析其区别的研究，并各执一词。黄丽华指出，目的是总体性和一般性的，目标是明确和具体的，目标实际上可能被认为是目的的具体化。刘梦与黄丽华的观点则相反。虽然她没有明确指明小组目标和目的的区别，但从她对小组目标是小组在一定时期内必须达到和期望达到的目的和指标的界定，以及她在《小组工作》书中列举的小组计划书案例中目标和目的呈现方式，可以看出刘梦认为目的是具体的，目标是一般性的。

纵观学界关于小组目标和小组目的争论，可以发现其中隐含着一个共同的假设：小组目标并不是一个单一的概念，而是由诸多层次构成：抽象的和具体的、模糊的和精确的、概念的和操作的。小组目标的确定并不仅是从零到有的创造过程，还包含从抽象到具体、从模糊到精确和概念操作化的阶段。所以，重点在于"不同的发展阶段存在宽泛的小组目标和具体的小组目标"，至于这两种特性的小组目标分别由"目标"还是"目的"指代，并不是问题的关键，但为了讨论的方便，还是需要进行界定。

首先应对目标和目的进行区分。《现代汉语词典》（第7版）中定义："目标：①射击、攻击或寻求的对象；②想要达到的境地或标准。目的：想要达到的地点或境地；想要得到的结果。"《新华汉语词典》中定义："目标：①想要达到的境地和标准；②攻击和寻求的对象。目的：希望实现的目标。"《辞海》中定义："目的，人在行动之前根据需要在观念上为自己设计的要达到的目标或结果。"可以看出目的和目标基本上可以通用，但目的更强调结果，目标指明过程。目标管理中，目的是抽象的，必须用具体的形式表达出来才便于管理，这种表达特定目的的具体形式就是目标。目标源自目的，是实现目的的基础。目的与目标相比，具有长期性、全面性、稳定不变性、根源性的特征。相反，目标相对于目的，具有阶段性、条件性、相对可变性、主观差异性等特征。借鉴上述观点，本文认为"group purposes"可译为"小组目的"，"group goals"可译为"小组目标"，两者的区别见表1。

表1　小组目标和小组目的区别

特征	小组目的	小组目标
关注点	结果	过程
清晰性	模糊概括一般	精确具体特殊
抽象性	抽象化概念	操作化指标
时间性	长期	阶段
整体性	总体	部分
稳定性	相对稳定	更为灵活

小组目的和小组目标之间的逻辑关系为：概念化的小组目的可演绎出操作化的小组目标。因而，小组工作中目标的确定过程实际上是从小组目的到小组目标的演绎过程。工作员在小组筹备和策划阶段最先明确的是比较宽泛的小组目标，也就是小组目的。学者们总结出一些经典的小组目的（purposes）。Papell C. 和 Rothman B. 区分了三种小组工作模式：

社会目标模式、治疗模式和互惠模式。社会目标模式的目的是社会意识、社会责任感、知会的公民权以及知会的政治和社会行动；治疗模式的目的是协助那些行为功能紊乱的组员进行恢复和康复；互惠模式的目的是在组员间建立互助系统，以实现最好的适应和社会化。Klein 认为社会团体工作可以达成下列八点目的：复健、能力建立、矫治、社会化、预防、社会行动、解决问题、社会价值。Charles D. Garvin 指出团体目的可包括：认同发展，获得技巧，社会控制和复健。Toseland 和 Rivas 将小组分为治疗性小组和任务性小组两种类型。治疗性小组的五个基本目的是支持、教育、成长、治疗和社会化；任务性小组有三个初级目标，即分别满足服务对象、机构和社区的需要。

上述这些用"成长、支持"等概念表达的小组目的只能指明未来工作的方向，却无法明确应该做些什么。因而在小组早期，将小组组员导入小组时，工作员和组员要合作发展出更加具体的目标。如果在实务中忽视对目的与目标的界定，忽视与潜在的团体成员讨论团体目标的明确意识，而将目标一般化，设立模糊的或不切实际的、过高的目标，会造成团体目标与团体成员目标不一致的后果，使组员陷入失望、挫折、侵犯自信心的负面经验中。相反，如果目标与特定的任务相联系并有明晰的表现标准时，就会发挥最佳作用，增加成功性，从而有助于小组参与者对小组有一个共同的理解，并能评估小组结果。具体化的小组目标具有以下特征：（1）十分明确，以使小组的成员能够清楚理解小组的目的；（2）应可度量，以促进对变化的测量以及此类的评估；（3）应时间明确，以使小组成员知道他们什么时间实现小组的目的；（3）应切合实际，以使其处于每个人的能力范围之内；（4）应是相融的，以使目的之间没有冲突；（5）应是独立的，以使目的之间没有重复；（6）应以正面的述语写出来，以使小组成员确切知道他们应该做什么，而不是不应该做什么。

综上所述，小组的目标确定过程是从一般抽象的小组目的到精确具体的小组目标的演绎过程。在这个过程中，小组目的和小组目标不断分层化、操作化，形成了一个具有逻辑性的小组目标框架体系。

二、小组目标框架体系

在一个小组中，小组目标不是一个，而是许多个，应该处理好各种目标之间的关系。除了上述的小组目的和小组目标的区分外，还有其他经典的分类，见表2。

表2　小组目标类型汇总表

作者	分类	释义
依勤	协议目标	小组的总目标,是组员希望参加小组能够达到个人目标的基本要求,是比较广义和原则的,不是具体的目标
	沟通目标	分目标,强调互相沟通,透过组员的自我解剖和彼此分享,给予组员以支持,为总目标服务
	过程目标	在小组各个阶段的分目标,来自小组在每一次聚会中产生的新问题(需求),很难事先预定
	实质目标	小组目标的范围和内容,限制着小组的功能
	需求目标	个别组员的特殊需求,他们希望在小组中达到的个人目的
Hartford	服务目标	又可称为机构目标,是一般性的、在团体成立之前即有的,由机构或制度赋予
	团体目标	特殊化的,由团体成员自行决定
	个人目标	每一成员个体的目标,是成员们的期待、希望与目的。个别目标可以是明显暴露的,也可以是潜意识与未公开的
	工作者的目标	由社会工作者针对团体的整体所赋予的期待,通常是社会工作者的专业判断与经验的产物
何洁云	长期目标	长期目标通常较为广阔
	短期目标	短期目标则较为具体
	合作性目标	是小组成员知道的,只有在合作精神下工作,才能达到的目标
	竞争性目标	是一些小组成员知道的,只有在其他成员没能达到目标时,才能实现的目标
黄丽华	单一目标	根据改变的对象系统或系统的不同又可分为改变单个案主、系统成员共同掌握、商定交换不同的行动
	共享目标	
	互补目标	

学校社会工作实务探索 第一辑

社 工 伴 学

作者	分类	释义
Ronald W. Tose-land, Robert F. Rivas	以小组为中心的目标	关注小组的功能和维持
	共同目标	关注全体小组成员面临的问题和担心的结果
	个体目标	组员各自关注的特定目的
刘梦	总目标	由机构目标、小组目标和组员及工作者目标组成,总目标决定分目标、子目标,分目标和子目标的完成意味着总目标的实现
	分目标	
	子目标	

上述各组目标类型中，目标之间的逻辑关系分为三种：总分，并列，总分加并列。如前文所言，小组目标的确定是一个从抽象到具体的过程，需要一个过程视角，以体现小组目标的"层次化"。在小组目标从抽象到具体的过程中，确定的各层级小组目标形成一个小组目标框架（见图1），前人的各种目标类型也整合到了这个目标框架中。在实务操作中，小组目标框架一般包括以下层次：小组目的，小组总目标，小组阶段目标，小组分目标（各节目标和具体节目目标等）。小组目标越细分，越具体，指标化的程度越高，就越容易被小组参与者有效执行。

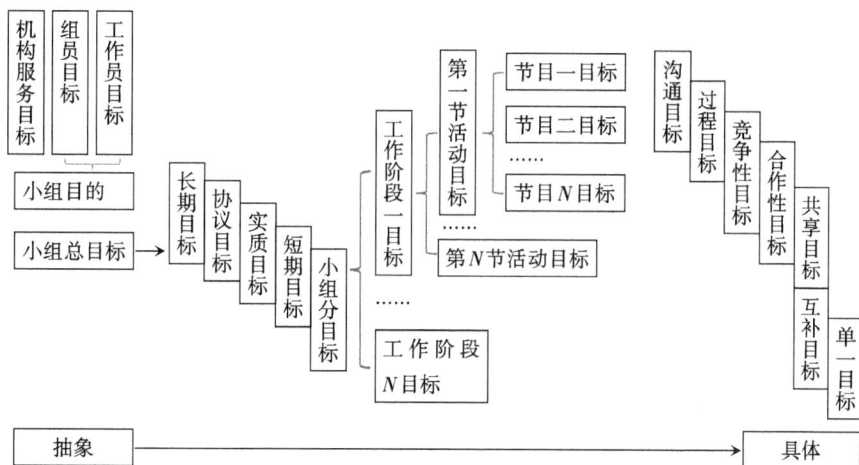

图1　小组目标框架体系

研究篇

三、小组目标确定方法

小组目标的确定方法分为三种：基于需要、基于理论和基于证据。

（一）以案主需要为本

该方法认为小组筹备阶段主要完成需求评估和目标确定工作。工作者找到案主的真实需要，确定目标就是水到渠成的过程。因为案主的需求不断发生变化，所以目标是一个动态的过程，要在小组活动过程中不断地对小组目标作出修订。但这并不意味着案主的所有需要都会成为小组的目标。实际上，当工作员在倾听案主的需要和需求时，就是在进行初步的目标选择，研判小组可能提供服务的需求。在策划小组阶段，小组目标比较宽泛，主要包括：小组需要处理的问题、需要完成的个体和小组目标，以及个体和整个小组协作的方式等。在将组员导入小组时，工作员要向组员解释小组目标，并邀请组员描述自己对小组的期望。在小组活动早期讨论和澄清小组目标时，通过组员之间的互动以及与工作员之间的互动，发展出更加具体的目标。即帮助组员明确自己目标的主观和客观指标，制定评价标准。将组员所希望改变的程度或范围具体化，目标可能包括案主显在（overt）和潜在（covert）的行为改变。这是一个将案主的需要概念化（conceptualize），也就是指标化的过程。

以案主需要为本是社会工作的起点。但如果只强调案主的需要在小组目标确定过程中的作用，就会令人质疑：在工作员帮助组员将其需求指标化，以确定小组目标的过程中，工作员依据什么来判断小组目标应由哪些指标组成？案主需要评估只能反映需要解决的问题，若提出应对的措施并形成未来工作的目标，仍需要介入理论框架的指引。介入理论框架提供了诸多关于案主和环境的问题的预设，以供工作员据此开展评估、策划和干预。

（二）以理论模式为本

民政部发布的社会工作行业标准《社会工作方法　小组工作》中强

调小组工作各单元（节）间目标具有内在逻辑性，小组工作各单元（节）内目标、内容、活动具有内在逻辑性。也就是说，小组目标框架应该是一个具有内在逻辑性的框架。这种内在逻辑性是由确定小组目标时所依据的理论模式保证的。因为明确和具体的目标指明特定行为或环境的改变，暗示相应的介入手段。学者们总结了常用的理论模式。Hepworth 认为，改变取向的方法包括：任务中心系统、危机干预、认知重构和焦点解决。Garvin 认为，团体分为四种类型，即自我认同发展、技巧学习、社会控制、社会重建。自我认同发展目标的达成可以采用自我觉醒团体发展模式，不同的阶段有不同的任务。技巧学习目标的达成可采用方法是行为修正、社会技巧训练、任务中心。社会控制团体可使用的模式是辅导性团体互动的团体发展典范。复健者的团体社会工作由五种团体形态：基础技术训练团体、活动取向团体、团体心理治疗、转换生活场所团体、病人管理团体等。

即使非常具体化的目标也是复杂并包括多重行动步骤，需要按着一定的逻辑顺序完成，所以很重要的一点就是将最终目的分解，形成连续性的任务，即一般任务（general task）和具体任务（specific task），这些任务指示了达成最终目标的步骤。也就是说各种介入理论可以帮助细化分解小组目的，依据介入理论指明的步骤明确各阶段或各节的小组目标，就能建构起具有内在逻辑性的小组目标框架。但此时又会产生一个新的问题：以某种介入理论模式为本确定小组目标框架，虽然可以保持工作步骤的逻辑性，但如何保证该介入方法解决问题的有效性呢？

（三）以证据为本

循证社会工作（evidence-based practice）将来源于医学领域的循证原则应用于社会工作领域，强调要寻找证明介入方法有效性的证据。其具体工作流程为：（1）实践者建构一个与某一（群）案主的特定临床问题，临床问题涉及问题的起因、评估、可能的治疗方法、成本、预防措施等。（2）实践者要找出回答这一临床问题的最好证据，实践者检索文献、了解与这一问题相关的信息。（3）实践者评估证据的有效性与有用性。（4）根据对证据的评估并考虑案主的期望选择一个最佳的介入方式，仔细评估案主或案主系统，确立明确的目标，发展个性化的治疗计划，监督朝向目标的进展情况（在必要的时候修正或终止治疗）。（5）干预的结果要进行鉴定。证据分级标准从高到低为：信誉良好的组织所做的系统综述；单一被试的随机对照实验；大规模多样本的随机对照实验；单个的随机对照实验；大规模多样本的准实验研究；单个的准实验研究；可重复前实验结局研究；单个前实验结局研究；单一被试实验研究；相关研究；叙事案例研究；专家的意见；可靠的理论；专业团队的建议。但立足于实证主义的证据为本的实践受到其他知识论的支持者的质疑，包括：问题和证据的有效性；社会取向和价值情怀是否受到侵蚀；证据采集的可能性和可行性等。在境内循证社会工作的模式探索刚刚开展，还面临着高级社会工作实务研究证据不足等问题，可应对的办法是开展标准化评估，搜集案主的真实需要。

综上所述，确定小组工作的目标，设计目标框架体系，应将基于需要、基于理论和基于证据的方法结合起来，在确定目标的过程中，同时评估需要，应用理论框架和搜集相应证据，以实现有理有据有效的小组工作目标框架设计，从而保证以小组形式开展的社会工作干预真实触及实务问题和案主需要。

四、"学习体系优化小组"工作目标框架设计案例①

至 2017 年 9 月，LG 中学"雏鹰学校社会工作基地"开展的"社工伴学"系列活动已进入第三个年头。在这个特殊的学年里，项目团队运用小组工作方法，为对接班级的 21 位同学开展了"学习体系优化"团体服务，获得服务对象的赞扬和肯定。

（一）基于案主需要和理论确定小组目的和目标

随着学生进入初三，学生们开始面临初中升高中的问题。通过对班主任、任课教师和部分同学的调查发现，此阶段学生面临的主要问题

① 本部分内容改编于"社工伴学"项目团队编写的小组工作策划书和总结报告。

有：教学方式不适应、学习方法不恰当、学业压力大、人际关系困扰等。同时，通过调研还发现，值此特殊阶段，初中生的需求与家长和校方的期待有较多的重合之处，都希望本学期的"社工伴学"活动能在学习方法与学业成绩方面给予中学生更多帮助。因而，"社工伴学"服务团队根据实事求是、与时俱进的原则，商定共同协助中学生建构完整的知识体系，运用社会工作的工作理念和方法帮助他（她）们适应初三学习要求，缓解学习压力。

相关的理论有社会学习理论、生态系统理论和优势视角理论。社会学习理论要求在小组活动中注重经验的分享，发挥同辈群体对组员的影响。生态系统理论要求社会工作员在开展服务时应当将组员放到家庭与学校的整体环境中，推进家校互动，进而助益组员的发展。优势视角理论认为应相信组员可以改变，尊重组员自身的尊严和价值，相信组员有可以挖掘的资源和经验，并能善用这种资源和经验实现个人的改变。因而，社会工作员提供的是陪伴。

基于上述需求和理论，工作员确定了小组目的和小组目标。

（二）小组目标框架设计

小组目的	小组总目标	主题与主要目标	内容概述
引导服务对象交流学习方法，促使其建构知识体系和反思学习状态。	(1)引导服务对象反思自己的不良学习习惯和学习状态； (2)帮助服务对象更好地认识和了解自己，总结适合自己的学习方法；	第一节　我们初相遇 目标:相互认识与熟悉,订立契约,明确目标	组员与工作员相互熟悉,说明学期计划和本次活动的目标,建立小组契约;引导组员交流学习现状,发现不足,明确自己的努力方向
		第二节　快乐学习,探求文学之美 目标:优化语文学科学习体系,提升组员语文学习兴趣	了解组员语文学习情况;分享交流语文学习方法,提升语文学习兴趣;帮助组员树立课程体系意识,分享实用应试技巧
		第三节　时间管理,把握轻重缓急 目标:帮助组员合理规划和利用时间,做时间的主人	使组员意识到时间的重要性;引导组员分享和反思自己的时间利用方式,帮助组员合理规划自己的时间

小组目的	小组总目标	主题与主要目标	内容概述
社工和服务对象一起总结学习经验，缔结小组情谊，努力实现服务对象各学习科目均衡发展和身心健康成长	（3）加强服务对象之间的团结合作，刺激小组凝聚力生成，形成互帮互助的小组氛围，使朋辈群体在组内外发挥对服务对象的支持作用； （4）帮助服务对象树立信心，提升学习兴趣与主动性，激发服务对象的抗逆力	第四节　快乐学习，探求数学之美 目标：优化数学学科学习体系，提升组员数学学习兴趣	了解组员对数学学习的困惑；指导学生书写个人数学学习情况；交流数学学习方法，进一步提升学习兴趣
		第五节　英语学习角 目标：优化英语学科学习体系，提升组员学习英语兴趣	了解组员在英语学习方面的困惑；交流分享英语学习方法；总结应试技巧，提升组员学习英语的兴趣
		第六节　学好文综，我能行 目标：帮助组员找出文综学习方法上可以优化的地方，架构文综学习体系	了解组员对于文综的认识和感受；和组员一起分析总结自己文综学习方法，找出可以优化的地方；引导组员总结文综答题技巧，提高组员文综学习兴趣
		第七节　我们不相忘 目标：处理离别情绪，在健康和谐的氛围中结束本学期活动	使小组组员认识到自身变化；带领组员回顾七次活动，引导组员分享心理路程，巩固收获；询问组员对小组开展活动的意见建议；增强组员自信；处理离别情绪

五、反思与总结

通过对个案的分析，可以发现在社会工作本土化过程中，小组工作的目标确定过程存在以下几点需要反思的问题：

（一）谁的需要

社工经常以小组工作的方法和形式提供服务，但开设小组是出于社工的需要还是案主的需要呢？为了满足案主的需要，小组工作是否是有效的工作方法？小组是社工为了工作考核指标的达成或作为费时费力的个案工作替代品才开展的吗？如果工作员大部分是出于"我想开个小组"的心态开展小组工作，并非对案主真实急切的需要的反应，那么在

学校社会工作实务探索　第一辑

社工伴学

确定小组目标的过程中，工作员往往只能形成模糊的小组目的，而难于根据案主的真实需要确定要改变的方向、判断应达至的指标，也就无法将小组目的转化为具体可执行可测量的小组目标。

（二）解决什么问题

社工确定小组目标的过程，实际上是明确可以解决的实务问题的过程。这个实务问题应该使用非常明晰的表达方式，如谁参加小组，什么行为要改变，要改变成什么行为，这些行为的具体表现是什么？如果没有这些具体问题作为参照，社工也难于制定具体的小组目标，而充满了"成长、提升"等抽象表达的目标，只会令社工和案主都无所适从，不知到底在小组中要做什么。

（三）用什么方法去解决

社工确定设计小组目标框架的过程实际上就是应用干预理论和介入模式的过程。社工应该去搜集并选择具体至操作步骤的干预介入方法，以此为基础设计每一节小组活动的目标，从而形成小组目标框架。每一节小组活动的主题和目标都应是有所依据，而不是社工凭直觉和经验随意地指定。在没有介入理论指导的情况下，工作员经常会陷入到处寻找引人注意的游戏或者没完没了的经验分享境地中。须知游戏和经验分享都只是目标的载体、干预的道具，而不是干预行为本身。

（四）该方法是否有效

干预方法的有效性除了要求社会工作实证研究的证明外，还要求社工在干预前后运用标准化的测量工具对案主的变化进行测量。标准化的测量工具的设计与社会工作者的目标设计息息相关，因为只有设计了具体的指标化的目标，才能根据希望达至目标的情况和程度进行相应的量表和问卷的设计，也才能真实测量案主是否发生变化，而不是仅仅通过"请你谈谈在小组中有什么收获？"的开放式问题评估案主是否达至目标。

总之，小组目标的确立是从一般的小组目的到具体的小组目标的过程，是基于案主需求、介入理论和研究证据设计小组目标框架的过程。小组目标框架中的分目标之间要求具有逻辑，各目标要求由可测量的指标组成。这样的小组目标框架可以帮助工作员和组员对小组有清晰的共同理解，更加投入至小组目标的达成，从而真正帮助组员解决问题、满足需要。

参考文献

[1]辞海编辑委员会.辞海[Z].上海：上海辞书出版社，2010：1339.

[2]黄丽华.团体社会工作[M].上海：华东理工大学出版社，2003：337-338.

[3]何雪松.证据为本的实践的兴起及其对中国社会工作发展的启示[J].华东理工大学学报(社会科学版)，2004，(1)：13-18.

[4]刘玲.社会工作建构主义实务原则指导下的小组工作反思[J].社会工作，2011(4)：38-40.

[5]刘梦.小组工作：第二版[M].北京：高等教育出版社，2013：151，152，164.

[6]罗纳德·W.特斯兰，罗伯特·F.理瓦斯.小组工作导论[M].5版.刘梦，等译.北京：中国人民大学出版社，2010：144，160，193.

[7]张昱，彭少峰.走向适度循证的中国社会工作：社会工作本土实践探索及启示[J].福建论坛(人文社会科学版)，2015(5)：160-166.

[8]周亚东.从"教学目的"到"教学目标"的转变[J].中国音乐教育，2005(7)：34.

[9]GAMBRILL E. Evidence-Based Practice：An Alternative to Authority-Based Practice[J]. Families in Society：The Journal Of Contemporary Social Services，1999，80(4)：341-350.

[10]HEPWORTH D H，ROONEY R H，ROONEY G D，et al. Direct Social Work Practice：Theory and Skills (8th ed.) [M]. Belmont：Brooks / Cole，2010：278-355.

［11］KLEIN A. Effective group work ［M］. New Yory：Associated Press，1972：45.

［12］TOSELAND R W，RIVAS，R F. An Introduction to Group Work Practice（7th ed.）［M］. Harlow：Pearson Education Limited，2017：22-29.

研究篇

内生发展：学校社会工作介入
农村小学的路径探索

——以C小学为例

许云云①

　　摘　要：学校社会工作作为社会工作重要的实务领域之一，通过专业的工作方法和技巧为学校师生提供符合需求、适切性的服务。某些地区农村小学由于受到经济发展水平和资源分配不均的影响，正逐渐走向衰落，面临着学生成长与学校发展的双重困境。本文以安徽省凤阳县C小学为例，分析农村小学在双重困境下的切实需求、学校社会工作介入的专业优势，总结学校及社会工作专业发展本身的局限性带来的挑战，通过引入内生模式与朋辈辅导的概念，探索以满足农村小学切实需求为目标，多元服务提供者嵌入为方式，社工引导、主体增能和场境优化为手段的内生路径。

　　关键词：学校社会工作；农村小学；内生路径

　　[中图分类号] C916　　　　[文献标识码] A

一、研究背景：学校社会工作与农村小学

　　城乡二元结构体制下，农村与城市在经济、社会、文化等方面都存在着巨大差异。大多数农村小学也在教育经费、师资力量、学生生源、学生综合素质等方面落后于城市小学。在经济发展和交通便利的影响下，部分农村小学逐渐面临着合并与撤销，给原本相对落后的小学带来更多的问题。学校社会工作是社会工作的分支之一，将社会工作专业的

230

---

　　① 作者简介：许云云（1990—　　）女，安徽凤阳人，社会工作硕士。研究方向：农村社会工作，社区工作。

原则、方法和技巧应用到学校领域，通过与家长、学校和社区的互动，解决学生问题，促进学生成长，使学生能够更好地适应学校和社会生活。从学校社会工作角度分析农村小学的问题，探索介入路径，对于解决农村小学问题、满足农村小学的需求具有实践意义。

（一）学校社会工作

学校社会工作最早诞生于20世纪初的美国，当时教育机构为解决因工业化、城市化所带来的大批移民受教育问题，派出专职教育工作者到社区普及教育活动，即所谓的"访问教师运动"。我国的学校社会工作最早也可追溯至20世纪初的社会教育活动，随后主要是围绕国家教育方针展开的学校社会工作实践以及近期发展起来的专业学校社会工作。学校社会工作是依据社会工作的原则，运用社会工作专业知识、技术与方法，解决存在于家庭、学校和社区间可能会引发及影响学生问题和干预效果的专业服务。学校社会工作的直接服务对象是全体学生，尤其是处于困境中的学生，间接服务对象包括教师、家长、学校和社区环境。因此，为了更好地促进学生成长，多方应形成合力，共同为学生提供服务。

（二）学校社会工作关于农村小学的研究

目前国内学者关于学校社会工作介入高校、中小学的研究丰富，本文主要分析学校社会工作介入小学、农村小学及相关群体的研究，其主要集中在以下几个方面。一是针对某一群体展开的研究，如留守儿童群体、流动儿童群体等不同群体的问题研究与介入对策分析；二是针对某一特定问题展开的研究，如农村儿童心理健康、农村小学校园暴力、农村地区辍学问题、农村儿童人际交往问题，探索学校社会工作在该类问题中的预防与控制等应用性研究；三是针对某种特殊学校展开的研究，如不同学者针对农村寄宿制学校展开的研究，以及如何从学校社会工作角度进行介入；四是针对小学介入模式的研究，如成都市第三圈层农村学校社会工作模式研究、北京市西城区红莲小学社会工作模式探索、小学学校社会工作介入模式探讨等，试图通过个案研究、行动研究等方式，总结学校社会工作介入农村小学的通用模式。

以上，从不同人群、不同领域讨论学校社会工作介入的可能性与可行性对策，并试图根据地区发展经验总结学校社会工作对于小学介入的通用模式。高校与小学共建实习基地，有效利用高校人力资源为小学解决人员服务不足的问题，促进小学学校的发展；"学校—社区—家庭"模式实现三方良性互动，从而推动小学问题的解决。两种模式都是采取内外路径结合的模式，较适用于城市小学。但是，针对农村小学介入模式和路径的探索研究较少，且已有研究对于农村学生和教师的特殊需求、学校社会工作者流动性强等问题回应不全面。由于农村小学地理位置偏远、教学资源缺乏、师资水平较弱，导致专业社会工作难以进驻，即使少数地区偶有开展，也难以保证持续性。农村小学内生力量的挖掘与应用，能够有效解决这一问题。因此，探索一条效果良好且具有可操作性的内生路径是本文探讨的重点。

本文以凤阳县某村C小学为例。该村共有学生700余人，每个年级分2个班，共计12个班级。学校拥有教师26人，主要为各年级语文、数学、英语老师。体育、美术、音乐等课程皆由主课老师兼任。C小学容纳来自周边5个小村庄的小学生，其中3个村庄曾拥有"村小"，但由于学生和教师数量越来越少，逐渐合并至C小学。本文通过对C小学的分析，了解农村小学的需求，分析学校社会工作介入的优势与挑战，探索内生路径，以期对未来农村小学的发展提供借鉴。

二、需求为本：学校社会工作视角下农村小学需求

农村小学教育是我国教育的重要组成部分，其普及程度和发展水平，对全国的基础教育实现程度有着重大影响。关注小学生的成长和发展、营造良好的学习环境，是我国农村教育发展的重要工作。经过梳理发现，目前我国农村小学普遍存在着资源落后、师资薄弱、家校沟通不畅等共性问题，以学校社会工作视角介入，需要对农村小学以下几个方

面的需求做回应。

（一）学生教育和社会化的成长需求

小学生在学校中不仅要得到知识的训练，更重要的是身心健康和正确价值观的引导，以实现良好的社会化。然而由于客观条件限制和成长阶段特点的影响，导致学生在成长过程中，常常会遇到学习适应、心理健康、人际交往、不良习惯等问题，这些都无法在学校老师和家长那里得到充分的解决。如对C小学某四年级学生访谈发现，该学生及其同班同学沉迷于某手机视频直播软件（其中含大量游戏直播、不良价值观视频等），他们的行为不仅没有得到家长和老师的制止，反而吸引更多同学模仿。越来越多的小学生沉迷于网络和游戏，与同学的交流不断减少，在沟通过程中羞于表达，课堂表现沉闷，因此学生的教育和社会化需要得到同伴、家长、教师的正确示范与引导。

（二）理念转变和教学提升的发展需求

农村小学学校的发展需求主要体现在三个方面。一是教育理念的转变。目前C小学依然保持传统教育理念，主要传授系统的科学知识，所有活动围绕"教书"展开，甚至出现某个班级同一天连上8节数学课的现象。传统教育理念过于重视知识的学习，而忽略了学生品德和个性的培养，德智体美全方面发展成为空头口号，不利于学生的健康成长。因此，学校转变教育理念势在必行。二是师资力量的扩充。由于地理位置和经济条件的限制，愿意从事农村小学教育的人相对较少，城市中专业化教学是农村小学难以企及，C小学音乐、美术、体育等课程皆由语文、数学老师兼任，英语老师仅有2名。为了维持正常的教学环境，学校不得不从当地降低标准招聘"非编制教师"参与小学教育，从而导致师资水平得不到有效保证。三是教学方式的改善。农村小学教师因长期生活、学习、工作在乡村，几乎没有外出学习的机会，教学中缺乏热情和竞争意识，无法掌握先进的教学技术，教学方式单一，主要采取"满堂灌"的方式，未能做到课堂上灵活教学。

（三）学校与家庭良性沟通的互动需求

小学教育阶段家庭与学校的教育地位都是不可替代的，家庭教育应作为学校教育的辅助，所承担的人格培养和道德教育的功能应不断强化。农村小学教育过程中，需要家长的重视与配合，但是家庭教育主体文化水平低，主观上认为自身的文化不能教育孩子，完全依赖于学校，未能给孩子提供良好的学习环境，导致家庭与学校的分离。另外，由于农村经济水平的相对落后，家长忙于农活和工作，缺少时间和精力关心子女学习情况和道德培养，使得其子女接受的家庭教育有限，未能对学校教育进行延伸和巩固。C小学三年级学生S未参加上学期期末考试，班主任十分生气，并抱怨"该学生总是旷课、不交作业，家长一点也不关心孩子学习，还不如不来上学"。可见，学校须需与家庭建立良好的互动关系。

三、优势挑战：学校社会工作介入的"双刃剑"

学校社会工作介入农村小学是优势与挑战并存。既能从专业方法、技巧等体现其优势，又受到来自学校、专业自身和社会的多重挑战，探索介入路径，需先对介入过程中的优势与挑战进行深入分析，并运用专业的手段和方法应对挑战。

（一）优势分析

学校社会工作介入农村小学的优势体现在目标的契合性、价值观和工作方法的适配性两个方面。目标的契合性是指，学校社会工作的目标与农村学校教育的目标是契合的。随着教育思想的变迁，农村学校教育正逐步由单纯的知识传授向倡导素质教育转变，学生的个性化和自主意识在不断增强，利益诉求也逐渐增加。学校社会工作者相信每个人的潜能，尊重学生自我表达和自我实现的权利，重在激发学生内在的成长动力，尽可能地为每一位学生的成长成才创造条件，从而有助于促进学校素质教育成效的提升。价值观和工作方法的适配性是指，学校社会工作

234

的价值观和工作方法适用于农村小学，且能够发挥积极作用。学校社会工作中的真诚、接纳、非评判、尊重学生的个人意识等价值观有助于社会工作者与学生建立信任关系，也能够为教师处理学生问题时提供重要的参考和借鉴。学校社会工作相信每个学生的潜能，从"优势视角"而非"问题视角"开展学生工作，强调挖掘学生的优势资源，如同伴帮助、家长教育、教师引导等，共同促进学生的成长。

（二）挑战分析

1.来自服务对象：专业认可度低，学校配合度不高

社会工作的专业认可度较低是一个普遍存在的问题，农村地区尤甚。C小学教师对社会工作了解甚少，即使在电视上听到过，也不知道是做什么的，甚至很多人并没有听说过社会工作专业。家长对农村社会工作有较强的陌生感和疑惑心理，从而不太容易接受农村社会工作，甚至认为社会工作会影响孩子的学习，排斥学校社会工作的开展。这种不认可与不信任不仅来自家长，同样也来自教师和学生，导致工作无法正常进行。然而，当学生面临情绪、人际交往以及价值观方面的问题与困惑时，学校、家长、教师不能从专业角度予以引导，以至于学生影响到学习、人际交往，甚至对未来没有正确认识，对社会产生抵触的情绪。因此，工作者需证明有能力处理上述状况，并取得他们的支持与配合，这是社会工作者面临的极大挑战。

2.来自服务提供者：工作者流动性大，实务能力较弱

我国社会工作专业起步较晚，农村地区社会工作尚未得到足够支持。社会工作人才在制定职业发展规划和就业地区选择时往往也"偏向城市而避开农村"，他们在选择职业场所时往往根据经济发展、生活便利、职业发展等因素偏向于选择城市地区而不愿去农村地区从事社会工作服务。我国目前在职的社会工作者大约有一百万人，大部分在城市，专门服务于农村地区学校的社会工作者仅占十分之一。目前，针对农村学校已开展的社会服务多采取在一定期限内开展的项目服务或高校在读学生"轮换式服务"。第一种为工作者在项目周期内定点为农村学校开展服务，项目结束后即结束服务；另一种则是由高校与农村小学建立长

期关系，学生毕业后即结束服务。两种方式工作者的流动性都很大，影响服务实施效果。由于在读学生专业素养不够，实务经验缺乏，严重影响服务质量。而服务者轮岗，不仅不利于服务的衔接和持续性，更重要的是刚刚与学生建立起信任关系就离开，容易给双方都造成严重的情绪困扰，心理受到伤害。从专业角度看，这严重违反社会工作的专业伦理。由此可见，轮岗式服务虽然一定程度上解决了社会工作人员不足的问题，但同时也给服务对象带来了伤害，且工作者的实务能力不能得到保证，影响服务的开展。另外，就对服务者的培养而言，学校专业教育侧重理论知识的学习，而相对忽视了社会实践能力的培养，在读学生在没有完成相应学习且缺少长期督导的情况下开展服务，对于农村小学实践中遇到的问题，往往做不到及时处理和有效解决。

四、内生路径：学校社会工作介入农村小学的路径探索

(一)以回应主体需求为主要目标

学校社会工作有效开展是以服务对象的需求调查与分析为前提的。据前文调查总结，农村小学切实需求体现在成长需求、发展需求和互动需求三个方面。学校社会工作介入路径无论如何选择，都应该始终以回应此三方面需求为主要目标，进而匹配相应的介入方式与手段。服务对象需求的满足，首先离不开服务提供者，即学校社会工作者。为了保证服务提供的持续性与有效性，本文探索采取多元主体提供服务的方式解决农村地区工作者数量较少的问题。其次通过社会工作者的引导和宣传，持续对农村小学的主体，即小学学生、教师或学校相关工作人员的内部增能，提高他们应对和解决问题的能力，并承担相应组织和领导任务，如朋辈小组长和教师合作者等，以满足成长和发展的需求，解决工作者长期流动，服务不稳定的问题。同时，社会工作者也应该实现自我增能，为培养和训练小组长、合作者提供更契合的服务，解决服务者自身实务能力弱的问题。最后，通过场境优化，为农村小学相关的场境，如学校、家庭、社区等搭建沟通交流的平台，实现多方良性对话和沟通

的互动需求。

（二）以多元服务提供者嵌入为方式

2016年，许莉娅在讨论专业社会工作在现有学校体制中的嵌入指出，嵌入主体是专业的学校社会工作者及其专业的社会工作。文中总结嵌入的方式包括以北京地区为代表的校企合作下高校师生提供的服务、以深圳地区为代表的政府购买服务的"岗位社工"服务形式、以上海地区为代表的政府聘任的"专业社工"服务形式和以四川、广元地区为代表的高校联合下灾后援建服务。通过以上几种嵌入方式可以看出，目前我国学校社会工作的介入方式主要采取政府购买服务和高校开展服务方式，其中政府直接聘用专业社工的形式由于"领导换届"而未能得到长期实行。那么农村地区是否可以沿用这两种方式呢？答案是肯定的。学校社会工作介入农村地区小学，仍然可以沿用以上两种服务形式，但是，为了保证提供农村小学学校服务的工作者的数量以及持久性，可以引入更多的主体参与农村小学服务。

本文根据学校社会工作的发展及农村地区的特点，探索在保留以政府和社会工作机构、基金会和高校等为主体的学校社会工作嵌入的基础上，拓展新的提供服务的主体，即引进企业项目。随着社会工作专业在我国的普及和发展，越来越多的企业也开设相应的社会工作服务项目，它们以低收费、公益性为主要特点，工作员包括专业社会工作者、心理咨询师等相关人员。如某企业的"阳光朋辈"项目，主要针对留守儿童展开，以组建朋辈小组为主要手段，通过持续的朋辈训练课程建立同龄学生之间的互动互助模式，对留守儿童进行长期、有效地干预，塑造留守儿童乐观、自信、爱倾诉、懂分享的品质。此类企业项目通过向学校收取低额费用，为学校配备社会工作者、心理咨询师等，定期开展服务。农村小学的社会工作者介入也可探索此类方式，企业作为服务提供者，虽收取一定费用，但能够保证对学校提供持续、专业服务。

（三）以社工引导、主体增能、场境优化为主要手段

内生发展模式下的社会工作人才建设应寻求以下改善路径：一是进

行主体增能。二是推动场境优化。根据顾东辉对社会工作人才队伍建设的路径的观点，结合学校社会工作开展的实际特点，设计以社工引导、主体增能和场境优化为手段培养农村小学的内生力量，对学校社会工作介入农村小学进行探索。其中主体增能包括学生主体、教师主体；场境优化包括学校、家庭、社区环境优化及营造三方良性互动的环境。

1.社工引导

本文主要探讨学校社会工作介入农村小学的内生路径，工作者仍然是路径的主要执行者。无论是政府购买、高校合作还是企业项目的形式，专业社会工作者都是不可或缺的一部分。社会工作者应在服务前期开展服务宣传活动，介绍学校社会工作的价值观、内容、目标、优势等，以取得学校和家长的支持和配合；服务中期定期开展针对全校师生的服务活动，包括习惯培养、能力训练、心理疏导等，以服务效果取得社会认可；服务过程还应该注重内生力量的培养，以保证即使在社会工作者离开学校后，社会工作的相关服务及理念仍然可以留在学校，让更多的学生受惠。

2.主体增能

主体增能是指对农村小学社会工作相关的主体进行知识普及、信心提升、能力训练等，主体包括小学学生、相关教师、社会工作者本人。社会工作者进驻期间既要开展针对全校的辅导活动，更需要设计朋辈小组长和教师合作者的培养活动，保证工作者流动或离开时，社会工作的价值观、理念、服务活动等仍然能够继续延续。通过主体增能，对学校的内生力量进行挖掘和培养，满足学生、家长、学校的多方需求，解决学校面临的困境，营造更有活力与创造力的农村小学学习氛围。

针对农村小学生主体的增能。朋辈辅导是指由经过辅导知识传授与技巧训练的同学、同事等非专业辅导员进行的辅导活动。由于同龄人阅历和价值观相近，彼此更容易信任，在小学生的增能方面能够发挥积极作用。社会工作者定期在农村小学开展朋辈小组活动，通过朋辈训练课程和朋辈小组长的培养，关注学生的自我成长与发展。朋辈辅导之于学生可从两个方面开展活动。其一，社会工作者在进驻学校之前，应链接心理咨询、儿童成长等相关方面的专家，制定朋辈训练课程，并编制相关手册，用于服务开展。课程内容涉及儿童心理健康成长、人际交往、正确价值观引导等方面，主要由社工定期为儿童提供训练课程。其二，社会工作者与教师应该注重朋辈小组长的选拔与培养。朋辈小组长可由社工与教师根据该小组成员的综合表现选拔，学习、生活、能力等任一方面能够作为学习榜样皆可。工作者对朋辈小组的训练应侧重在综合能力培养方面，引导朋辈小组成员应对生活、学习中的困难，相互支持，共同成长。

针对农村小学教师主体的增能。教师主体的增能体现在减压、能力训练和教师合作者的训练。首先，学校社会工作者可以承担部分困境学生的辅导和家访工作，减轻教师的压力；其次，通过设计小组活动和链接教育专家等资源开展讲座，为农村小学的教师传授专业的知识和科学的工作方法，以应对学生情绪管理、生活困境等问题；再次，社会工作者应该在学校中寻求"教师合作者"担任辅导员的角色，对朋辈小组和小组长展开督导；最后，教师合作者应接受社会工作专业知识的训练，采取团体辅导的方式，即以学生进行朋辈辅导活动的方式，使他们亲身经历和体会团体辅导的情景与技巧，有利于提高和巩固培训的效果。教师合作者的培训应包括社会工作专业理论知识的传授，朋辈小组技巧的训练和实践。另外，培训过程中让老师处理模拟朋辈小组开展过程中的问题及提出相应的对策更是不可或缺的内容。

社会工作者能力的缺乏也会导致服务不能有效开展，因此自我增能十分重要。上文提到社会工作者实务能力弱、专业领域知识缺乏等局限，应在入驻前妥善解决，开展相关知识和实务能力的训练；学校社会工作者在提供服务过程中应配备专业督导及时给予指导，协助工作者进行问题解决和情绪支持；学校社会工作者也应该进行自我心理建设，通过学习与实践不断提高自信心与能力。

3.场境优化

"人在情境中"认为，个人和他所处的环境处在多重的互动中，农村小学生的行为受他所处的家庭、学校和社区环境的多重影响。农村小学的场境优化是指与学生、教师相关的所有环境的优化。社会工作者通过系列服务和活动，针对学校、家庭、社区等进行优化，搭建三方互动平台，实现学生健康成长、学校良性运行的目的。社会工作者在学校范围内面向教师，学校管理者设计讲座、宣传活动，鼓励学校转变传统单纯"以学习为主"的教育理念，倡导关心学生综合素质的发展，保证学生德、智、体、美、乐等课程的正常开展。社会工作者在农村社区中开展亲子趣味运动会、亲子游戏等，向家长宣传正确的教育理念，对家庭的合作行为予以鼓励，对不良的家庭教育方式予以指正，在有限的时间与空间中，为亲子有效沟通创造条件。社区工作者也应为家长和学校搭建互动交流平台，协助学校定期开展家长开放日或家校互动会，邀请家长工作结束后到学校与学生共同活动；鼓励家长积极参与学校活动，建立家长微信群，及时反馈学生情况；招募家长志愿者积极参与学校活动等，既体现了学校的教育属性，又对家长、社区资源进行综合利用，推动家庭—学校—社区三方的良性互动。

综上，农村小学面临学生教育和成长、学校发展、家庭和学校良性互动等多方面需求，学校社会工作的介入有利于农村小学需求的满足和困境的解决。学校社会工作不同的嵌入方式，有利于农村小学的发展，但同时也面临一些挑战和局限。本文从来自学校的配合度低和来自工作者的流动性大两个挑战入手，在原有学校社会工作嵌入方式的基础上，引进企业项目，通过朋辈小组的开展，探索以社工引导、主体增能和场境优化为主要手段的农村小学的内生介入路径。本路径的提出，有助于解决社会工作效果不持久、社会工作者流动性大的问题，对于其他农村小学的社会工作介入也具有借鉴意义。

参考文献

[1]顾东辉.社会工作概论[M].上海：复旦大学出版社，2008：277.

[2]顾东辉.内生模式下的本土社会工作人才培育：以上海为例[J].中国社会工作，2017(5)：27.

[3]郭占锋，李卓.发达国家农村社会工作研究及启示意义[J].中国农业大学学报(社会科学版)，2017(4)：41-50.

[4]李绍伟.学校社会工作本土化模式分析[J].消费导刊，2008(8)：237.

［5］李旭新,冯尚飞.朋辈辅导在大学新生适应辅导中的应用性研究［J］.青少年研究(山东省团校学报),2000(3):38-39.

［6］许莉娅.学校社会工作［M］.北京:高等教育出版社,2009:8.

［7］许莉娅.专业社会工作在学校现有学生工作体制内的嵌入［J］.学海,2012(1):94-102.

［8］严樨.成都市第三圈层农村学校社会工作模式研究:以"燃亮号"流动教室项目为例［J］.西南石油大学学报(社会科学版),2013(6):56-62.

研究篇

感受篇

山河不足重，重在遇见你

王　然

一、初次接触"社工伴学"

刚刚来到大学，感觉一切都很陌生也很新鲜，看到了偌大的校园，看到了很多可爱的学长。

慢慢地，QQ上"大学"那个分组里，组员增多了。一次偶然的机会，一个学姐问我是否愿意加入"社工伴学"，那个时候的我，看到别人整天忙忙碌碌，而自己好像没事人一样，就同意加入了，并且把室友也拉了进来。就这样，我和"社工伴学"的故事开始了。

二、初次活动

第一次和学姐们的见面时间虽然很短，但很愉快。首先，我们互相做了自我介绍，然后学姐重点介绍了王杰老师以及小组的活动目的和过程。那时我们之间还不熟悉，有点拘束，但是我们都表现出了温暖相伴的意愿，所以对于初遇，我的记忆里是美好青春的模样。

学姐说，我们这个小组的主题是寝室关系。现在的大学生，很多都是独生子女，很多都没有集体生活的经验，且身上大都贴着"被宠坏""自私""不讲理"的标签。自然，大学宿舍就会发生很多问题，如宿舍成员之间如何相处，宿舍卫生如何安排，各个成员的习惯、作息时间如何协调。因此，看似统一呆板的集体生活中存在很多问题。

刚刚来到大学的我们，非常需要引导。来自五湖四海的我们，饮食习惯有很大的不同，有些方言更是千差万别。虽然我们每天生活在一起，却没有办法深入彼此的内心，再加上每个人还思念着家乡，每天和父母、闺蜜聊天，讲着互相都听不懂的家乡话，更是加深了我们的距离感。所以相互不熟悉的我们如果不能处理好这些问题，后果会很严重。

我刚来到安徽师范大学的时候，因为以前没说过普通话，所以都不太敢跟室友交流，不太好意思张嘴说话，怕自己说方言室友听不懂。但是室友们很友好，我也就慢慢放开自己了。后来发现其实很多事情直接与室友沟通效果反而会更好，只不过我们都需要沟通方面的技巧。

活动结束前，三位学姐给我们每人发放了一份关于个人信息和小组发展的调查问卷。

三、收获与反思

几次活动下来，我觉得我们在慢慢成长。

从第一次的羞涩到最后一次的不舍……中间其实经历了很多，我们都有了感情。但非要具体说为什么我们的感情越来越深，我想我是说不出来的。

有一次活动，我们都特别开心。那是第一次走进"传说"中的社工实验室，我们心里很激动。刚开始去社工实验室时我们找了好久，但这稍长的寻找时间，更使它增添了一份神秘感。

那一次活动的游戏环节，氛围都很好，我参加活动也很活跃。我不太喜欢人多的地方，所以很多游戏我没法在现实生活中玩，只能在手机上玩，但是在手机上玩怎么会有和朋友玩开心、尽兴呢！那次活动中，亲身且面对面地玩很多游戏，我心里好开心。虽然我没能玩赢，但第一次在那么多人面前说了那么多话，流露了那么多表情和感情，直到现在我还很动容。现在的我，依然不习惯人多的地方，依然惧怕各种聚会的邀请，依然不会表达自己，可是比起以前，我在努力让自己多和别人接触，在学着让自己适当地开口。这是三位学姐和我的两个小伙伴教会我的，也是"社工伴学"教会我的。

记得有一次以"宿舍问题"为主题的活动，学姐让我们把各自宿舍的问题说出来，然后大家群策群力解决。在说到沟通技巧时，学姐以自己的亲身经历开导我们。当我们与室友发生矛盾时，要及时地沟通与解决，每个人都为彼此做出了改变，这样便成了最好的朋友。此后，每当在宿舍遇到问题时，我也会主动和室友沟通，虽然说出来有时会有"扎心"的感觉，但效果还不错。

有一次，室友把衣服挂在我的衣架上了，因为我是不太喜欢私人东西混在一起的，尤其是内衣、袜子这样比较贴身的东西，所以我就和室友沟通了。自那以后就再也没有那样的情况发生了，而且我提着的心也放下来了，我们的关系还是和以前一样好。像这样的事情在我们宿舍还有很多，因为每个人都有自己的习惯，所以我们要学会互相尊重和理解。

"社工伴学"带给我的绝不仅仅是宿舍问题的解决，还有很多其他的东西。比如，在专业上，它告诉了我"社工伴学"活动的基本流程和如何吸引大家参与活动；在学习上，学姐们也同我们分享了很多经验和技巧。

关于这次活动，最初真的只是抱着走马观花的态度，谁曾想竟然收获颇多。

四、期待未来

我希望下学期还能参加"社工伴学"活动。我觉得我要学习的东西还有很多，对"社工伴学"很不舍。我希望我能尽快从参与者的角色转向组织者，无疑"社工伴学"活动给我提供了一种可能渠道。

感受篇

定目标，抓时间，提效率

张翌玮

初步接触"社工伴学"源于同学们的宣传，在了解了活动的主要流程和内容以及参与的成员后，我产生了极大的兴趣。因此，经同学介绍，我加入了"社工伴学"。

这一学期，我一共参加了六次"社工伴学"小组活动。

第一次活动是工作员与助理以及各个组员进行自我介绍，并发放相关的调查问卷。通过"姓名串串烧"和"大风吹"活动建立小组契约，让组员与工作员之间、组员与组员之间相互认识并熟悉起来，让组员更清楚小组的活动目的和内容并表达自己的目的和期望，让组员认识到自己的责任并获得归属感，让组员增加信任感、增进团队安全感，让小组活动开展得更有序，最后由工作员做活动总结。

第二次活动是提交问卷并简要分析。先通过扮演时钟、播放视频和PPT，介绍时间的特性和珍惜时间的重要性；再由组员谈谈自己的想法，让组员认识到时间的重要性，更清楚地认识自己的时间管理能力，树立正确的时间观念；然后在轻松的活动氛围中，让组员更好地表达自我；最后，工作员做活动总结。

第三次活动是通过"撕纸条"游戏，组员认识时间的价值并分享自己的感受，提高时间价值感，明白科学管理时间的意义，学会合理地规划时间。活动中，先让大家讨论时间都去哪了，并由组员制定一个自己理想的时间表；然后讨论如何克服时间规划不合理上的困难，由组员谈谈自己的收获；最后，工作员做活动总结。

第四次活动是通过解开"千千结"游戏，让每个组员列出影响自己学习时间的因素，将自己近一周要做的事按重要程度排列，思考做每件事需要的时间成本并做出规划，以达到让小组成员学会分清事情的轻重缓急、学会合理安排时间、学会排除外界干扰的目的。活动重在让小组成员坚持并完善自己的时间管理目标，持续克服惰性，进一步改进自己的时间管理策论。

第五次活动是通过"松鼠与大树"活动给每位组员发放奖品，通过PPT介绍大学生涯和职业规划的基本原则，小组成员拟写自己的短期目标、中期目标、长期目标和职业生涯规划，并在小组内分享，由工作员进行分析。通过这些活动，小组成员学会改善自己的时间管理方式，学着为自己的未来做出职业规划。

第六次活动是先让组员填写问卷，工作员分析问卷，再由组员讨论活动的感受与收获，然后对活动进行拍照留念，建立交流群方便后续工作，最后由工作员做活动总结并致谢。

一个人能否获得成功，取决于他的态度和思维方法，态度决定行动，思维方法决定方向。从某种意义上说，一个人的成就跟他的时间管理密切相关。时间管理好的人，是时间的主人，虽然他们每天都很忙，但忙而有序，忙而有效。由于他们每天都能合理安排时间，有效利用零碎的时间，因而他们每天的时间是可以增加的。当然，这不是说一天变成了25小时，而是指他们比别人拥有的"有效时间"增加了。我认为在大学里除了正常地学习专业知识以外，还应学会自我学习、自我管理，合理有效地管理和安排自己的时间，逐渐养成一个良好的时间观念，这对以后走上社会工作将有很大好处。我认为要合理有效地管理时间，实现时间的相对增值，需要做到以下几点：

（1）要有明确的目标和良好的习惯。如果没有明确的目标，那么时间是无法科学管理的。还要有好的习惯，如不乱放东西、勤奋刻苦、办事不拖拉等，这是高效利用时间必备的。

（2）要有一个明确的计划，这是根据目标来的。也就是说，你必须把每学年、每学期、每月、每周、每天所要做的每一件事情都尽量列出来，因为详细的计划有助于提高工作效率。

（3）做事要有技巧，分清事情的轻重缓急、有主有次，并按一定顺序完成。确定优先次序，从最重要的事情开始做起，最重要且紧急的事要立马做；重要而不紧急的事，要尽快做；紧急但不重要的事，要学会放弃；对于不重要也不紧急的事，尽量不去做。

（4）每天给自己定一个不被干扰的时间，专心做自己的事。这个时间应该是工作效率最好的时间，一般以早上刚起床的时间为最好，因为这时头脑是最清醒、最清静的时候，容易把事情想好、办好、想全、办全。这样的时间安排是比较合理的，因此作为学生，养成每天早早起床的习惯对学习的帮助是很大的。

（5）要用个人的价值观来决定自己的目标，把主要的时间和精力放在最重要的事情上，适当兼顾他人的要求。要让周围的环境更加和谐，同时也让自己处在与自己价值观相同或相近的人群之中，这样能保持个人较好的情绪，做起事来效率会高一些。

（6）任何事情，争取一开始就要把它做对、做好，能一次做完的事情一定要一次做完，绝不拖拉。重复和反复做同一件事情是很浪费时间的，要有时间成本的概念。

（7）必须控制打电话的时间、上网的时间，这是不经意中也是最容易浪费的时间。用电脑做事，没必要时尽量不要登录QQ，以防别人无意干扰。

（8）学会向知名人士学习，向专业内的顶尖人士学习，向师长、学长学习，学习他们的成功经验和失败教训。保留自己值得学习的地方，删除不适合自己的方面，这也是一种学习方法，而且是一种节省时间的好方法。

在第五次活动后，我认识到职业规划的重要性。职业目标，在个人职业计划中是必须的、当为首要的内容。对于积极向上、可望务实的人来说，目标无疑是人生的指标。

一是制定个人长远职业目标。

（1）长远目标期限不可太长，也不可过短，一般以10年左右为宜。

（2）确定长远目标，建立自己的事业和职业需要，必须能够配合工作环境的需求才行。能从市场角度探求人生的人，必可得到清晰的目标。

学校社会工作实务探索 第一辑

社工伴学

（3）眼光放远，不要囿于现实和近期。也就是说，要放眼未来，预测可能的职业进步。

（4）寻找自己渴望和追求的东西，用心去思考和发现自己的长远职业目标。看清自己的欲望，是个人谋略的重要工具。一个人的长远目标，一靠思考、反思而得来，是以自己的价值观、信念、能力、特性与其理想或志向进行分析，把可能性预知做一新的组合；二靠创建得来。一个人异乎寻常的创意，使之超脱现实思想限制，能拓宽更广阔的眼界，利于长远目标的确定。

二是制定个人短期职业目标。

已经选定长期目标，现在需要足够的理智和准确度，把长期目标换成一个个具体的短期目标。短期目标是一种特殊工具，将长期目标具体化、现实化、可操作化，是结果和行动之间的桥梁。长期目标和短期目标有机联系，构成一个金字塔型目标网，塔尖是长远目标，底部是无数个短期具体目标。

（1）短期目标必须清楚、明确、现实、可行。如果你对短期内期望完成的事业有清晰而完整的概念，那么你差不多已完成目标的制定了。

（2）每一个短期目标设置输出目标和能力目标。所谓输出目标，即为达到长远目标而设定的具体实施目标，是能以标准衡量是否完成的目标。能力目标，则是为达到输出目标所需要的相应能力，是对"为了达成我的输出目标，我必须擅长什么？"问题的解答。

"社工伴学"活动让我开始思考许多以往不曾考虑的问题。这对我以后的大学生涯规划和自我行为的约束有着深远的影响。

回首与启程

杨邱怡

2017 年，经历了 18 岁的成人礼，承受了高考的压力，体验了大学的新鲜生活，一切都在随时间前进，我想永远停留的 18 岁就这样过去了。

上大学的我，第一次真正意义上离开了父母的视线，内心并没有想象中那么雀跃，但对陌生的未来也并不害怕。之前，有人告诉我大学生活轻松、有趣，上了大学之后我才知道远不是想象的那个样子。

刚开学没多久，学长就到教室来给我们介绍"社工伴学"活动。然后有一些同学加入了，一个星期去参加一次小组活动。他们说跟学长相处很愉快，了解了很多大学的生活之道。当我在为没有参加"社工伴学"活动而感到可惜时，班里一位负责的同学问还有没有想参加的，于是我立马报了名。

学长很快就带我们开始做活动了。虽然大家来自不同的地方，学习不同的专业，但是都拥有一颗赤诚的心，对现在的生活都充满着疑惑与不解，对未来的日子都怀抱着信心与向往。学长组织的每次活动都有一个主题，让我们自由交流，提出自己的问题，表达自己的想法，让我们一起做游戏，增加彼此的了解，所以活动时总感觉时间过得很快。通过做游戏，大家相互认识了，深入了解了，小组的氛围更活跃了，愈发能够让我们体验到以信任为基础的交往是多么愉悦轻松。

印象最深的一次活动主题是"寝室关系"。室友基本上是我们平时接触最多的人，但对于像我这样刚刚脱离高中那种"洒脱型交往模式"的人来说，总觉得平时寝室里氛围不太活跃，虽然大家都很有礼貌，也没有摩擦，但就是觉得有点不太亲密。我是个比较慢热的人，室友的性格都很好，但是最初共同话题比较少，所以经常陷入"尬聊"。我深受"君子之交淡如水"的影响，偏爱独来独往，但并不是特立独行，脱离群体。只是觉得有时候需要留一片清静给自己，不强求他人陪着自己做某些事情，不想等人，也不想让人等，你情我愿，如此淡然相处便好。可是现实生活中，这样与你一起淡然的朋友却有些难找。我把这样的疑惑讲给了小组成员听，其中便有一个组员能理解我，她安慰我，要我不要着急，刚刚认识难免会聊不到一起。学姐也说了一些她的经验与故事，让我安心了不少。大学是个"大熔炉"，什么样的人都有，什么样的故事都有可能发生，所以我们需要谨慎处理你我他之间的关系，但也不需要为了不被讨厌而迎合所有人的要求。

学长都是有思想有想法的人，也许他们刚开始组织活动时也有些紧张，但是他们在不断地调整、反思、进步，在生活和学习上为我们提供了很多宝贵意见，解答了很多疑惑。他们孜孜不倦的样子让我觉得充满了力量，使我前进，让我也想成为他们那样的人。也许，这就是榜样的力量。学校里有许多优秀的人，同时也会有一些荒废青春的人，学长总是告诫我们要学好专业课，多看书，多发表论文，发展自己的兴趣，不要把过多的精力投入在打游戏和谈恋爱上。

通过参加"社工伴学"活动，我开始理解现在的生活环境，学着接纳性格多样的周围人，原本觉得奇怪的人现在看起来也挺可爱，对未来的轮廓也逐渐清晰。这让我体会到，人在成长的过程中，心胸会变得越来越大，甚至大到能包容一些不公，一意孤行走南闯北，而到达一个顶峰后，心胸又会变得越来越小，小到不在意功名利禄，只能容下一家人的幸福安康。就如《阿甘正传》中说的："我不觉得人的心智成熟时会越来越宽容，什么都可以接受。相反，我觉得那应该是一个逐渐剔除的过程，知道对自己最重要的是什么，知道不重要的东西是什么。而后，做一个纯简的人。"

在这一过程中，我也了解到，对于社会工作专业的学生来说，同情心是十分重要的。我们总是强调以人为本，提升专业素养，这就意味着我们不是去泛滥同情心，而是有目的、有技巧地去助人。帮助一个人获得重新生活的力量，自己也能从中学会换位思考，体恤恩情，珍惜友情，追求目标，平衡得失。我始终相信老师说的，社会工作是一项获得感很强的事业，金钱无法衡量一颗热忱的助人之心。虽然社会工作现在的认识度还不够高，以后要走的路也十分艰难，但我认为它的未来是光明的，是有重要意义的。世上本没有路，走的人多了，便也成了路。我们完全可以通过自己的努力，继前人的步伐，继续开拓社会工作的发展之路。

这一次我是"社工伴学"的参与者，将来我也会学习学校社会工作这门课程，成为活动的工作者和组织者。我会带着今日所学的成果和心得体会去设计和开展属于自己的小组活动，也一定会用自己的力量去同理和影响别人。

我不想自己的青春像《理想三旬》中唱到的那样，"醉倒在籍籍无名的怀"，不愿自己颓废在"迷醒岁月中"，不愿在没抵达理想时感受"热泪的崩坏"。所以，我需要的是行动，是脚踏实地，是坚持不懈，是勇敢无畏。过去再见，未来你好！大学，我准备好了！

"社工伴学"促我成长

马昌亮

　　自暑假收到通知书那一刻起，社会工作这个完全陌生的领域便向我打开了一扇窗，而我也开始努力地去学习与理解社会工作这个于我而言的新专业。军训后，我正式迈入了学习社会工作理论的课堂。在刚开始学习还不是太明白社会工作的时候，我遇到了"社工伴学"活动。2017年9月24晚上，我正在教室上晚自习，大三的学长们来到班级介绍了一个实践活动——"社工伴学"。他们三四个人为一组，每组都有各自的特色主题：时间管理、人际交往、寝室关系等。让我眼前一亮的是，这些活动主题与刚入大学的生活和学习息息相关，而我对于大学时间的分配正陷入了一个困境，所以我当时在心里就记下了时间管理小组的联系方式。因为我担心这个实践活动会与学习时间有所冲突，所以当时并没有立即报名，而是后来通过QQ向学长又进行了一番询问，最终我很幸运地成了时间管理小组的一员。

　　时间管理，毫无疑问就是科学规划好自己的时间，适应大学生活。"社工伴学"活动的地点基本上都在学校专门的实验室里进行。第一次进社工实验室的时候，我很惊讶，因为没想到这个活动还有一个专门的活动地点。实验室很大，算上大厅有五个独立房间，里面有许多整齐的桌椅、先进的多媒体设备，还有一些往年举办活动的照片等。

　　首次活动时，学长做了三件事：

　　（1）让大家初步了解小组的目标和大致内容；

　　（2）加深同学之间的认识和了解，培养大家的默契度；

　　（3）建立小组契约，初步建立小组成员之间的归属感和责任感。

　　大家先一起认真听取学长介绍活动的相关事项，然后每个人进行自

感受篇

255

我介绍。在这期间，不经意露出的家乡话引得大家开怀大笑，这拉近了组员彼此的距离。最后，大家一起制定了小组契约。经过首次活动，我对"社工伴学"活动有了更深的了解。

首次活动令人难忘，后来的活动更是记忆深刻。有一次，学长给我们每人发放了一张纸，让我们在上面写出最浪费时间的事。一开始大家都不好意思，但是学长将自己的亲身经历（他最浪费时间的事是玩手机……）告诉我们后，大家会心一笑的同时也都写出了认为最浪费时间的事。男生主要是打游戏、睡懒觉，女生主要是刷剧、看小说。然后，学长为我们提供了一些建议，让我们自己想出办法尽量减少做这些事的时间，并在接下来的一个星期内施行。当下次活动大家都将自己的施行成果拿出来时，每个人都发现比以前确实有了或多或少的进步。学长让我们发现问题再解决问题，并进行了许多时间规划的活动，目的是提前杜绝大学学习或者生活上的一些不好的习惯。学长还向我们分享了许多时间管理的小窍门，同时告诉我们图书馆是最适合学习的地方。在这之后，图书馆成为我常去的地方，在那里我静下心来学了很多知识。

小组活动当然不会仅仅只有活动，经常还会有小游戏穿插其中，如听声传气球、缩小词语范围等。这些小游戏使活动开展得有声有色，营造了良好的活动氛围。最后一次"社工伴学"活动结束的时候，学长还向我们每人赠送了一个精美的小本子。这个本子我一直没用，放在床头桌上，把它当作对"社工伴学"最美好的纪念。

"社工伴学"活动随着学期的结束暂时告一段落，但是它带给我的感触却一直留在心里。最开心的便是认识了比我大两届但特别和蔼可亲的学长们，他们带我适应着迷茫的大学生活，为我解答遇到的各种问题，让我感受到了真真切切的温暖。我一定会珍惜这段来之不易的友谊，同时以优秀的他们为榜样，努力学习，将在小组中学到的知识真真切切运用到实践中。除了学长，在小组中认识其他同学也是一个重要的收获。初入大学，彼此都不认识，小组成了一个天然的媒介，增加了许多让我们彼此了解的机会，而后来大部分小组同学也都成了好朋友。

想想刚入大学时，高三紧张的氛围不在，扑面而来的是一阵轻松，所以难免有些飘飘然，这就导致了我学习十分松懈，每天沉迷于玩手机和睡懒觉中而无法自拔，不知道该怎样分配自己的时间。在上大学之前，虽然我暗想不要像别人口中那样变懒，但是忽然发现自己已经在这条路上越走越远。而当我加入了时间管理小组以后，我的大学生活确实有了些许改变，从每天至少熬夜至凌晨一两点再睡，到如今关了灯后基本上马上睡觉。晚上睡眠基本能保证七八个小时，白天学习的效率也因此提高了许多。从玩手机一天很少放手到如果没事就不去碰手机，从无限制地玩游戏到给自己限定时间，为自己空出了许多的时间做其他的事情，如打羽毛球、看书等。

最后，通过和学长交流，我还得到了很多其他方面的感触。有一次，我正准备走出宿舍去学习的时候，学长正好发信息来询问一些事，然后顺便问了我在哪。我告诉他我在尝试改变状态后，学长说这非常好，要坚持。这些都给当时的我以巨大的鼓舞，让我继续学习，打败慵懒。别人不经意间的赞扬，真的会影响一个人很多。学长还告诉我，有很多东西现在还不太了解，所以要珍惜时间，努力学习，敢想敢拼，勇敢面对！

总之，参加"社工伴学"活动，是我步入大学后做的最正确的决定之一。在这个活动中，我认识了很多人，明白了很多事，养成了很多好习惯。时间管理是大学生活中不可缺少的一环，我也正继续努力地去管理自己的生活。谢谢老师、学长给予的这次机会，我真的成长了很多！

感受篇

感恩"社工伴学"，我获益良多

余俊斌

最初接触"社工伴学"活动时，我内心是比较抵触的，因为初上大学，对身边的很多事物都有一种莫名的抗拒和敌意。那时我觉得学习才是最重要，这些活动好像对我没什么帮助。后来，在参与了几次"社工伴学"活动后，我的想法改变了，我发现活动很不错。

我所参与的"社工伴学"小组活动主要以小组讨论、游戏等形式进行，过程和形式比较轻松愉快，学长在活动中也很热心。

通过参加本学期的"社工伴学"活动，我了解了很多跟自己有关的东西，例如：学习与考试的小技巧，未来几年可能会遇到的问题，如果要转专业应该做哪些准备，以及大学四年需要考取的证件都有哪些，等等。我认为，"社工伴学"活动对新生有很大的帮助。大一新生进入大学一段时间后，对大学生活有了自己的体会，但是大家会存在各种各样的问题，比如大学生活与自己想象的存在一定的差距，很多学生因此找不到人生的方向和前进的动力，或者是一天到晚都不知道自己忙什么，以致在目标与发展、人际交往、自我认知等方面产生困惑和迷茫。在大学生活中如何健康成长、不断发展自己，已成为学生普遍面对的问题。"社工伴学"活动就是以小组活动的形式，利用各样的小游戏，让大一新生从中有所收获，有所改变，有所进步。活动中，小组互动的效果会一一展现，这对于大学生正确把握自己、了解周围环境、实现自我的成长与发展是大有好处的，这也是小组活动的价值和意义所在。

虽然我不是社会工作专业的学生，但通过参加"社工伴学"活动，我对社会工作专业也有了一定的认识。我知道了人的需求分为生理需求、安全需求、归属与爱的需求、尊重的需求、自我实现的需求，而"社工伴学"小组活动能让每一个参与其中的大一新生产生归属感，并使小组成员在归属与爱的需求、尊重的需求和自我实现的需求上有所收获。本来对集体活动一直有所抗拒的我，在后来的活动中，也能积极参与，乐在其中。因为在参加"社工伴学"活动过程中，我不仅掌握了很多学习技巧、人际交往技巧等，也在活动中认识到了团队和伙伴的重要性。同学们经常在活动中设计的一些团队游戏和小组活动都在告诉我们合作的力量。这一段时间，我也逐渐打开心扉，与伙伴们一起完成小组任务，收获了友谊，也更加融入集体中。

以上，便是我对"社工伴学"小组活动的一些感想与收获，希望"社工伴学"小组活动能够一直延续下去，并拓展到其他专业和学院，使全校的大一新生都能又好又快地适应大学生活。

感受篇

成长之路

苟盛兰

　　时光匆匆，岁月荏苒，不知不觉中，还有半年，我的初中生涯就要结束了。在近三年的学习生活中，我认识了许多有趣且温暖的人，他们非常值得我学习。他们就是我参加的"社工伴学"活动的老师，他们无偿地为我们排忧解难，所以我们是幸运的。回想起来，"社工伴学"活动已开启了两年多，在这段时间里，我从他们身上学到了很多东西。

　　第一次和社工老师接触是在别样的研学之路上，虽说现在印象里最清晰的是一面满是爬山虎的墙，还有路过的图书馆，但正是因为此次研学之行我有机会参与了"社工伴学"活动。通过参与社工小组，我慢慢养成了良好的学习习惯并且自己的性格变得开朗了。

　　开始，我以为"社工伴学"活动就是社工老师们带着我们玩玩游戏而已，但其实看似简单的玩游戏环节却有着非凡的意义。玩中学，学中玩，是件很有意思的事。"蒙眼走路"，是最得我心的一个游戏，应该有不少人玩过。玩这个游戏，信任很重要，它让我深深地意识到团队合作的重要性。学习上，我最大的烦恼是历史，可能是因为考的分数一次比一次惨不忍睹，所以我对此学科有些厌烦，从而形成了恶性循环。我很清楚学不好历史的原因，但就是无法解决，可能还是因为我的时间观太淡薄了，导致做事情容易混乱。也许是少年心性，自信宝塔容易建立，但同时又因为根基不稳而极易坍塌。A老师是给我印象最深的社工老师，是她让我重新建立了学好历史的信心。在参加了"社工伴学"小组活动后，A老师引导我们学习好的经验，培养良好的时间观念和学习习惯。我的历史成绩终于有了回升，我很开心，同A老师交谈时语气也会

学校社会工作实务探索　第一辑

情不自禁地带有些许欣喜，当然，没考好时也会带有些许沮丧。但是 A 老师总会给我鼓励，让我有信心学好历史。与她交谈我感到很轻松，虽然我们认识的时间并不长。

回想一下，A 老师曾在我无助的时候给了我许多帮助。令我记忆最深刻的便是她给我的一封回信，长长的两页。"标准答案也会出错，但自信心和现实永远不会出错，如果你想考高分，上好高中，那就努力吧！Just do it." 这是信中我印象最深的话。

可惜，我一直没有回信。到目前，"谢谢，A 老师！"这句话我还未说出口，希望下学期我们还能见面。我会努力学习，学好历史，同时谢谢 A 老师包容我偶尔的孩子气。我将带着"社工伴学"活动所学习到的技巧和方法更加努力地学习，也会把 A 老师对我的教育和影响带到以后的学习和生活中去。

再长的路，一步步也能走完；再短的路，不迈开双脚也无法到达。我想，我没有什么长处，离自己所期许的人生目标还太遥远，但我会一点点地改变自己，让自己进步。

前方无绝路，希望在转角。

感受篇

261

砥砺前行

汪丽娟

一生会错过很多人，也会遇见很多人，然而最令人感动的是现在陪在你身边辛勤工作、激你奋进的人。

2016年5月28日，我第一次与安徽师范大学社工老师共同参与了春季研学活动。我们一起踏入了有着浓厚历史气息的中国科学技术大学（以下简称中科大），同在校的学生共同参观了整个校园。至今我还难忘，中科大樱花大道上满地都是白里透红的樱花。风一吹，漫天的樱花飞扬，整个人仿佛置身梦境般。中科大校史馆内，摆放着一张张排列整齐的旧的泛黄但仍保存完好的历届毕业生的照片、一件件珍贵的科技展品、一条条布满了演算过程的稿纸，都不由得让我肃然起敬。与此同时，一个微小却坚韧的种子在心中萌发了。结束了一天的研学活动，回到了自己的校园，发现爸爸没有准点来接我。我站在校门口焦急地等待着，看着别的同学都跟亲人兴冲冲地回家了，我的眼神不禁暗了下来。忽然一位穿着白衬衫、西装裤的叔叔来到我面前问我："为什么还不回家啊？"我轻声回道："家里人有事还没来。"他追问道："这次活动过后，你有什么感想吗？"我有些迟疑，并说出了心中那颗深埋的种子，我希望以后可以考上中科大。夜幕中，我看到一双烁烁发亮的眼睛，它似乎在向我倾诉着一些什么令人激动的东西。它的主人告诉我，他是安徽师范大学的一名老师，他们开展这项活动就是希望有些人可以找到奋斗的目标，发奋学习……

初二上学期的某天，班主任周老师说了一个好消息，说安徽师范大学的社工老师要以我们班作为实验点，开展一项以培养学习习惯、提高

学习成绩的研学活动。

活动开始的第一天，我们都有些放不开，但进行了"真心话大冒险"此类的开场游戏后，我们便都放松了。社工老师很尊重我们，他们跟我们说，开展小组活动就是要大胆说出自己在学习方面的困惑，自己认为可能对大家有帮助的好习惯，或者自己最近遇到的烦心事。他们还向我们保证不会将我们小组讨论的内容透露出去。印象最深的一次活动是家长们也参与了进来，我们围坐在一起谈论自己生活和学习中与家长的矛盾。从那次活动中看得出来，每个家庭中或多或少都在教育子女的方式方法上有欠缺。当时，我和几个女生情绪有些不稳定，哭了出来，几个老师就急忙把我们拉到旁边，王老师也在一旁宽慰我们，这令我们十分感动。

时间飞逝，转眼就到了初三，我们的学习压力一下就变得很重，这更需要良好的学习习惯来缓解。初三时，"社工伴学"活动的主要内容就放在提高学习成绩上，社工老师针对不同的学科，给予了我们一些学习的小窍门，也告知了我们一些他们在面临中高考时如何有效复习、如何缓解心理压力的方法。可以说，我们从社工老师那里学到了很多很多，十分受用。

"社工小信箱"是我们平时和社工老师联系的纽带，我们会利用平时空闲的时间将自己的烦恼写进去，而老师也会定时给我们回信。他们回信的内容十分详细，字迹也十分工整。他们像我们的笔友一样，跨过屏幕，跨过网络，用最原始的书信方式与我们进行着最密切的心与心的交流。他们像我们的朋友一样，陪伴了我们的大半个初中生涯。我们的青春里，有他们的足迹，也因为他们，我们的青春生活才更加多姿多彩。他们如灯火一般，在黑暗中指引我们前进的路。

我们不能辜负社工老师们的努力，我们要带着所有人的期望，砥砺前行，直击中考。

感受篇

我的"社工伴学"故事

孙家懿

"社工伴学"活动在我们班开展了一年多，但我是在八年级第二学期加入的，比起"老"组员，我算是真真实实的"新人"。

刚开始加入社工小组，我与其他组员、社工老师有点格格不入。关于活动的一般流程、要做什么、要怎么做，我一概不知。通过几次的观摩和学习，并在社工老师的"特别照顾"下，我很快有模有样地融入活动中。

社工小组是个很温馨的集体。社工老师们很善于倾听我们的声音，很尊重我们的想法，也非常照顾我们的内心感受。同时，社工老师们也很重视我们对活动提出的建议。如果我们提出来的建议有道理，他们一定会做出改变，力争设计最好的活动内容。在学习生活中，社工老师也给予了我们很多有效的学习方法和答题思路。

最初感觉政治是几门学科中最好理解最好得分的，但进入九年级就完全不一样了，不再是以前浅显易懂的道理，也不是之前爱看的小故事了，书本知识大都是专业的法律术语。政治试卷看上去复杂了很多，在书上再也找不到合适的答案可以直接填上去，而是靠自己的理解和语言组织答案。政治学科，一跃成为最难理解的文科学科，我突然觉得好像不会学政治了。但是，社工老师好像知道我们的想法一样。其中一次小组活动就设计了以"文综"为活动主题，并给我们分享了许多政治题的答题技巧和方法。紧接着是第三次月考，拿到政治试卷后，脑海里浮现的全是社工老师传授的答题技巧和方法。最后，我们流畅而轻松地答完政治试卷。

九年级第一学期刚开始的一次英语测验，我考得不太好，心里很沮丧。那天下午，小组活动开始前，社工老师问我最近的学习生活怎么样，于是我把自己的这份焦虑告诉了老师。社工老师很耐心地听完后，微笑着说："英语学习就是积累的过程，没关系的，现在没有成效，以后会慢慢提高的。"从那之后，我认真想了想社工老师的话，再学习英语时就没有那么焦虑了。而且在后来的英语考试中，成绩还一步步有了小的提升。

　　社工老师还会在小组活动中邀请我们的父母参加，有时也会参加我们的家长会。他们会和父母沟通，并创造机会让我们与父母交流，说说我们的心里话。通过这样的交流和小组游戏环节的分享，我们和父母都能更加了解对方，也能站在对方的角度来想问题。

　　我特别喜欢这个小组活动，它让我对学习产生了新的认识。在小组活动中，因为有社工老师、王杰老师、班主任周老师的陪伴与教育，我逐渐适应了九年级的生活，摆脱了不良的学习习惯，各方面变得越来越好！

"社工伴学"，我的良师益友

谈艳楠

时光荏苒，转眼间我已经成为一名初三的学生。自从升入初中之后，学习任务相对于小学繁重了许多。似乎每个初中生都会有这样的感受，但是相比之下，我的初中生活又与其他同学不一样。这一切都归功于王杰老师开展的"社工伴学"活动。

这还要追溯到我第一次听说这个活动的时候了，那时我刚升入初二。当班主任周老师在班上提出"社工伴学"活动的时候，其实我的内心是犹豫的，因为当时我的心不在学习上，担心参加这个活动会不会给自己"找麻烦"。所以，现在想想当时我参加"社工伴学"活动的初衷会有些情不自禁地笑出声：因为小学基础比较好的缘故，所以刚升入初中时自己的名次在班级一直是名列前茅。而当时班里成绩较好的同学都参加了这个活动，所以当时我心里的念头是我不能落后。于是在好胜心的驱使下，再加上同伴的"煽动"，我报名参加了"社工伴学"活动。"社工伴学"活动是安徽师范大学社会工作专业的大哥哥、大姐姐们来学校开展的。我从最开始不知道社工是什么、小组是什么到后来逐渐参与融入，收获很多。在"社工伴学"活动中，我学习了时间管理，优化了学习习惯。

"社工伴学"陪我度过了整整三个学期。在这期间，我能感受到参加活动的每一个同学的变化，能感受到社工老师对我们的关怀，能感受到我们彼此的心在渐渐靠近……

在活动中，令我印象最深刻的一件事是，在一个类似倾诉的活动环节里，我的一个同窗好友向我们讲述了她的心酸故事。当她说完她的故

事时，现场没有幸灾乐祸，没有冷眼相对，没有一丝瞧不起的眼神，有的只是轻声细语的安慰。社工老师说这种现象叫"接纳"，那个时候，我感觉社工老师不仅仅是我们的老师，更是能够诉说心事的好朋友。

"社工伴学"活动使我受益匪浅。它在一定程度上改变了我的学习方法与学习习惯。同初二相比，现在的我更加懂得该如何管理和规划时间，懂得如何提高学习效率。在活动的游戏环节中，我明白了学习与娱乐也是可以互相促进的。老师们给予我们的学习方法与经验也让我对学习更有兴趣，对自己更有信心，同时我也感受到了人与人之间的热情与友善。在"社工伴学"活动中，我不仅学会"学习之道"，也与同学们更加亲近了。因而，"社工伴学"活动让我的初三生活变得"不一样"。

我很庆幸加入了这个活动。我要感谢它，它让我成长了许多。我也要感谢我的班主任周老师，感谢安徽师范大学王杰老师以及各位社工老师，是他们将这样一个活动带入了我的初中生活，为我的初中生活添上了浓墨重彩的一笔。以后，我定会好好学习，以此回报老师们对我的厚望。

我的心灵港湾

沈晨宇

2016年暑假的家访之后，班主任周老师便让我以及被家访的其他几个同学一起去学校参加一个活动。因为那时非常热，所以我不太想去。可是妈妈以"不行"回绝了我，无奈我去参加活动了，但现在想想还是挺感谢妈妈当时的决定。

在学校，王杰老师介绍完"社工伴学"的概况后，就让我们自行决定去留。经过再三权衡，我选择了留下。说实话，开始我对"社工伴学"并不怎么肯定，毕竟大学生比我大不了多少，对我会有什么帮助呢！

记得八年级上学期期中考试，简直是遭遇了滑铁卢，成绩一落千丈。成绩单下来后，我的心情和我的分数一样坏到了极点。正逢那个星期有"社工伴学"活动，社工老师一下子就看出了我的异样——平时活泼好动爱讲话的我突然变得寡言寡语很安静。机智的社工老师发现端倪后，便向我刨根问底地询问缘由。经不住社工老师的询问，最后我说出了实情。社工老师听后莞尔一笑，说："人人都有失败跌倒的时候，跌倒了自己再爬起来。"但我对于这种最普通的励志鸡汤并不在意，甚至有一些嗤之以鼻，所以我开始敷衍了事。

社工老师见我这么不配合的态度，就又另想他法。于是，社工老师在那次活动中临时组织了一个游戏——用筷子夹乒乓球，而我自然就是老师指定的第一个"体验者"了。但这样的事情不是一个心情烦躁的人所能做好的，所以乒乓球一次次落地。随着一次次夹球失败，我开始调整我的心态，玩游戏开始较真了。经过调整，最终我夹着乒乓球成功到达了终点。这时耐心的社工老师又对我说："你看调整了心态之后，不是就成功了吗！所以不要一直活在失败的阴影里。"刚刚亲身经历了活动过程，再加上心情相对平稳了些，所以听惯了各种心灵鸡汤的我第一次开始"消化"社工老师给我讲的那句话。从此，我学会与各种失败做斗争。

刚刚参加"社工伴学"活动的时候，社工老师就让我们制定自己的时间表。经过一晚的思索，我给自己制定了一张时间表，到后来发现内容不符合实际，十分紊乱，根本就没有实用价值。两个星期后，社工老师问我时间表执行得怎么样，我只好照实说我做的时间表没办法执行。于是社工老师十分耐心地为我改善了时间表，并与我的父母一起督促我执行。在他们的督促下，我的生物钟开始向时间表过渡。而这张时间表到现在我还在用，它合理地规划了我的时间，系统性地增加了学习时间，提高了学习效率，增强了我学习的主动性。可以毫不夸张地说，我现在取得的好成绩与社工老师帮忙打造的这张时间表有着密切关系。

这个学期，"社工伴学"活动又新增了心灵信箱，这给了我一个与社工老师沟通的渠道，给了我一个诉说烦恼的对象。每当遇到困难或者压力过大，我就会写信投到信箱，而社工老师的回信对我来说也很有价值。有一次，我把我和家长的矛盾写信寄给了社工老师，而社工老师洋洋洒洒地给我回了满满两页信，并提出了一些沟通建议和方法。我试着用信上的方法与父母相处，结果亲子关系变得很融洽。

以上说的只是我与"社工伴学"的一小部分，但从这些就可以看出"社工伴学"的老师们已经为我们建立了一个涉及学习、生活和习惯的庞大系统了，它让我学会了坚强、学会了计划、学会了与人相处，为我未来的学习、生活指明了方向。所以，我在这里非常感谢"社工伴学"的老师！

感受篇

写给未来的自己

刘雅琴

未来的自己：

你好！当你看到这封信的时候，相信你已经毕业了，不知道此时的你，是否还记得你因枯燥繁重的学业而烦躁不堪的情景，是否还记得你面对外界各种纷扰而感到麻木困惑的心情。

七年级的那个暑假，天气闷热得让人受不了，一丝风也没有，空气好像都凝住了。但周老师顶着烈日带领安徽师范大学的社工老师来我家家访，给我原本枯燥无味的暑假注入了新鲜剂，酷暑似乎都鲜活了起来。家访社工老师问我愿不愿意参加"社工伴学"活动。说实话，开始我是不愿意的，现在想来这个活动就像是开启的一列青春列车，载着你我一路前行！

你应该不会忘记参加"社工伴学"活动之前那个性格内向、不愿意接触、不愿意交流的女孩，但在王老师、周老师和每一位社工老师的鼓励呵护下，成长为活泼开朗、爱笑、阳光的你。我相信你和我一样，每一次的小组活动都记忆犹新。其中一件事你到现在肯定难以忘怀——家长加入我们之中，和我们一起参加活动。

在那次"社工伴学"活动中，没有家长，没有孩子，没有老师，只有大朋友和小朋友，我们一起做游戏，相互了解，其乐融融。当社工老师让家长们谈谈孩子们在家的表现，比如有哪些不好的学习习惯、有哪些做得不对的地方时，家长们大都说道："我们由于工作的关系，忽略了孩子的感受，对孩子的关心少了一些。但我们想为孩子创造更好的学习条件。"突然有三个小女生眼泪就像断了线的珍珠一样直往下落。没错啊，你就是其中的一个！那时你们的眼泪里既有明白父母为了生活的不容易，还有对父母的不理解和埋怨。现在的你肯定会说："我理解我的父母！现在的我们就像朋友一样。"可是那个时候王老师问你们三个为什么哭的时候，你回答说："爸爸一点也不关心我，一点也不了解我，他只带小弟弟去参加幼儿园的活动，却不参加我的活动。每次给我的理由都是他不去挣钱，你哪来的钱去补课。每次考试考得不好都只会说是我不够努力、不够用功，他也不想想，每次在我写作业的时候他总是在我房间玩手机……"

当时的你真的很难过很委屈。可是，你是否还记得当你们三个重新回到活动当中时，爸爸是否拍了拍你的后背，让你不要哭，要坚强呢？是否还记得王老师问过你知不知道父母的不容易呢？我想当时的你是知道的，就像周老师对你说的那样：爸爸是爱你的，只不过是爱的方式有点让你不能理解……俗话说"母爱如水，父爱如山"，很多人，包括你我都懂父爱是深沉的、伟大的，却不懂父爱又是苦涩的、难懂的和无法细说的。那次"社工伴学"活动结束后，老师让亲子回家后谈一次话，不是家长与孩子之间的谈话，而是朋友之间的谈话，让彼此之间互相了解。

那次的"社工伴学"活动使你我都明白了，爸爸只不过是不善于表达他对孩子的爱，不能说他不爱自己的孩子。我更相信，那次"社工伴学"活动让你我有了更好的交流，让我们互相了解。这在参加"社工伴学"活动之前我们从来没有认真思考过，是"社工伴学"活动让你我和父母走得更近，让你我明白父母打拼不易，他们只是想为自己的孩子创造更好的学习环境，更好的生活条件，从而忽略了一些感受，少了一些陪伴。所以，我们应该去体恤我们的父母，感恩我们的父母。

每一次"社工伴学"活动都让你我的心灵有了飞跃的成长，就像社工老师说的那样："要相信无论未来的路有多漫长，父母永远都不会背离你，父母会默默地在岁月那头为你静静守候。"

谢谢"社工伴学"活动，是它陪伴你我度过了多愁善感的少年时光，是德才兼备的王老师、和蔼可亲的周老师和其他亲切的社工老师们，滋养了你我这颗怯生生的、却又迫不及待长大的心，从而成就了现在的你。

"社工伴学"之反思

柏玉琴

从大二下学期开始，我就有幸在老师和学长的带领下参加了我院在澧港中学开展的学校社工实务活动。我很珍惜这样一个实务锻炼的机会，作为一个初学者，我在努力地学习，学习工作员和组员的相处模式和工作技巧，学习如何撰写材料、如何担任小组工作员，为大三的学校社会工作课程与实务做着积极准备。

对学校社会工作的最初印象是，它是一个服务中学生、服务中学校园、服务学生家庭以及服务我们自己且多方受益的活动，也是一个需要很强的专业技能和很多时间精力投入才能做好的事情，参与进去的那一刻便意味着责任在肩。

大三上学期开始学校社会工作这门课程的学习后，结合自愿申请原则，我们 12 人被分到澧港中学的"社工伴学"小组。在这个学期的实战中，我参与了活动的策划和执行、材料的撰写和整理、督导与工作员沟通以及与澧港中学师生的对接交流。个中体会庞杂，但切实感受到的是成长、值得和获得感，是对学校社会工作小组活动更深入的认识和把握，是更加清晰自己的不足与需要努力的方向。

澧港中学的"社工伴学"活动已经全部结束，回顾七次活动，我有很多的感悟和思考与大家分享，而这些感悟和思考既是对组员、对督导、对双方学校以及对自己的一个交代，也是为"社工伴学"活动在后面能够更好地开展做铺垫和积累经验。

一、团队合作很重要

工作员之间需要经常沟通，就问题与对策展开积极讨论，一起投入小组的规划发展与问题应对中。团队合作强调的是全员参与、分工合理，若出现一个工作员为主，则不利于培养其他工作员对于小组的责任感。

老师作为"社工伴学"团队的督导，和工作员要保持良好的沟通与交流，更多的是工作员要积极主动地将活动进展、活动开展过程中遇到的问题及时反馈给督导老师。老师给工作员的指导要贴合实际，不能高估或低估工作员信息获取能力与实务能力。

团队合作的重点是沟通和投入，有效的沟通可规避活动中低级错误的产生，保障活动在有效指导下有序有质地开展。而全情的投入是工作员担负起对小组应尽责任和义务的前提。投入在活动中的工作员拥有巨大的潜能，他们创造性的想法、灵活的应变以及用心的陪伴都是提高活动品质的保障。

二、实务技能要提高

在活动开展过程中，工作员的限制性因素就是实务经验不够、实务能力不足。很多时候，工作员能够直视这个问题而不逃避，承认自己的不足，但没有跟上步伐，积极努力改变这些不足。提高自己的实务能力一要积极请教，接受督导老师传授的间接经验，学习学长开展小组工作以及与组员如何相处的直接经验。二要主动充电，学习书本知识。社会工作有其理论知识与实务操作指导，如《学校社会工作》《小组社会工作》《社会工作价值观与伦理》等，要把社会工作理论知识先内化于心才可能在活动过程中灵活运用。三要提高自己的实务能力，及时总结活动经验，做好活动材料总结。只有在不断地总结、反思再总结和经验交流中，工作员才能逐步提高自己的实务能力。

三、积极反思，平衡心态

工作员除了要对实务经验与技巧进行反思总结，还需要对自己与他人的关系、自己对于工作的态度、自己对于活动本身及组员的期待进行反思总结。社会工作是用方法技巧做人的工作，对于人的评价应该是综合全面并放在情境中的。工作员一要吃透价值与伦理，内化于心外化于行，警惕自己在意识上的"过紧"与"过松"。二要拥有一颗平常心，尽力将工作做好，不能将小组工作过程中遇到的困境捆绑在自己身上，过于责备自己而陷入工作员陷阱。三要相信自己，相信组员，相信督导，相信活动本身。四要合理安排时间，进入角色要投入，恰当用好督导培训这一资源等关于活动开展的反思和经验总结。

在为期一学期的活动中，组员的成长和变化对于活动本身是一种最为直接的肯定。这学期除了常规的小组活动开展，还有"社工小信箱"作为特色活动一直进行着。小信箱作为一个媒介促进了工作员与组员的交流和了解，工作员结合需求调整活动计划使之更具针对性，力求全面帮助组员成长。工作员一致认为，活动过程中要把握活动开展的主题，帮助组员建构自己的学习体系，增强他们主动学习的意识。

组员在整个活动中的表现能够对应小组发展的规律，如大家的关系是从最初的有所保留，到逐渐建立信任，到互帮互助以及偶有矛盾穿插，到最后缔结情谊。本学期活动中，组员三男四女都是同班同学，同质性稍强，就活动过程来看，在合理的引导下是利大于弊的。刘同学在小组里的变化具有一定代表性，第一次活动时他较为羞涩、少语，但是在最后一次活动分享时他语言表达清晰，表现从容自信，活动参与投入、分享的积极性和质量都略好。茆同学和濮同学，工作员最初一致认为他们参与度不够、不遵守小组规则，后来工作员发现他们参与活动越来越积极，不得不说这是一个喜人的转变。四位女生因上学期和工作员已有一学期的接触，相互有一定的了解，所以，在本学期能够很积极地参与活动，主动协助工作员维护小组秩序，得到工作员一致认可。

最后作为第二小组的组长，我很感激本小组其他三位工作员，是我们的默契配合保障了活动顺利开展并取得成果。虽然在小组活动中，或多或少会有一些问题和争执，但是我们小组的工作员总是能坦诚相待，共同克服困难。作为"社工伴学"工作员团队的学生总负责人，我非常感谢这学期督导老师给予的多次督导和指点，为我在遇到困难时指明了前进的方向，也感谢整个团队的通力合作和尽心尽责，让我们能够顺利圆满地完成"社工伴学"实践活动。反省与反思是我们前进的动力，我将总结本次团队中出现的问题，为以后的实践和工作做好充足的准备。"社工伴学"活动是老师和数届学长用心血共同浇灌的，我参与进来，是其一份子，它将成为我大学生活里的一段重要存在和回忆。在此，我送上最诚挚的谢意和祝福！

"社工伴学"让大一新生更快更好地适应大学生活

唐宇晴

大一新生成长适应小组是"社工伴学"的重要项目之一。在学院领导的大力支持和王杰老师的悉心带领下，我非常荣幸地加入了大一新生成长适应之时间管理小组，并以此为契机，深入学习了学校社会工作这一门课程。

一、初识"社工伴学"

作为懵懂的大一新生，我有幸加入了2013级社会工作专业杨学姐带领的大一新生人际关系成长小组。历时几周的小组活动，在处理人际关系方面给予了我很大的帮助，使我对"社工伴学"产生了浓浓的兴趣。学校社会工作是以全体学生为服务对象，尤其是为处境困难的学生在学校的特定领域提供相关的帮助，帮助学校实现教育目的，促进学生更好地为现在及未来作准备。在大三学习学校社会工作课程时，王杰老师将该课程与"社工伴学"相结合进行讲授，在理论与实务的融合中，增进了我们对这一课程的认识，提高了我们在组织小组工作方面的实务能力。

二、融入"社工伴学"

"社工伴学"之大一新生成长适应小组共有六个小组，在共同兴趣的驱使下，我与其他四位同学协力组建了大一新生成长适应之时间管理小组。暂定了小组主题之后，我们便开始着手撰写小组策划书，思考小组理念，选择指导理论，确定组员招募以及需求评估的途径和方法，促使小组目标与组员需求实现动态吻合。前期准备工作全部落实之后，我们商定小组工作员实行轮换制度，我在小组中的主要工作如下：完善第一节小组活动计划书，主持开展第一节小组活动，记录和评估各节小组活动过程，协助其他工作员拍照录像等。由组员到工作员的角色转换，使我对"社工伴学"有了更深刻的体会，也增强了我对学校社会工作和小组工作课程知识的理解和掌握。

三、"社工伴学"之感想

（一）以小组活动为载体，融入大学新生活

助人自助是社会工作的重要理念，在"社工伴学"活动中得到了具体的体现。作为刚刚经过高考的勇士们，大一新生在学习和理解新事物方面拥有很强的优势，但面对生活节奏的突然转变，他们显然有点应接不暇。经过前期的需求评估，我们了解到他们在进入大学后不知道如何分配学习、社团工作以及生活娱乐的时间，因此我们将小组总目标定位于帮助组员尽快适应大学环境，学会合理分配生活和学习时间，掌握时间管理的技能，形成良好的生活习惯。在小组活动开展中，我们以组员为主体，围绕着组员的需求和目标，协助他们制定时间规划表，并定期与他们一起检验任务完成情况，量化他们的点滴进步。组员之间分享时间管理的经验，在相互学习中加深同学情谊。习惯源于坚持，在小组活动即将结束之际，我们与组员共同表达期待，希望大家能够坚持在小组中养成的良好习惯，成为时间的主人。

小组活动结束之后，社工老师还会时常收到组员们的反馈，很高兴组员们给予了小组活动很高的评价。组员们表示，小组活动使他们结识了好友，掌握了时间管理的技巧，养成了规律的作息时间，也逐渐地适应了崭新的大学生活。

(二)以课程实践为契机,增强专业实务技能

大二已初步掌握了小组工作课程的理论知识,也参与了各类小组活动,但是实务经验还是较薄弱。因此,"社工伴学"与学校社会工作课程携手再次为我们提供了一次宝贵的实践机会,让我们对小组工作实务有了更深的理解。小组既是一个静态的构成,也是一个动态的互动过程。在组建小组活动的过程中,我们需要考虑组员的特质,在组员同质性与异质性之间寻找最佳平衡点,动态评估组员的阶段性需求,以确定小组各节活动的目标,不断优化小组活动计划书。在小组活动开展的过程中,各种突发事件的及时处理,小组冲突的机制化解,都一点一滴地凝聚成小组动力。对于小组工作的理论、特点、目标和过程等课本提供了指导,但是对于小组过程的整体把握和各种突发事件的处理需要我们在实务操作中一步步地探索。

进行第二节小组活动时,我们发现组员热衷于小组活动的游戏环节,逐渐显现出偏离小组主题和目标的趋势。作为工作员,我们及时发现了这个问题,然后强调小组契约和小组目标,运用焦点回归法,带大家及时回归了时间管理的主题。

在参加"社工伴学"课程实践活动之前,我们并没有系统地做过社会工作实务,也不能将书本上的知识、理论与实践结合,但在实践中,通过一次次地发现、解决问题、我们的实务经验和临时应变能力有所提升,也让专业价值观和技巧进一步深化。

(三)以反思经验为机遇,提升专业综合素质

小组活动结束之后,工作员进行了小组活动的回顾与反思,总结了大家在小组活动中收获的经验,反思了小组活动中仍存在的不足之处。

组员随意缺席。小组组员随意缺席现象的一个重要原因是,组员甄选环节没有做好。组员招募是一个双向选择的过程,这个环节如果工作员对于小组主题和目标阐述不清,会使得组员参加活动的动机不明,参与活动的动力不足。因此,为防止这类情况的发生,以后工作员要注意在招募组员时确保组员明确小组的主题与目标,甄选出合适的小组组

员。在出现组员缺席现象时，工作员及时与组员进行沟通，了解组员真实想法和需求，与组员共同商定解决之策。

准入门槛低以致组员重视程度下降。"物以稀为贵"，越难获得的机会对人的吸引力越大。如果只要报名就能参加"社工伴学"小组，甚至不报名而由其他组员带来的朋友都能随时参加，组员会觉得小组门槛很低，对小组的重视程度就不高。如果组员在进入小组前，经过了工作员面谈，获得了关于小组的重要信息，感到自己入选是机不可失的，那么对小组的重视程度自然不同。

专业技能和应变能力有待进一步加强。小组活动中经常会出现一些突发事件，工作员由于经验缺乏和专业技能不够未能及时妥善处理。在未来开展活动应注意技能的提高，并及时寻求督导帮助。

"社工伴学"活动不仅能帮助大一新生更快地适应大学生活，而且为社工专业学生提供了实务训练的平台，为新老学生搭建了交流互动的平台。该活动既促进了学生的成长，又推动了专业的发展。作为社会工作专业的一名学生，我非常感谢学院对于"社工伴学"活动的大力支持和殷切指导，感谢王杰等老师的耐心讲授和督导。

春风十里不如社工陪你

张　鹏

一、初识"社工伴学"

刚进大学的时候，我和其他同学一样对社会工作专业都充满了疑惑甚至不理解。但是三年下来，我慢慢地接受并喜欢上了这个专业。在整个学习过程中，让我深有感触的不是那些书本上的理论知识，而是我们一次又一次的实践活动。在这些实践活动中，让我记忆犹新的非"社工伴学"活动莫属了。"社工伴学"是上大三时学校社会工作课程的实践部分，但是对于我来说，我在大一的时候就已经接触了"社工伴学"实践活动。刚上大学时，有一次我和同学在上晚自习，一些大三的学长们走进我们的教室，向我们生动而又具体地介绍了"社工伴学"活动。当时我就被学长们生动的演说所吸引，想着自己能参加这个活动。但是，因为那时我已经参加了很多其他的社团活动，所以没有固定的时间再参加这个"社工伴学"活动了。为了不想留下遗憾，我就鼓励室友去参加。都说旁观者清，当局者迷，一学期的活动下来，我发现我的室友改变了许多。他每天能够按时完成学习上的作业，而且除此之外还能够控制自己玩游戏的时间，并用节省的时间去图书馆看书。室友的进步再次拨动了我的心弦，我很想亲自去体验下"社工伴学"活动，感受下专业带给我的满足感。怀着这种心情，我的社工之路开始了。

280

二、"社工伴学"之路

在大二的课程学习中，我就上过王杰老师的课。王老师待人和蔼，为人真诚，深受学生喜欢。大学的时光很美妙也很短暂，不知不觉就大三了，我心中的那种触动也慢慢平静下来，因为我开始真正接触"社工伴学"这个实践活动了。在老师的指导下和小组成员的支持下，我有幸能够成为本次"社工伴学"小组的组长，这意味着我要对小组中每一位成员负责。"社工伴学"活动开始之前，我和组员们多次聚在一起讨论我们小组活动的主题。在进行实地调研以及结合自己初上大一时所遇到的问题，我们最终决定把"时间管理"定为活动主题。这是因为结合大一的课程安排，我们发现大一学期有很多空余的时间，而且大一处于大学的开始阶段，作为新生有很多不懂之处，容易受到周围人和事的影响而浪费了自己的美好时光。虽然我们确定了活动主题，但是我们活动内容的主要方向还没有确定，因为我们不知道学弟学妹需要什么。于是我们设计了一份调查问卷，用来初步了解学弟学妹的需求。在王杰老师的指导下，我们小组成员去了学弟学妹们的教室，顺利招募了六位可爱的成员，三男三女，比例十分合理。另外，对于小组活动的开展，我们也进行了充分的准备。小组工作员坐下来一起讨论活动开展前需要用到的物质，分析可能会遇到的问题，为小组活动打下良好的基础。于是在激动的心情之下，我们为期六周的"社工伴学"之路就正式开始了。

三、活动后感想

"社工伴学"实践活动给了我锻炼的机会，是我提高自己能力的一个平台。对于我自己的实务能力来说，我觉得自己成熟了许多，在为人处事方面，做事更加沉稳，不再像以前那样遇到一点事情就变得急躁，或者是一味地去依靠别人。在整个"社工伴学"活动当中，最初什么事情我都要去问老师，后来自己慢慢地学着去思考解决问题，因为自己是小组活动的组长，要有担当，要对组员、伙伴、老师负责。我以前性格比较内向，做事胆小，一直尝试去改变，直到"社工伴学"活动给了我改变自己的平台。我记得在招募组员的时候，因为我是组长，所以我要向学弟学妹们介绍"社工伴学"活动，说明我们要做什么，他们参与这个活动后能够收获什么。当看见讲台下面坐着那么多学弟学妹们的时候，我心里有点紧张，但是一想到自己要有担当，我便鼓足了勇气去面对，去讲解我们的小组情况，最后根据计划成功招募了六位可爱的成员。

除了自身能力的成长，我的专业综合素质也得到了一定的提高。我慢慢地理解并喜欢上了社会工作专业。该专业的理论多而杂，如果我们只是一味地去注重理论而不注重实践，就不能很好地理解专业理论的真正含义。在"社工伴学"的实践过程中，我们每举办一次活动都要有许多的理论做支持，其中不仅仅是学校社会工作课程的知识，更多的是其他课程的理论知识。我依稀记得自己做工作员的时候，在设计活动内容时，我都重新把理论看一边，然后花一个星期时间去设计，并向老师同学们请教，力争把活动内容设计得更加丰富，让活动的整个环节结合起来，层层递进。整个活动下来，自己会觉得很累，但是收获得更多，能够真正理解并运用理论，而不是以前的死记硬背。

当然活动的目的更多的是为学弟学妹们服务，学弟学妹们的成长才是我们最大的收获。我记得在活动刚开始举办的时候，学弟学妹们就出现了一个问题——随意请假。有两位学弟学妹在第一次活动开展前一个小时才和我们联系，说有事要请假。当然这也是我们工作的一个疏忽，所以在下次活动一开始我们就强调了请假制度。学弟学妹们也知道了自己的做法不好，保证在以后的学习工作中不再犯这种错误。我很开心，能够帮助他们改变自己的不良习惯。在活动过程中，为了让学弟学妹能够迅速融入我们的活动中，我们都会先进行游戏环节，考察彼此的默契配合度，慢慢地他们就从刚开始的羞涩发展到后来的彼此熟悉并成为好朋友。当然，最让我感到很欣慰的是他们有了很大的改变。我记得有个学弟喜欢玩游戏，一玩就是一整天，而且每天很晚才睡，这样不仅害了自己，对室友也是一种不尊重，慢慢地会影响寝室关系。后来，结合学弟的实际情况后，我们帮他制定了规律的生活计划，慢慢缩短的打游戏的时间，从而留出更多的时间去做更有意义的事情。虽然变化不是一蹴而就的，但是只要肯去努力就会有收获。

通过此次"社工伴学"活动，我在自身能力、专业素质方面都有了成长，认识到社会工作这条路上我还有很多东西要学，还有许多不足的地方，比如活动环节设计不够丰富、由于经验不足而较为紧张等，但督导老师给了我耐心的指导，最终圆满地完成小组活动。整个小组中有收获，有紧张，有焦虑，有遗憾，相信这次体验能给我未来的生活带来很大益处，我也会带着这些经验做好以后的社工服务，为社工发展贡献自己的力量。

感受篇

"社工伴学"：莘莘学子的成长之路

崔莹莹

雏鹰学校社会工作基地是由历史与社会学院和澒港中学共建，以"社工伴学"为主题，以澒港中学的学生为服务对象，运用社会工作的专业方法和技巧，为服务对象提供综合性服务，以期达到改进班风学风、优化学习习惯、提升学习成绩、促进心理健康、改善学生精神面貌和促进家校互动等多方面目标。

一、初识"社工伴学"

负责人王杰老师在2017—2018学年将"社工伴学"进行拓展，主要包含三大板块，即澒港中学服务基地、新生大学生活适应小组、先进典型代表访谈。作为社会工作专业的三年级学生，在初次了解"社工伴学"项目时，我的第一感觉是比较新，并产生了即将作为工作员的期待。通过跟踪了解，我认为该项目存在着一定的实施难度，但如果项目能够达到预期的效果，这将服务于莘莘学子。

二、自身角色定位

新生大学生活适应小组以学校社会工作的实践活动为形式，贯穿于整个学期。在本学期的"社工伴学"活动中，我参与的是新生大学生活适应小组活动，同时在小组中任组长一职。从前期的活动宣传、招募与筛选组员、需求评估、撰写前期活动总策划到后期的每次活动前的具体准备和执行，作为组长要全程参与。虽然过程比较艰辛，投入了大量的精力，但是付出就有收获，最后不仅是我自身综合素质得到了提升，更重要的是通过自己的努力，学弟学妹也有所收获。

三、收获与反思

（一）工作员的收获

工作员实务能力得到有效提升。在活动过程中，通过实务操作和老师的全程指导，工作员学习了大量的社会工作实务技巧，同时也将学校社会工作课程的知识以小组活动的形式运用到了实务中。在前期招募组员时，首先工作员要非常熟悉小组目标，然后清楚地向组员介绍活动的内容，最后本着自愿的原则招募预期人数的组员。之后，在第一次见面会上，工作员通过评估、个案访谈、问卷调查等方式对组员进行需求评估，了解其真实需求，实时对活动计划作出调整。这一阶段主要提升了工作员调查问卷的设计能力、人际交往能力、与服务对象的沟通技巧、组织管理能力，不仅体现在对组员的服务管理上，还体现在对其他工作员的任务分配与安排上。活动过程中，工作员需要统筹活动流程与安排，密切关注每位组员的表现，确保活动能够达到预期的目标。这一阶段考验着工作员的实务操作能力及专业服务水平，能增强工作员的服务能力。

工作员专业综合素质得到巩固与增强。活动开展中，会出现偏离主题、气氛冷场、组员质疑、矛盾凸显等情况，时时都考验着工作员的综合服务能力。如针对偏离主题的现象，工作员需要采取适当方式及时中止正在讨论的话题；在出现气氛冷场活动难以进行时，工作员需要调整活动形式或者进行下一环节内容确保活动得以进行；在组员间或者组员与工作员间出现矛盾时，工作员需要采取认真沟通的方式谨慎处理。这些问题的出现说明开展小组活动准备不足，但这为之后开展活动提供了宝贵经验，工作员的综合素质也得到了锻炼和增强。

(二)组员的成长

在向新生介绍活动的大致内容及安排时，他们对小组活动表现出非常高的兴趣。开展的六次活动，组员几乎全员到场，并且严格遵守第一次活动时我们共同制定的小组契约。在前几次活动中，组员的问题比较多且矛盾频发，但是随着大家的深入了解，跑题、冷场等情况逐渐好转。

小组活动的主题是新生大学生活适应，即帮助组员尽快适应寝室生活，针对寝室生活中日益出现的问题提出相应的处理技巧。活动开展前，我们通过问卷的形式对组员进行了需求评估；活动结束后，我们也对组员的表现进行打分，并整理活动记录。通过分析对比，基本达成前期的预设目标，组员大都掌握了处理问题的技巧，了解了小组工作的流程，收获了小组成员之间的友情。

(三)活动总结与反思

每次活动结束后，组员会对活动过程和工作员进行打分，并进行活动后的分享。通过整理与分析，工作员在获得收获的同时也发现了自身工作中存在的不足，如工作员自身的专业性不足、活动环节衔接能力不足、语言组织能力不够等。组员也表示希望每次活动的时间可以适当地延长，时间过短导致小组的主题启示不深刻、接触的实际性理论知识不够多、没有了解下节活动的内容等。因此，在此之后的学习中，我们会总结本次小组活动的经验，改善工作的方法和技巧，提升自己的专业服务水平。

时间转瞬即逝，本学期六次小组活动已经全部结束，组员纷纷表示不舍，希望在之后的学习过程中，活动可以继续举办。我们也积极给予了回应，并欢迎他们有问题随时向工作员求助，同时表明活动有可能按照章程延续下去。

社会工作的宗旨是助人自助，而"社工伴学"正是将服务理念带进校园，致力于服务莘莘学子。因此，本次活动只是暂时结束，社会工作者将一直在路上……

借社工之伟力，发"致远"之芳菲

周　平[①]

一、初识社工

百度是这样解释"社工"的：社工，是指社会工作，是由英文 So-cial Work 翻译过来的。它指的是非营利的、服务于他人和社会的专业化、职业化的活动。所以在我看来，和我们合作的王杰老师社工团队就是社会工作者，而他们所从事的工作则为社会工作。记得王老师初来我们学校宣讲"社工"时，我经历了从懵懂到心动的历程：这是一份多有魅力多么有意义的工作呀，何乐而不为呢？现在不少孩子从上幼儿园开始就有学习的压力，家长生怕自己的孩子输在了"起跑线"上，每天除了学习还是学习。其实孩子更需要的是从小培养良好的生活习惯和学习习惯，我认为"磨刀不误砍柴工"。"要想写好诗，功夫在诗外。""培养孩子三年，要为孩子今后的三十年着想，不能急功近利。"于是，我带着不小的压力和诸多人的不解，和以"优化家庭教育环境、助力学生学习习惯和学习态度的培养"为工作目标的安徽师范大学历史与社会学院王杰老师社工团队一拍即合，合作开展了"社工伴学"活动。

二、社工之伟力

社工运用专业知识和专业方法，注重实践，强调与服务对象合作、

---

① 澛港中学2015级"致远班"班主任。

多方协同。他们在工作中需要细致的分析，灵活应对许多问题，还要面对新的、独特的任务，因此该工作很具挑战性。除此之外，通过这三年的接触，我眼中的社工爱心满满、不怕吃苦、敢想敢干、奋发有为、爱岗敬业、无私奉献……

　　三年来，"致远班"有一半以上的同学参加了"社工伴学"活动。每两周一次的小组活动，由于主题新颖、内容翔实，融知识性和趣味性于一体，常常让孩子们乐不思蜀。"怀揣名校梦想"去合肥研学，让孩子们开阔了眼界，增长了见识；"推动家校互动，助力学生成长""把家校互动做到家"，洞悉孩子们的世界，做孩子们的成长导师。两个暑期的家访，我们走遍了"致远班"所有学生的家庭。去班级最贫困的李楠楠同学家4次，鼓励她克服自卑心理，努力做个品学兼优的学生。到三山区农村汪蕊雨同学家1次。沙石铺成的乡村小道，崎岖不平，不但路窄而且有陡坡，一路的颠簸让我们深刻感受到做好一件事是多么的不容易。但看到家长的感动与支持，我们又特别欣慰。2016年的那个夏天，正值酷暑，社工小组成员李雪慧和李娟两位同学和"致远班"上的两位同学手拿鲜花和水果一起到芜湖二院看望了手术后的李俊超同学，这也是一次特殊的家访。另外，王老师社工团队还开展了"班旗启用"主题班会、一学期一次的班级家长会，并和班级同学共同打造了班旗班徽。2017年暑假期间，社工小组成员杨草原、徐婧婧和刘俊同学和本班的汪丽娟、孙家懿和沈晨宇3位同学携手克服了种种困难后，利用一下午的时间拍摄了以"圆梦中考"为主题的微电影，在校园内反响强烈。针对学生面对人生第一次中考的压力，社工团队又及时启用了"社工小信箱"，架起了"社工"与"致远"的连心桥，深受同学们的喜爱。"挚爱期待推动人，环境氛围感化人，远大目标激励人，人格魅力升华人，自我培养成就人"，是我们共同总结出来的育人方法与途径。我们笃信"知识改变命运，德才成就人生"，我们"不比智力比努力，不比基础比进步"。学生在成长的过程中也会受到一些关键事件的影响，甚至改变了人生。关键事件不仅能帮助学生获得认知上的升华、自我价值的实现，而且还有利于学生获取情感上的体验与道德意识上的唤醒。学校生活是丰富多彩的，但在某种程度上来讲又是枯燥乏味的。我们一起适时

社
工
伴
学

适地地开展一些有益身心的活动，不仅丰富了孩子们的校园生活，扩展了他们的知识面，而且对开阔孩子们的视野，弘扬社会主义核心价值观都有重要而深远的意义。我们通过"社工伴学""家校互动"和"社工小信箱"等系列活动，着眼于孩子们的长远发展，跟踪了孩子们的心路历程，优化了孩子们的家庭环境和学习习惯，促进了孩子们的全面发展。

三、"致远"之芳菲

在菁菁澛港中学校园，有一个班级正迈着坚实的步伐向前，正靠着勤奋的精神向上。澛港中学2015级"致远班"，是一个纪律严明、环卫整洁、有序大气、学习氛围和文化气息浓厚的班集体。在过去的三年中，我们开展合肥研学活动、"班旗启用"主题班会和"劳动最美，劳动最光荣"国旗下讲话活动，三次荣登芜湖新闻网"芜湖企事业单位风采录"；我们维护校园幽美环境，创建教室育人环境。在全校教室美化评比中斩获一等奖；我们发挥学校足球优势，弘扬团队精神，在全校足球联赛中取得年级第二名的好成绩；在为本区马塘小学患病的马玉彤同学捐款活动中，"致远班"同学人人参与，个个尽力，捐出的款项高居全校15个班级之首；刚学化学的"致远班"在初三上学期期中考试年级5个班11个满分中，我们班占了5个（全是"社工伴学"活动小组成员）；五四青年节期间，班长汪丽娟作为弋江区优秀团员的唯一代表，参加了由共青团芜湖市委主办的党团队接力活动，并发表演讲。虽然我们的文化课基础最薄弱，但我们志存高远、勤学善思；虽然我们起点比别人低，但我们励精图治、奋起直追。中考复习期间，全班没有一个同学懈怠，都在争分夺秒、查漏补缺，力争以最好的成绩和最好的状态来迎接人生中的第一次大考。2016—2017学年，我们班还很荣幸地被评为学校唯一的先进班集体和学校唯一的弋江区先进班集体。2017—2018学年，我们班又被推荐参选芜湖市先进班集体。

四、社工携"致远"圆梦

三年的"社工伴学"活动，我们感慨万千，我们惊喜万分，我们受益匪浅，我们收获满满。

小组成员孙家懿说：以"文综"为主题的小组活动，社工老师给我们准备了许多政治题答题技巧和方法。紧接着是第三次月考，拿到政治试卷后，脑海里浮现的全是社工老师传授的答题技巧和方法，最后，我流畅而轻松地答完政治试卷。

小组成员谈艳楠说："社工伴学"活动使我受益匪浅。它在一定程度上改变了我的学习方法与学习习惯。同初二相比，现在的我更加懂得该如何管理和规划时间，懂得如何提高学习效率。在活动的游戏环节中，我明白了学习与娱乐也是可以互相促进的。老师们给予我们的学习方法与经验，也让我对学习更有兴趣，对自己更有信心，同时我也感受到了人与人之间的热情与友善。

小组成员刘雅琴说：每一次"社工伴学"活动都让我的心灵有了飞跃性的成长，就像社工老师说的那样，"要相信无论接近未来的路有多漫长曲折，父母永远都不会背离你，父母会默默地在遥远的岁月那头为你静静守候"。

小组成员汪丽娟说："社工小信箱"，一个我们平时和社工老师联系的纽带，我们会利用平时空闲的时间将自己的烦恼写进去，而老师们也会定时回信。他们回信内容十分详细，字迹也十分工整。他们就像我们的笔友一样，跨过屏幕，跨过网络，用最原始的书信方式与我们进行着最密切的心与心的交流。那一张张沁着墨香的信纸，那一句句"金玉良言"都让人滋味阙上心头。

小组成员沈晨宇说：王老师和他的学生们已经为我们建立了一个涉及学习、生活和习惯的庞大系统了，它让我学会了坚强、学会了计划、学会了与人相处，为我未来的学习、生活之路指明了方向，所以我十分感谢他们。

小组成员孙家懿的妈妈说：谢谢周老师和王老师，对孩子的细心呵护，正是这些师大高才生的陪伴，孩子们才不断的成长。

小组成员汪丽娟的妈妈说：谢谢周老师、王老师，还有他们的高徒！他们对孩子进行了深入的了解，帮助孩子们培养了良好的学习习惯，高瞻远瞩，这是大教育。

小组成员沈晨宇的妈妈说：作为家长，我非常感谢周老师、王老师和各位高才生的辛勤付出。孩子能遇到这么好的老师，在这么好的环境里学习，我们家长很放心也很满意。我相信孩子在各位老师点点滴滴的教育下，会一天天地进步。

……

是的，正与同学们所言，"社工伴学"活动让我们明白了很多，学会了很多。我们做事变得更有条理，更有技巧。我们学会了思考，学会了很多解决问题的方法。由于共同的信念和目标，我们和王老师以及李雪慧、孙政、方娟、冯梦桃、杨静、杨草原、徐婧婧、吴晶晶、刘俊等、柏玉琴、谢胖胖、何旻、唐宇晴、吴佳丽和陈沁恬等同学都结下了深厚的友谊。

"雄关漫道真如铁，而今迈步从头越"，衷心祝愿"致远班"全班42位同学在今后的学习生活中走得更稳，跑得更快，飞得更高。我们也会全程跟踪孩子们的成长与进步，为每个孩子都有一个灿烂的明天而不懈努力，做出自己应有的和力所能及的贡献。

感受篇

后 记

2018年6月8日，芜湖市澛港中学902班"青春绽放，梦想启航"毕业典礼暨"社工伴学"总结活动如期开展，相关领导、老师、"社工伴学"项目师生代表、全体学生共聚一堂，回顾三年来结下的师生情、同学情、社工情。活动最后，902班全体同学合唱《栀子花开》，告别初中生活，感谢老师的教诲和社工的陪伴。同时，陪伴他们的社会工作专业2014级同学面临着毕业，这意味着澛港中学"社工伴学"项目第一期正式画上了句号，大一新生"社工伴学"项目也暂告一段落。回顾几年来的点点滴滴，我们思绪难平。两个系列活动最初只是学校社会工作课程的实践教学和专业实习内容，目的是引导社会工作专业高年级本科生，在老师的指导下把课本上的理论知识转化为实务操作技能，力所能及地服务中学生和大学生的全面发展。一开始我们并没有特别明确的规划，是学以致用的理念和对专业社会工作服务一定能在青年学生的全面发展中有所作为的初心激励着我们一路走下来。

所以，回顾过往，首先，我们要感谢澛港中学为项目提供了实践平台。在开展"社工伴学"活动的几年间，澛港中学的李进标校长、黄必宝副校长和张龙发主任都给予了我们充分的信任和支持，为服务活动的开展提供了很多便利。班主任周平老师真诚地接纳了我们，把他所带的班级作为项目最后选定的"试验田"。还有可爱的孩子们，他们是那么的纯真和善良，正是他们的认可以及发生在他们身上的改变，使得项目组的大学生们看到了学校社会工作的价值。我们相信，三年的服务一定会在他们的人生中留下印记，并助益其成长。

其次，我们要感谢参与"社工伴学"项目的社会工作专业的四届本科生们。四年来，2012级、2013级、2014级、2015级几十名学生参加了这一实践活动。他们利用自己的宝贵时间，到服务对象中做需求调查，讨论活动方案，并认真做好各项准备工作。无论是自己组织活动，还是协助同学开展活动，莫不倾尽全力。他们尝试着将抽象的理论操作化为鲜活的服务，并在实践中不断总结、反思和成长。其中，柏玉琴、唐宇晴、谢胖胖、李梅等数十名同学还参与了项目资料的整理。如今，他们中有些同学已经被保送或考取了研究生，还有几位同学在基层政府或社会组织就职。不管他们走到哪里，因学校社会工作服务加深的师生情、同学情，以及一起历练的点点滴滴，都为我们火热的青春留下了难忘的记忆。

最后，在"社工伴学"项目运行期间，院领导在推动建立与渔港中学专业实习基地，指导学校社会工作团队建设，支持在学院大一新生中开展"社工伴学"活动，为项目开展提供资助并多次提醒及时固化探索成果等方面都给予了大力支持。

本书的框架结构与文字编排由团队赵怀娟老师、王杰老师、仇凤仙老师、刘玲老师和许云云老师集体议定，文责自负。因撰稿人较多，文风不一，敬请谅解。对于实践活动中存在的缺陷，敬请业内同仁指正！

编　者

2019年6月